新悦
遇见智识与思想

失落文明系列简介

本系列丛书意图探索伟大的古文明的兴衰和古代世界人们的生活。每本书不仅涉及所述文明的历史、艺术、文化和延续至今的影响,还试图解释它们与当代生活的联系以及在当代社会中的重要意义。

该系列已出版

❶《古希腊人:在希腊大陆之外》
　　[英]菲利普·马特扎克(Philip Matyszak)

❷《六千零一夜:关于古埃及的知识考古》
　　[英]克里斯蒂娜·里格斯(Christina Riggs)

❸《从历史到传说:被"定义"的哥特》
　　[英]戴维·M.格温(David M.Gwynn)

❹《携带黄金鱼子酱的居鲁士:波斯帝国及其遗产》
　　[英]乔弗里·帕克(Geoffrey Parker)
　　[英]布兰达·帕克(Brenda Parker)

❺《蛮族世界的拼图:欧洲史前居民百科全书》
　　[波]彼得·柏伽基(Peter Bogucki)

❻《众神降临之前:在沉默中重现的印度河文明》
　　[英]安德鲁·鲁宾逊(Andrew Robinson)

❼《鸵鸟蛋、黑陶与铜肝:神秘的伊特鲁里亚人》
　　[英]露西·希普利(Lucy Shipley)

❽《楔形传说:被"建构"的苏美尔》
　　[英]保罗·柯林斯(Paul Collins)

❾《"世界"之战:墨西哥的阿兹特克往事》
　　[美]弗朗西斯·伯丹(Frances F. Berdan)

❿《十字架上的玉米神:关于玛雅的历史叙事》
　　[美]梅根·E.奥尼尔(Megan E. O'Neil)

Megan E. O'Neil

THE MAYA

十字架上的玉米神

关于玛雅的历史叙事

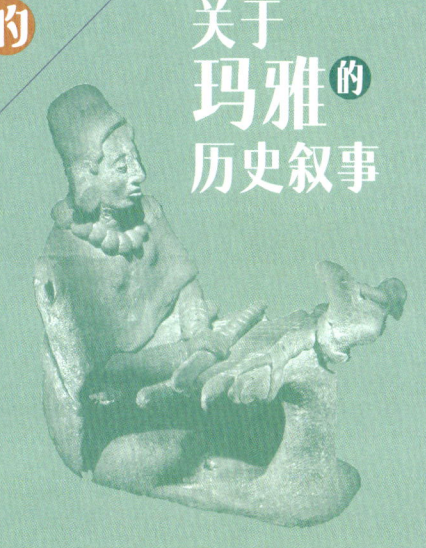

[美]梅根·E.奥尼尔 著
曹磊 译 李默然 审校

中国社会科学出版社

审图号：GS（2024）0069 号
图字：01-2022-3971 号
图书在版编目（CIP）数据

十字架上的玉米神：关于玛雅的历史叙事 ／（美）梅根·E. 奥尼尔著；曹磊译. -- 北京：中国社会科学出版社，2024.7
（鼓楼新悦）
书名原文：THE MAYA（LOST CIVILIZATIONS）
ISBN 978-7-5227-3133-9

Ⅰ. ①十… Ⅱ. ①梅…②曹… Ⅲ. ①玛雅文化—研究 Ⅳ. ①K731.2

中国国家版本馆 CIP 数据核字（2024）第 046043 号

THE MAYA：LOST CIVILIZATIONS by Megan E. O'Neil was first published by Reaktion Books, London, UK, 2022, in the Lost Civilizations series. Copyright © Megan E. O'Neil 2022
（The simplified Chinese translation rights arranged through Rightol Media Email：copyright@rightol.com）
Simplified Chinese translation copyright 2024 by China Social Sciences Press. All rights reserved.

出 版 人	赵剑英
项目统筹	侯苗苗
责任编辑	侯苗苗　兰钧雯
特约编辑	张雪梅
责任校对	李　莉
责任印制	王　超

出　　版	中国社会科学出版社
社　　址	北京鼓楼西大街甲 158 号
邮　　编	100720
网　　址	http://www.csspw.cn
发 行 部	010-84083685
门 市 部	010-84029450
经　　销	新华书店及其他书店

印刷装订	北京君升印刷有限公司
版　　次	2024 年 7 月第 1 版
印　　次	2024 年 7 月第 1 次印刷
开　　本	880×1230　1/32
印　　张	16.625
字　　数	324 千字
定　　价	96.00 元

凡购买中国社会科学出版社图书，如有质量问题请与本社营销中心联系调换
电话：010-84083683
版权所有　侵权必究

献给我的老师迈克尔·科

(Michael D. Coe)（1929—2019）

目　录

大事年谱　001

相关词汇、语音及日期的说明　001

前言：历史的分层　001

第1章　艺术与建筑　001

第2章　地缘、政治与历史　047

第3章　16—18世纪的接触与征服、反抗与适应　101

第4章　18—19世纪针对玛雅起源的考古探险与文献研究　143

第5章　20—21世纪的玛雅历史再发现　205

第6章　20—21世纪的玛雅文物收集与展出　269

第7章　流行文化、建筑与视觉艺术中的古玛雅　303

第8章　当代玛雅土著族群的艺术、教育与社会活动　369

参考文献　402

拓展阅读　490

致　谢　494

图片提供鸣谢　500

重要译名对照　504

大事年谱

公元前 1000 年前后	塞巴尔（危地马拉，佩藤省）和阿瓜达·菲尼克斯（墨西哥，塔巴斯科州）的大型建筑相继修建
公元前 900 年前后	卡米纳胡尤（危地马拉，危地马拉城）宏伟的古代城市落成
公元前 400—前 200 年	圣巴特洛（危地马拉，佩藤省）出现包含"城主"（ajaw）字样的铭文壁画
公元前 100 年—公元 100 年	瓦夏克吞（危地马拉，佩藤省）修建面具神庙[1]
公元 100 年左右	圣巴特洛（危地马拉，佩藤省）的一处小型建筑中描绘玉米神形

---

[1] "面具神庙"原文为 Structure E-Ⅶ-sub，应该是考古学家进行遗址发掘时的编号，这处古迹的正式名称为 Temple of Masks 或 Mask Temple。——译者注（如无特殊说明，本书脚注均为译者注。）

	象的壁画问世,与此同时,蒂卡尔(危地马拉,佩藤省),一座编号85的王室墓葬完成葬礼
公元2世纪	包括埃尔米拉多尔(危地马拉,佩藤省)在内的众多玛雅城邦衰落
公元292年	蒂卡尔29号纪念碑雕刻长历(Long Count)的日期
公元378年	特奥蒂瓦坎(Teotihuacan)将领烟蛙来到蒂卡尔,接着,雅什·努恩·阿因一世成为蒂卡尔城邦的城主
公元426年	城主雅什库克莫来到位于今洪都拉斯的科潘
公元445年	蒂卡尔城主天降大神卡威尔修建31号石碑,意在向他的特奥蒂瓦坎和玛雅祖先表达敬意
公元5世纪—6世纪	蛇王朝(Kaanul dynasty)在以济班切(墨西哥,金塔纳·罗奥州)为核心的区域崛起

公元 562 年	蛇王朝联手卡拉科尔（伯利兹）打败蒂卡尔
公元 7 世纪早期	蛇王朝在卡拉克穆尔遗址（墨西哥，坎佩切州）东山再起
公元 615 年	巴加尔二世在帕伦克（墨西哥，恰帕斯州）即位
公元 683 年	执政多年的巴加尔二世在帕伦克去世
公元 695 年	以卡拉克穆尔为首的蛇王朝被蒂卡尔打败。科潘执政多年的烟豹王去世
公元 709 年	盾豹三世（Shield Jaguar III）在亚斯奇兰（墨西哥，恰帕斯州）登上王位
公元 738 年	卡克·蒂利乌·产·约帕特统治的基里瓜打败"十八兔"[1]统治的科潘
公元 742 年	长期统治亚斯奇兰的盾豹三世去世

---

[1] Waxaklajuun Ubaah K'awiil，科潘城邦第 13 任统治者，这个人更常用的名字是"18 rabbit"，此处从俗翻译。

公元 791 年	城主亚豪·产·穆万下令创作的位于博南帕克（墨西哥，恰帕斯州）1 号建筑[1]内的壁画问世
公元 808 年	亚斯奇兰武士俘获彼德拉斯内格拉斯（危地马拉，佩藤省）城主"第七王"[2]
公元 9 世纪	玛雅低地南部的众多城邦相继灭亡
公元 907 年	乌斯马尔（墨西哥，尤卡坦州）记录下遗址最后一个长历日期
公元 909 年	托尼纳（墨西哥，恰帕斯州）编号为 101 的纪念碑上雕刻了玛雅低地南部最后一个长历日期
公元 1100 年前后	奇琴伊察（Chichen Itza）衰落，古城玛雅潘[3]崛起（墨西哥，尤卡坦州）

---

[1] Structure 1，当地的一处古代建筑遗迹，室内墙壁绘有四幅壁画，讲述了博南帕克城邦历代王权兴替的故事（博南帕克壁画包括宫廷礼仪、生活、战争与凯旋、杀俘祭祀、庆祝游行等场景）。

[2] K'inich Yat Ahk Ⅱ，英文资料中约定俗成的称呼是"ruler 7"，他是彼德拉斯内格拉斯城邦的末代城主。

[3] Mayapan，公元 1220—1440 年前后，尤卡坦半岛玛雅地方政权的首都。

公元 15 世纪	喀克其奎玛雅人（Kaqchikel）和基切玛雅人（K'iche'）分别在伊克辛切（危地马拉，奇马尔特南戈省），和库马尔卡赫（危地马拉，基切省）建立城邦
公元 1517—1518 年	弗朗西斯科·埃尔南德斯·德·科尔多瓦和胡安·德·格里亚瓦[1]远征尤卡坦半岛沿海地区
公元 1519 年	科尔特斯抵达尤卡坦半岛，随后踏上征服特诺奇蒂特兰的路程
公元 1521 年	阿兹特克帝国首都特诺奇蒂特兰陷落
公元 1524 年	伊克辛切和库马尔卡赫相继陷落
公元 1534 年	危地马拉圣地亚哥主教辖区（Bishopric of Santiago de Guatemala）成立

---

[1] Juan de Grijalva，1489—1527 年，西班牙人，参与了征服古巴的探险活动，初步了解了阿兹特克文明。

公元 1542 年	梅里达兴建于蒂霍城邦[1]（墨西哥，尤卡坦州）的旧址上
公元 1558—1560 年	加斯帕·安东尼奥·池绘制希乌族家谱树
公元 1562 年	大量玛雅肖像和文献在玛尼（墨西哥，尤卡坦州）被焚毁
公元 16 世纪	基切玛雅人的圣书《波波尔·乌》得到翻译转录
公元 1697 年	伊察玛雅王国都城塔亚萨尔（危地马拉，佩藤省）陷落
公元 1701 年	弗朗西斯科·西梅内斯[2]复制现存最早版本的《波波尔·乌》
公元 18 世纪晚期	西班牙王室派遣探险队考察玛雅文明遗址
公元 1821 年	墨西哥摆脱西班牙殖民统治获得独立
公元 1825 年	位于墨西哥城的墨西哥皇家教皇

---

[1] Ti'ho，位于尤卡坦半岛西北部的玛雅城邦。

[2] Francisco Ximénez，1666 年 11 月 28 日至 1729 年前后，生活在多米尼加共和国的西班牙牧师，主要成是搜集、整理各种版本的《波波尔·乌》。

	大学[1]创办墨西哥国家博物馆（Mexican National Museum）
公元 1827 年	墨西哥立法禁止文物外流
公元 1847—1901 年	尤卡坦半岛爆发"卡斯特战争"
公元 1848 年	第一支官方探险队来到蒂卡尔
公元 1866 年	危地马拉第一座国家级博物馆在危地马拉城雏形初具
公元 1871 年	梅里达的尤卡坦博物馆（Museo Yucateco）正式开放
公元 1891 年	哈佛大学皮博迪博物馆（Harvard Peabody Museum）立项考察科潘城邦遗址
公元 1893 年	芝加哥哥伦比亚世界博览会设立玛雅建筑模型展区
公元 1897 年	《墨西哥考古文物法》获得通过
公元 1904—1910 年	奇琴伊察圣坑（墨西哥，尤卡坦州）得到清理和发掘
公元 1910—1920 年	墨西哥大革命

---

[1] Royal and Pontifical University of Mexico，今墨西哥大学。

公元 1911 年	霍穆尔（危地马拉，佩藤省）的一处玛雅建筑遗迹首次使用地层学理论进行发掘[1]
公元 1939 年	墨西哥国家人类学和历史学研究所（Mexico's National Institute of Anthropology and History）成立
公元 1946 年	危地马拉人类学和历史学研究所（Guatemala's Institute of Anthropology and History）成立，博南帕克 1 号建筑（Structure 1）中的壁画被发现
公元 1952 年	巴加尔二世位于帕伦克的坟墓被打开。尤里·克诺罗索夫发表论文证明古代玛雅文字为表音文字。洪都拉斯人类学和历史学研究所（Honduran Institute of Anthropology and History）成立
公元 1955 年	伯利兹，也就是曾经的"英属洪

---

[1] stratigraphic excavation，这处遗迹实际是一座玛雅古墓，古墓被深埋在地层以下，上方还覆盖了一座现代建筑。

	都拉斯"（British Honduras）设立考古部
公元 1956—1969 年	宾夕法尼亚大学考古学和人类学博物馆（University of Pennsylvania Museum of Archaeology and Anthropology）在蒂卡尔开展考古发掘
公元 1960—1996 年	危地马拉内战
公元 1960 年	塔季扬娜·普洛斯库里亚科夫发表论文证明玛雅铭文记载的内容为信史
公元 1968 年	玛雅象形文字铭文资料库设立（Corpus of Maya Hieroglyphic Inscriptions）
公元 1970 年	联合国教育、科学和文化组织通过《关于禁止和防止非法进出口文化财产和非法转让其所有权的方法的公约》

公元 1979—1985 年	蒂卡尔国家项目[1]施行
公元 1987 年	大卫·斯图尔特发表采用"替代原理"破解玛雅文字音节的相关论文

---

[1] Tikal National Project,指位于蒂卡尔国家公园的三处古迹先后被列入世界文化遗产名录。

相关词汇、语音及日期的说明

总的来说，本书收录的地名全部以官方出版的正式地图为准，不过某些源自玛雅语或其他土著语言的名字却不再标注重音符号。依照约定俗成的做法，除非引用遵循了其他规范的材料，形容词一般为"Maya"，与语言相关的则使用"Mayan"。标注在玛雅语单词元音和辅音后面的单撇号表明这是喉塞音。本书引用的那些土著手抄本中，字母"x"的发音类似今天英语的"sh"，字母"j"等同于发硬音[1]的"h"，字母"c"一般读为硬音，"ua"大致相当于"wa"，发音很像美式英语的"jaguar"。本书将玛雅历法日期换算为公历时，主要参照经西蒙·马丁[2]和乔尔·斯基德莫尔[3]修改完善的"GMT算法"[4]，换算常数为584286（GMT+3），最终呈现为儒略历[5]的形式。

---

[1] hard，即通常说的爆破辅音。
[2] Simon Martin，英国历史学家和作家，主要成就是破译玛雅文字。
[3] Joel Skidmore，Precolumbia Mesoweb Press 的编辑，发表过若干与玛雅文明有关的论文和专著。
[4] Goodman-Martínez-Thompson，玛雅长历换算为公历时，不同的算法会得出不同的结果，误差比较大，GMT算法在史学界应用最为普遍。
[5] Julian calendar，古罗马统治者儒略·恺撒颁布的历法，基本等同于公历。

前言：历史的分层

本书是"失落文明"系列丛书中的一本，这个名称容易让很多人与"失落"的玛雅文明发生联想。只可惜，用"失落"形容古代玛雅文明纯属用词不当，因为它从未消失，也从未被世人遗忘，虽然古代玛雅人生活的许多细节已经湮没在历史的长河中。从16世纪的欧洲入侵者到19世纪的探险家，乃至当代考古学家，若干世纪以来，无数人造访古代玛雅遗迹，试图了解它们的起源和创造者。基于16世纪玛雅书写者和西班牙征服者留下的古代文献，21世纪的考古学研究报告，博物馆展品和好莱坞电影，本书将集中梳理过去五个世纪我们与古玛雅文明的交往史。通过对科技文献、视觉艺术、建筑结构、国际贸易、当代宗教、博物馆布展、原住民生活形态等领域进行系统分析，本书意在揭示古代玛雅文明的各种细节，例如他们的建筑、思想、遗物和认同是如何被认知、刻画并重构[1],进而流布于美国、欧洲、墨西哥、中美洲等当代人类社会的。

尽管某些读者可能会执念于"古玛雅人到底是从什么地方来的,又为何消失无踪?"之类的话题,我们依旧相信玛雅文明是美洲土著自力更生的产物。除此之外,我们还知道虽然古玛雅人遭遇过数次大规模的政治崩溃,但他们依然能重整旗鼓并不断迁徙流转,从未真正销声匿迹。即便是因为公元2世纪的"前古典时代大崩溃"[2],以及公元9世纪南方低地的崩溃或16世纪前后西班牙人对玛雅城邦的征服等因素,导致大量遗址遭到废弃的情况下,玛雅人的血脉依然顽强地延续下来,他们在展望未来的同时,坚守族群传统,凭吊、瞻仰祖先留下的遗迹,顶礼膜拜、献上祭品,甚至向外来者展示那里的一切。

研究古代玛雅的历史过程中有一个老生常谈的话题,即认为那些玛雅城市的建造者可能是来自其他地区的居民,例如古希腊人、古埃及人、失落大陆亚特兰蒂斯的幸存者或天外来客,然而目前已

---

[1] 原文为"portrayed",直译为"描绘",此处行文体现了知识考古学的理念,也就是说一切知识都会在具体的语境中遭到解构和建构,即便字面上完全相同的概念在不同语境中的含义也可能各不相同,我们今天说的"玛雅"跟历史上的"玛雅"未必真的是一回事。

[2] Preclassic collapse,玛雅人历史上经历过一次神秘的"古典时代大崩溃",也就是后文所说的公元9世纪南方低地玛雅城邦文明灭亡事件,公元2世纪发生在这次文明灭亡之前的另一次同类事件则被称为"前古典时代大崩溃"。

知的可靠证据却足以证明古代玛雅城市的建立完全归功于玛雅人自己，属于美洲土著文明自身演化的产物，那些故弄玄虚的迁徙传说纯属无稽之谈。话虽如此，我们仍应意识到这些传说的产生年代非常久远，故事创作者的视野相对狭窄，掌握的素材也非常有限。事实上，直到20世纪中期，考古学领域获得的能够印证美洲早期文明发展的资料依然少得可怜，直到大概50年以前，考古学家才真正破译了古代玛雅铭文。因此，更早年代的人们对那段历史的理解通常只能以想象为基础，经他们之手杜撰出来的故事往往存在蓄意的偏见和误读，经常对某些不利于自己的证据视而不见，缺乏批判性、选择性的眼光，甚至伪造、使用不可靠的资料。种族歧视也会在无形中制约研究者的思路，让他们对美洲土著创造复杂人类文明的能力视若无睹，或者故意贬低土著族群在这方面的贡献，进而将当代玛雅族群与他们古代祖先的丰功伟绩剥离开来，为其他"高等民族"提供了鸠占鹊巢的机会。更有甚者，在大量不利证据存在的前提下，今天依然对这套理论念念不忘。

另一个重要的话题就是将玛雅文明构建为某种若干世纪以前便已消亡或消失、等待勇敢的探险家凭借一己之力令其重见天日的"失落文明"。以此为立足点，围绕着玛雅文明，大量个人冒险故事应运而生。事实上，很多古代玛雅遗迹的确遭到遗弃，逐渐淡出历史视野，湮没在尘埃和杂草之下，被人们遗忘了若干世纪。不过也有一些遗迹始终受到玛雅族群的瞻仰朝拜，进而融入他们的社会集体记忆。与此同时，虽然西班牙征服者和传教士竭尽全力抹杀玛雅文字和宗教，玛雅人的文化、信仰和语言却韧性十足地生存下来，时至今日，仍有数百万玛雅后裔继续使用玛雅语，而且像他们的祖先那样祭拜各路神灵。

在欧洲人发现美洲大陆，外国探险家纷纷来到这里探险的几个世纪内，土著居民其实对那些古代遗址的位置心知肚明，甚至愿意把这些信息透露给前者。从某种意义上来说，土著居民是欧洲探险家获取和传播这些地方性知识过程中的合作者，然而各种以探险和发现为主题的故事却总是将那些外来者摆在舞台中心，他们为遗址命名并公之于众，自称是那些废墟和建筑遗迹的"发现者"。有鉴于此，本书在着重梳理外来探险家历史的同时，还将关注那些由土著居民创造的历史、知识和文化遗产，从而在两者间建立一个相对的平衡。毕竟，本书的核心内容是探索不同人群与古玛雅文明打交道的方式，其中自然也包括当代玛雅族群本身。语言、宗教，以及其他留存至今的知识遗产，包括古代玛雅文字，对当今世界重构古代知识体系至关重要。诸如此类的信息，再加上考古学和铭文学（文字破译）领域的相关发现，让我们能够阅读那些玛雅先人的名字以及他们用自己语言书写的行为历史。

2012年在玛雅历法中意味着一次重要轮回的结束，也标志着另一次轮回的开始。在此之前，美国流行文化充斥着对"玛雅世界末日预言"的好奇，或者也可以说是焦虑。很多人相信玛雅预言意味着人类文明的终结，然而事实却并非如此。玛雅人使用的历法灵活多变、趣味横生，其中蕴含了复杂的数学知识，以及永无休止的时间循环。凭借这套历法，玛雅人得以在长达数百万年的时空轮回中准确记录并按时纪念那些重大历史事件。今天的我们在被类似"2012"之类耸人听闻的无稽之谈分散注意力的同时，更应意识到玛雅文明作为世界文明的组成部分所具有的研究和关注价值。这样的价值源自古代玛雅人的巨大成就，同时也是今天继续坚守先人家园或流散世界各地的那些古代玛雅城主、嫔妃、艺术家，乃至普通工匠和农夫数百万后裔生活和繁衍的结果。

第 1 章 艺术与建筑

被称为"古玛雅"或"古典时代玛雅"(classic-period Maya)的人类文明,是由若干世纪当中星散在墨西哥南部和中美洲的多个城邦组成的松散政治实体。玛雅文明复杂多样,分布地域广阔,时间跨度漫长,经历过数次兴衰。但16世纪西班牙侵略者的到来永远改变了玛雅世界,他们首次登陆的地点位于今天墨西哥尤卡坦半岛的海滩上。本书的主题是分析梳理人们看待古代玛雅文明的角度,以及对玛雅文化或其艺术和建筑奇迹进行体验、理解、构建和吸纳的方式,这个"故事"从殖民者登陆那一刻就已经开始了。为了帮助读者深入理解这样的讲述思路,本书前两章将对古玛雅文明做一个总体性的介绍。由于古代玛雅城邦的数量众多、形式多样,统治时间漫长,他们孕育的艺术、建筑、历史和政治制度无疑也都各具特色,作者很难对所有重要遗址或艺术作品面面俱到,也不可能对玛雅社会的每个阶层,以及催生古代玛雅灿烂文明的全部自然和社会因素做出事无巨细的描述。恰恰相反,本书前两章的相关介绍只能是在对玛雅文明整体的地缘情况和历史脉络进行粗线条概括的前提下,详细讲解某些特定的艺术品、地点和人物[1]。

西班牙人当年登陆的那个地区今天被称为"墨西哥"和"中美洲",16世纪早期,星罗棋布的玛雅定居点和城邦在尤卡坦半岛、恰帕斯、伯利兹、危地马拉等地兴旺发达。我们所称的"玛雅"人并非统一的族群,他们都认为自己是相对独立的家庭、社区或政治体。在尤卡坦半岛,"察赫"(cah,复数形式为 cahob)是最基本的政治组织,指代社群或地区集团,而"奇帕"(chibal,复数形式为 chibalob)指的则是一个扩展式大家庭,父系宗族或血缘团体。曾经盘踞尤卡坦半岛的宗族势力包括索图塔(Sotuta)的科科姆(Cocom)家族、坎佩切的佩克(Pech)家族,还有玛尼的希乌(Xiu)家族[2]。各大家族在政治上相互独立,时而结成盟友,时而又反目成仇。西班牙人入侵前后,基切和喀克其奎是盘踞尤卡坦半岛亦敌亦友的两大城邦,他们的势力范围最远可达危地马拉高地。

事实上,16 世纪欧洲人来到当地以前,如今被我们称为"玛雅"的那个土著群体并没有形成共同的族群观念。真正将他们划分出来,与其他美洲土著例如印第安人一样作为独立族群的其实是西班牙征服者。"玛雅"这个说法最早出现在殖民时代的玛雅语中,它的含义更多指的也是土著族群使用的玛雅语。从殖民时代到 19 世纪的"卡斯特战争"[1],再到 20 世纪的民族政治学文献,作为文化意义上的"玛雅"始终都在变化,学术界和普通公众对古玛雅文明的持续关注也在这个概念的演化过程中起到了推波助澜的作用,从 20 世纪末延续到 21 世纪的"泛玛雅运动"[2] 则进一步让

---

[1] Caste Wars,当地玛雅土著反抗西班牙殖民统治的战争。
[2] pan-Maya,美洲土著族群以玛雅文明为号召争取自由民主的运动。

这个含义宽泛的概念以具象化的方式呈现在世人面前[3]。尽管如此，生活在墨西哥和中美洲的玛雅族群仍然存在巨大的语言和文化差异，他们的人口超过 500 万，族群内部使用的"玛雅语"有 30 种左右[4]。与此同时，还有一部分玛雅人使用其他门类的语言，这些人有的继续坚守着祖先的故土，有的则分散在墨西哥的其他地区、美国、加拿大、欧洲和更远的地方。

古玛雅人曾在墨西哥南部和中美洲的低地、高地生生不息。其中，玛雅低地南部包括墨西哥的恰帕斯州、塔巴斯科州和坎佩切州南部，危地马拉的佩藤省，伯利兹，以及洪都拉斯西部等。而位于尤卡坦半岛的墨西哥尤卡坦州、坎佩切州和金塔纳·罗奥州（Quintana Roo）则属于玛雅低地北部的范围。

南方低地玛雅文明的几个鼎盛阶段分别被称为"前古典时代中期"（Middle Preclassic，公元前 1000—前 350 年）、"前古典时代晚期"（Late Preclassic，公元前 350 年—公元 150 年）、"前古典时代终结期"（Terminal Preclassic，公元 150—250 年，又称原始古典时代 Protoclassic Preclassic）、"古典时代早期"（Early Classic，公元 250—550 年）、"古典时代晚期"（Late Classic，公元 550—850 年）和"古典时代终结期"（Terminal Classic，公元 850—1000 年）[5]。"前古典时代"和"古典时代"，玛雅低地北部虽然也有人群居住，不过这片土地的兴旺发达却是在公元 9 世纪南方低地玛雅文明衰落以后。特别是在"古典时代终结期"和"后古典时代"(Postclassic,公元1000—1521年),北方低地玛雅文明曾盛极一时。此外,从"前古典时代"到"后古典时代",玛雅文明也在危地马拉南部太平洋沿岸,以及墨西哥恰帕斯州的高地地区开花结果。钦库提克(Chinkultic)和恰帕德科尔索(Chiapa de Corzo)是"古典时代"雄踞恰帕斯高地的重要遗址。公元前900年,气势恢宏的古城卡米纳胡尤(kaminaljuyu)在危地马拉高地奠基,随后蒸蒸日上达到极盛,并一直延续至"后古典时代",如今,它被尘封在今天的危地马拉城之下。朝气蓬勃的阿巴赫·塔卡利克(Takalik Abaj)、伊萨帕(Izapa)、赖特(Ujuxte)、拉布兰卡(La Blanca)、拉佩塞韦兰西亚(La Perseverancia)等城邦则是同一时期危地马拉太平洋沿岸玛雅文明的典范。到了"后古典时代",危地马拉高地呈现出喀克其奎和基切双雄并立的格局,它们的首都分别设在伊希姆契(Iximche')和库马尔卡(Q'umarkaj)。

参照欧洲历史的研究模式,学术界通常将古代玛雅文明划分为"前古典时代""古典时代"[1]和"后古典时代"。问题在于,将某个历史时段划分为"古典",同时将另外两个时段分别划分为"前古典"(或形成时代,Formative)和"后古典"的处理模式也

---

[1] 欧洲古典时代指的是中世纪以前的古希腊、古罗马时期。

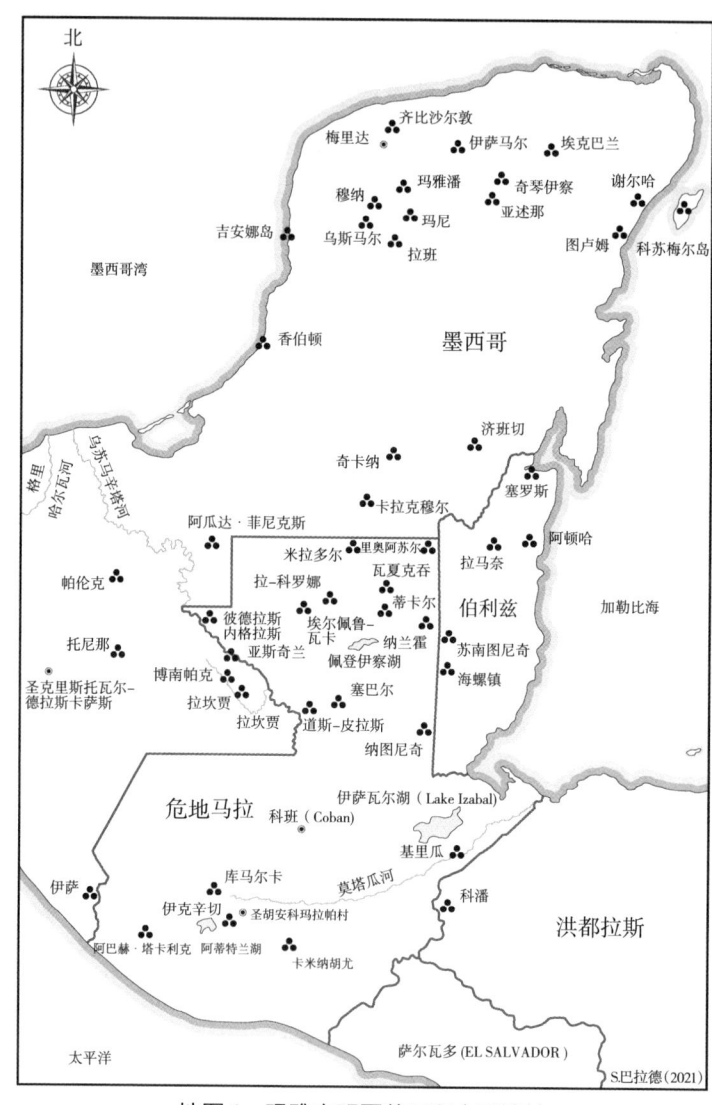

地图1　玛雅文明覆盖区和主要遗址

注：本书插图系原文插附地图。

就等于给这些时段贴上了"先进"或"落后"的标签。对古代玛雅文明而言，政治体制的复杂程度、重大文化和艺术成果的产量是对这些时段进行前后划分的主要依据。这样的划分依据本身就不够完善，而且愈发受到全新考古研究成果的挑战。就拿"前古典时代"来说，显而易见，那是一个文化发展、艺术创新的年代，许多规模最宏大的古代玛雅建筑和工艺最精湛的玉石雕刻都出现在这个阶段。有鉴于此，某些学者转而倾向以世纪为标准对玛雅文明进行细分，而非笼统地将它分为前后相继的三大段。不过三大段的划分模式依然被沿用下来，尤其是被用来概略性地指代跨度较长的历史时期，本书也采用了这种标准。

古玛雅统治者

在玛雅低地的"古典时代"，大量政治实体在艺术、文字、宗教以及其他文化领域表现出相同的特征，这些政治实体类似世界其他地方的王国或城邦。但由于时代、地域、政治制度等方面的差异，它们之间也呈现出多元化的态势。相互征伐是大小城邦存在的常态，古代玛雅石刻铭文中记载了一段又一段城邦间结盟、开战，以及其他彰显国力、威名远播的历史。某些城邦可能会将别的城邦收入麾下，让他们成为自己的附庸盟友，附庸城邦的统治者由此则会成为更强大的宗主城邦的"u kabjiiy",这个头衔的含义可以理解为"被委任者"(under the authority of)。古玛雅铭文中,地名仅仅是一个地理上的称谓,并不一定与城邦的名称挂钩。例如,今天墨西哥恰帕斯州的帕伦克(Palenque)在玛雅时代的地名是"拉卡姆哈"[Lakamha,含义为"大水"(Big Water)],但统治那里的城邦名号其实是"骨头"(Baak/Bone),这源自公元8世纪时任城主使用的"圣主名章"[1]——"骨之圣主"(k'uhul baak ajaw/sacred lord of Bone)。今天我们知道,某个城邦从一个地方迁徙到另一个地方以后,还可能继续使用老的圣主名章。换言之,相同历史时期可能会有一个以上的地方使用同样的圣主名章[6]。

碑刻铭文和艺术品方面的记录显示,作为神或半人半神的玛雅统治者通常被看作日神、月神和玉米神等超自然力量在人间的化身,被尊称为"圣主"(k'uhul ajaw/sacred lord),这个称谓源自玛雅语"k'uh",也就是"神"的意思,它意味着城主拥有近似或等

---

[1] Emblem Glyph,这个词在英语资料中通常被翻译为 holy lord of such and such place,也就是"某地圣主"的意思,城主发布文件时,圣主名章会被加盖在他亲笔签名的后面,即便同一个城邦也可能在不同城主统治时期使用不同的圣主名章,不同圣主名章中"某地"的称谓也可能会做相应调整,因此同一个城邦在不同城主统治时期的名称也会有所区别,另一方面,某些城邦迁到别的地方以后还可能继续沿用老的圣主名章。

同于神的伟力。"ajaw"这个词指的是玛雅"礼历"[1]中每年的最后一天，引申自动词"呼喊"（to shout），也可以被理解为具有雄辩家或演说家身份的重要领袖，但跟阿兹特克人[2]口中的"特拉托阿尼"（演讲者）[3]一词又有所区别。某些神祇的名号也可以被用来代指统治者的名字和头衔，例如"k'inich"（radiant，意为"荣光四射"），它的本意指的是一位德高望重的太阳神；再例如卡威尔（K'awiil），他是一位冥冥中掌控闪电和王权的神祇或幽灵；还有查克（Chahk），他是执掌降雨和水源的大神。有些时候，这些名号还会得到进一步的修饰，用以凸显神祇某一方面的超自然力量，例如"天降大神卡威尔"（Sihyaj Chan K'awiil/Sky-born K'awiil）、"天雷万钧卡威尔"（Bajlaj Chan K'awiil/Sky-hammering K'awiil）等，后者的用意主要是为了强调这位大神主管闪电的法力，以及由此带来的后果。诸如此类的名号意在彰显城主所拥有的超自然神力的属性，让世人知道他们能将雨水、大风、阳光等自然力量玩弄于股掌之间，为自己所用[7]。

按照古玛雅人的相关描述，统治者们身居宇宙的中心，那个地

---

[1] ritual calendar，玛雅人制定的以各类宗教仪式为核心的历法，类似阿兹特克人的仪式历。
[2] 原文为Mexica（墨西卡人），阿兹特克人也自称墨西卡人。
[3] tlatoani/speaker，这个词在阿兹特克社会特指统治大小城邦的城主。

方被称为"世界树",类似这样的说法进一步凸显了他们在超自然世界中的极端重要的地位。大小城主和其他社会精英有时还要扮演卡威尔、查克、玉米神等各路神祇,这种情况下,"粉墨登场"的他们在各自扮演的神祇名号之后还要加上修饰短语——"u-baah-il a'n"(it is the image in impersonation of,意为"这是一个替身"),暗示此时的凡人已经成了神的化身。音乐和舞蹈则可以让这些替身拥有的超自然神力得到进一步释放。城主和其他社会精英有时也会举行召唤神灵和祖先的祭祀仪式,仪式过程中他们会将鲜血和火焰作为献给后者的祭品。

玛雅人的文化将祖先描绘为拥有重生轮回能力的神性存在。男性和女性祖先被认为分别具有日神和月神的各种法力,这些法力与自然界中太阳和月亮的运行规律相互关联。除此之外,玛雅人的祖先还可能跟玉米神搭上关系,因为这样能让他们像玉米一样每年重生一次。帕伦克城邦的统治者巴加尔二世(K'inich Janaab Pakal)——今天的人们习惯将他简称为"巴加尔"(Pakal)——去世后被安葬在一口富丽堂皇的石灰岩棺材里,棺盖上的图画就描绘了他获得重生的景象。图画中,兼具大神卡威尔、玉米神和太阳神的三重法力的巴加尔二世恍如黎明时分的太阳,沿着"世界树"的主干,穿过"太阳之门"(solar portal)从冥界冉冉升起[8]。巴加尔二世墓碑的两侧,他的各位祖先以生长在土地上的果树形象出现在图画中。玛雅人习惯通过讲故事的方式向外界传达他们与德高望重的祖先之间存在的紧密联系，建立联系的具体办法是强调祖先与后辈间反复出现的相似言行，或者干脆让二者的形象"同框出镜"。这种"同框出镜"不受当事人生死的限制，祖先可能通过象征的方式出现，也可能是通过召唤仪式现身。"古典时代"早期和晚期的玛雅墓碑上，祖先经常幻化为超自然神祇的形象俯视着自己的子孙后代，他们的名字还会被添加到世代相传的王表当中。诸如此类的王表有时会绘制于陶器上，如蛇王朝公元 7 世纪的筒形杯⁹，有时也可能雕刻于石头上，如"科潘象形文字台阶"[1]。

石阶上的铭文记载了不少"古典时代"科潘（Copan）城邦城主、贵族的头衔和等级。到了"古典时代"晚期，精英阶层的人数有所增加，等级分层也进一步细化，这种情况在南方低地的城主、地方大员（subordinate governor）及其他统治阶层中表现得最为明显。值得注意的是，此类阶层分化在"古典时代"早期便已露出苗头。当时的很多城邦中，作为最高统治者的城主被称为"k'uhul ajaw"。城主以下，在他直接管辖的城邦或附属城邦内部，还有很多依附于他的大小官员，这些人各有各的等级。城邦内部的很多人也可拥有"ajaw"的头衔，还有一些称号是从这个头衔衍生而来

---

[1] Copan Hieroglyphic Stairway，位于科潘城邦第 12 任城主陵墓入口。

的，例如"yajaw k'ahk'"，它的意思是"火王"（fire lord）；再例如"yajaw te'"，含义为"树王"（tree lord）。"ajaw"这个词经过变形，还可以被用来表达一种高低从属关系，例如某人是某人的"yajaw"（这个词在玛雅语中可以被理解为"领主"）。"sajal"在玛雅语中指的是省级官员，他们可能听命于本城邦的小城主，也可能直接替更高一级的大城主效力，例如拉玛（La Mar）的统治者就是听命于彼德拉斯内格拉斯城主（Piedras Negras k'uhul ajaw）的一位"sajal"[10]。"夫人"（ixik/lady）这个字眼经常被用来修饰玛雅女性的姓名或头衔。此外，精英阶层中的青年人也有一些专属的荣誉称号，例如"ch'ok ajaw"（sprout lord/young lord）和"chak ch'ok keleem"（great youth/strong youth），可能意在强调年轻男性的身体力量。另一方面，"kaloomte'"的等级明显高于"k'uhul ajaw"，这个头衔源自一位来自玛雅势力范围以西，墨西哥中部地区特奥蒂瓦坎（Teotihuacan）的铁腕强人，在实际使用中往往以类似"och k' in kaloomte'""the west kaloomte'"之类的短语形式出现[11]。总而言之，形形色色的头衔背后隐藏着玛雅社会微妙的权力和人际关系，让我们得以管窥这个古代世界政治环境的复杂性。

文字和历法

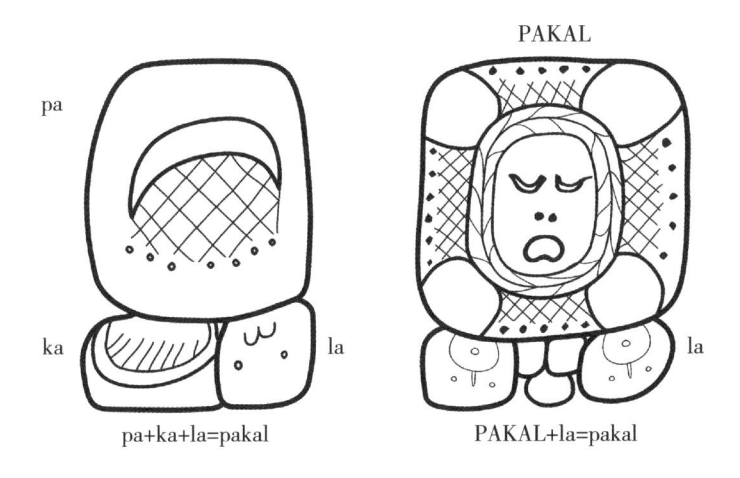

图 1 "Pakal"(盾)这个单词以玛雅象形文字的形式
书写帕伦克城邦城主巴加尔二世"放射花盾"
(Radiant Flower Shield)名字时的两种写法

文字书写是实现跨时空、跨地域交流的重要手段,同时也是一种具有历史价值,能够让人见微知著的重要艺术形式。玛雅文字是一个由符号构成的表音系统,这些符号代表的是今天所谓的"普通玛雅语"（Common Mayan）中的一个个单词和音节，它是奇奥蒂语[1]和科尔蒂语[2]的前身[12]。玛雅文字的书写方式千变万化，依照"替代原理"[3]，玛雅语中的字可以单独由语素[4]或音节构成，也可以由二者共同构成[13]。例如，玛雅语"pakal"（盾，shield）这个字可以用"pa""ka""la"三个音节合写而成，最后一个元音为略音；或者直接用盾牌的标志表示，在其上方或下方附加语音符号，以表示该单词的首辅音或末辅音[5]。书写者书写的文本分行、列排列[6]，每两行字按照从左到右[7]、从上到下的顺序阅读，不过艺术家在创作过程中如果受制于特定的空间或者希望达到某种特殊的效果，也可能不遵守上述规则。

为了体现创造性，书写者往往会发明各种变体字或尝试多样化的书法风格。基于不同地域、群体，乃至艺术家个人的偏好，书法

---

[1] Ch'orti'，古代玛雅语的一个分支。
[2] Ch'olti'，西班牙殖民时代流行的玛雅语。
[3] principles of substitution，玛雅文字是表意和表音两种文字体系的混合体，有点像现在混用汉字和假名的日语，其中既有象形符号，也有单纯表示发音的抽象符号，两种符号拼接在一起，按照类似汉语象形、指示、会意、形声、转注、假借的规则构成代表不同意思的字符。
[4] logogram，以汉语为代表的表意文字中最小的音、意结合体，语素可以是一个单独的字，也可以是构成一个字的几个部分。
[5] 即类似俄语那样通过重音位置的调整，一个单词就可以表达不同的含义。
[6] 每四个字为一行，每两行为一列。
[7] left to right，某些中文资料说玛雅文字与古汉语类似，采用从右到左的顺序阅读，属于误传。

风格也会因地、因人而异。书法要么受限于所用材料，要么受限于创作基质，或二者皆有——例如在石头上刻字或者用刷子写字时，书写者就需要对自己的运笔做出相应调整。有时，艺术家还能把适用于一种环境的书法风格"嫁接"到另一种环境。例如，所谓的"挥鞭书法"（whiplash calligraphy）就源自用刷子蘸着颜料写字，特定的创作条件成就了这种字体独有的波澜壮阔的力量感，某些艺术家在石头上刻字时也会有意使用"挥鞭书法"，意在将后者的运笔风格转移到石刻铭文上[14]。书写者的书写技艺越是高超，得到的褒奖也就越多，他们和艺术家以及其他社会精英被并称为"'itz' aat"，也就是"智者"的意思。除此之外，艺术家还可能凭借各自的专长获得相应的荣誉称号，例如"aj tz'ihb"，它的含义可以被理解为"作家"或"画家"，特指那些用刷子或羽毛笔绘画、书写的人[15]。

玛雅人发明了一套复杂的历法用于记录历史事件，同时让自己的生活与太阳、月亮等天体的运行规律保持和谐。这套历法由两个互为补充的子系统构成，分别是包含20个神灵名字和13个数字，全年总计260天的卓尔金历[1]，以及划分为18个月，每月20天，再加上年底5天的所谓"无名日"（wayeb/unnamed day），全年总

---

[1] tzolk'in，与阿兹特克仪式历、中国传统的天干地支类似，20个神灵名字搭配1—13的13个数字，排列组合形成260个名称不同的日子。

计365天的"哈布历"(haab),也就是太阳历。两套历法可以独立运行,也可以联合起来组成长达52个太阳年的立法周期,52年中的每天都有自己唯一的名称,直到整个周期结束,开启下一个轮回,日期才会出现重复。时至今日,墨西哥恰帕斯州的高地和危地马拉的很多地方仍在沿用这两套历法中的一套,有时甚至两套共用[16]。借助日期名称的循环往复,通过在同名的日期举行与祖先相同的祭祀仪式,古玛雅人有意无意地强化了后辈与先人间的血脉联系。

他们的长历以一个异常遥远的年份,也就是公元前3114年为原点。从原点开始,时光日复一日地流逝,然而时光的流逝又并非是无序的,而是有组织、有规律的——其中每20天被划分为1个"winal",也就是1个月;每360天被划分为1个"tun",也就是1年;每20年是1个"k'atun";每400年则是1个"bak'tun"。无论经历过多少次朝代更替,无论经历了几百万年沧桑变化,凭借长历,玛雅人都可以在漫长的历史周期内准确计算时间,讲述诸神的往事,预见他们的未来。

很多"古典时代"的玛雅铭文都习惯以日期作为开头,这可能是某次历史事件的发生时间,也可能是奉献某件祭品的时间。如果是后一种情况的话,这份以日期开头的铭文实际就是一篇祭文。此类祭文会出现在陶器、石质纪念碑和建筑物或其他材质的东西上,其内容涵盖物品的名称,所有者的姓名,有时还可能刻上制作者的

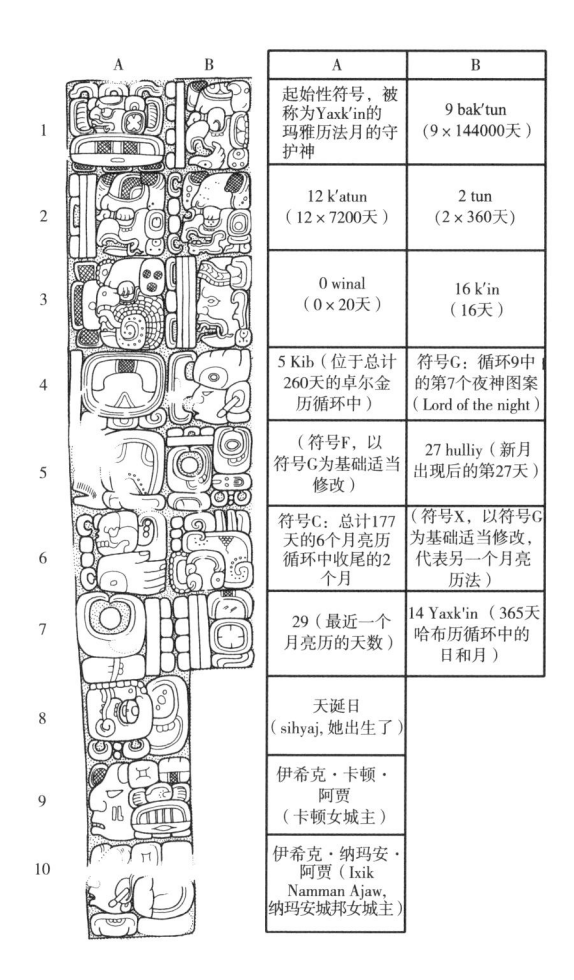

	A	B
1	起始性符号，被称为Yaxk'in的玛雅历法月的守护神	9 bak'tun（9×144000天）
2	12 k'atun（12×7200天）	2 tun（2×360天）
3	0 winal（0×20天）	16 k'in（16天）
4	5 Kib（位于总计260天的卓尔金历循环中）	符号G：循环9中的第7个夜神图案（Lord of the night）
5	（符号F，以符号G为基础适当修改）	27 hulliy（新月出现后的第27天）
6	符号C：总计177天的6个月亮历循环中收尾的2个月	（符号X，以符号G为基础适当修改，代表另一个月亮历法）
7	29（最近一个月亮历的天数）	14 Yaxk'in（365天哈布历循环中的日和月）
8	天诞日（sihyaj，她出生了）	
9	伊希克·卡顿·阿贾（卡顿女城主）	
10	伊希克·纳玛安·阿贾（Ixik Namman Ajaw，纳玛安城邦女城主）	

图 2　一组与玛雅长历有关的日期字头，以及与历法周期和月球运行规律有关的其他信息。这些文字记录的玛雅历法日期为 9.12.2.0.16 5 Kib 14 Yaxk'in，按照 GMT 算法，相当于儒略历的公元 674 年 7 月 5 日，也就是彼德拉斯内格拉斯城邦城主伊希克·卡顿·阿贾（Ixik K'atun Ajaw）的出生日期。文字内容出自该城邦遗址的 3 号石碑，大卫·斯图尔特绘制

名字[17]。例如,某篇祭文在具体的人名前面就写有"他/她的饮器"(y-uk'ib, his/her drinking vessel)或者"他/她的耳饰"(u-tup, his/her ear ornament)的字样。类似这样的祭文如果出现在陶器上,篇幅通常都非常短小,如果是被刻在纪念碑之类的地方,篇幅则往往很长,祭文内容的时间跨度可能长达几个历法和天体运行的周期,有时还可能透露与献祭者本人,他或她的祖先,乃至献祭者所属城邦有关的履历信息。事实上,古玛雅铭文通常包含个人生平、人际交往、宗教活动、城邦历史、神话传说等诸多层面的内容。

古玛雅建筑

出自玛雅建筑师之手的建筑形式多种多样,他们善于因地制宜,让建筑物融入周围环境,形成共存关系。建筑和遗址的方向通常与基本方位一致,参考甚至对应太阳每天的东升西落以及其他年度运行轨迹和位置,例如在"二分二至日"太阳会以何种角度升起在地平线上。利用和改造自然环境也是玛雅建筑师的拿手好戏,例如他们可能会把建筑物修建在山上,让它看起来更加高大,也可能通过特定手段在有限的空间内达到移步换景或借景[1]的效果。玛雅建筑师注

---

[1] vistas across the landscape,借景也是中国古代园林常用的设计,通俗地说就是借助视觉效果,把不属于园林范围的远景融入园林的整体画面。

重封闭空间与开放空间的平衡，以广场和庭院为代表的开放空间是玛雅人举办家庭庆典、外交会晤，以及王室公开亮相的重要场所。城市内的不同建筑群依靠甬路[1]相互连接，不同定居点之间则通过名为"白色之路"（sacbe/white road）的长距离甬路保持联系。目前已知最长的一条"白色之路"位于尤卡坦半岛的科巴（Coba）和亚述那（Yaxuna）两处古代遗址之间，总里程为100千米。

古玛雅建筑的基本形式之一就是那种常见的只有一间屋子，墙体由荆条编织而成并涂抹平滑，屋顶用茅草苫盖的普通居所。以此为模板，很多石质建筑光滑的下部模仿的就是普通居所的基座，建筑顶部的飞檐则属于茅草屋顶的放大升级。就拿帕伦克古城编号为E的房屋来说，这处宫殿曾是巴加尔二世临朝听政的地方，为了让它看起来更像茅屋，体现王室与普通百姓的鱼水关系，玛雅工匠特意用石头仿造了一个带飞檐结构的"茅草屋顶"[18]。"排房"[2]是玛雅建筑的常见形式，这样的建筑通常只有一层，借助一条或多条走廊将若干房屋串联起来。建筑的墙壁和立柱支撑着石头穹顶，穹顶由形状各异的石块榫卯咬合而成，临近合龙时，再插入一块拱顶石（capstone）起到"定盘星"的作用。石砌穹顶能够被用来建造

---

[1] elevated causeway，直译"高架堤道"，这种城市道路中国古代称为甬路，特点是中间的路面要用夯土垫高一块。
[2] range structure，特指室内采用长进深、多房间设计，室外带广场、花园的玛雅建筑。

房屋，也可用于城门之类的拱形结构，形成了古玛雅建筑的独特风韵，至今仍是建筑师们参考、借鉴的典范。古玛雅建筑师设计的叠涩顶（corbel vaults）建筑大多相互平行修建，意在将室内同时划分为几个空间。排房内部可能修建一些固定设施，例如同时具备休息、端坐和王座三种功能的榻。有时，若干栋建筑还可能呈"全包围"结构排列，从而围出一个四面封闭的庭院，某些玛雅宫殿就采用了这样的模式。

图 3 墨西哥尤卡坦州拉博纳（Labna）地区的古玛雅拱门，修建于公元 600—900 年，石灰岩

图4　墨西哥恰帕斯州帕伦克遗址宫殿和铭文神庙鸟瞰图，修建于公元6—8世纪，石灰岩

　　玛雅建筑的另一种经典设计是在通常被古玛雅铭文称为"山"（witz/mountain）的巨型阶梯金字塔的塔顶平台，搭建小型房屋或顶部结构。与帕伦克的"铭文神庙"[1]类似，多数玛雅金字塔都属于墓葬设施，去世的统治者可能被安葬在塔内，也可能长眠在塔基以下，就像入土的种子那样等待重生。随着时光流逝，玛雅人经

---

[1] Temple of the Inscriptions at Palenque，修建于公元7世纪，帕伦克城邦统治者巴加尔二世陵墓的配套建筑。

常会在旧有建筑物的基础上翻盖新的建筑,通过层层叠加的方式增加建筑物或平台的尺寸和功能。作为纪念已故城主或其他人士的神殿和圣所,金字塔的顶部结构通过镶嵌在塔身中央的阶梯与地面相连。某些圣所在玛雅语中被称为"天洞"(chan ch'een/sky cave),它们被想象为祖先、神祇在尘世间的居所[19]。顶部结构的规制与排房类似,都是用一条或几条走廊串联若干房间。金字塔及其他建筑的阶梯不光具有实用功能,同时还包含着象征意味,它们是举办游行、舞会,羞辱战俘,献祭人牲的重要场所[20]。

像其他很多中美地区族群一样,从"前古典时代"到"后古典时代",生活在不同时期、不同地域的古玛雅人都在自己所属的城市修建了大大小小的球场。球场两侧通常各有一座斜坡形的看台,两座看台中间留出一块狭长区域用于足球比赛。参赛的运动员组队下场,争抢一只橡胶圆球[1]。除了实用价值,球场中央的狭长地带同样具有一定的象征意义,它代表着通往冥府的入口,还是包括玉米神在内的各路神祇乃至芸芸众生死亡和重生的修罗场[21]。球赛在古玛雅人的政治生活中占有重要地位,从某种意义上来说,比赛也可以被视为一场战斗,参赛双方(可能是来自战场的俘虏)的失败者赛后可能会以人牲的身份丢掉性命。正如墨西哥尤卡坦州奇琴伊察

---

[1] 现代足球是美洲印第安人发明的,举行球赛是为了向太阳、月亮等圆形天体致敬,直到今天,每年6月24日太阳节,秘鲁的印第安人还会举办传统球赛。

（Chichen Itza）大球场[1]看台壁画描绘的那样，他们的死以象征的方式回馈大地，滋养了地上的草木植被。

　　灰泥或石质的雕塑是很多建筑物的内部装饰。"前古典时代"晚期和"古典时代"早期的过渡阶段，修建金字塔的热情逐渐消退，艺术家转而开始用灰泥在纪念碑表面塑造太阳神等各位神祇的浮雕形象，这方面的代表有科潘城邦叶纳尔神庙[2]的叶纳尔面具，以及埃尔佐茨神庙[3]中豹神神庙[4]的豹神面具。到了"古典时代"晚期，雕塑家开始流行把石头切割成大小形状各异的马赛克，再用它们拼接出引人入胜的画面，同时还将建筑物打造为某座神山或某处圣地的象征。其中有些建筑物的表面会雕刻大量铭文作为装饰，也有很多建筑物的顶部最高处会加盖屋脊，然后再沿着屋脊的轴线修建更高一层的结构。艺术家经常会在屋脊上点缀几何雕塑[5]、人物塑像或铭文等。

　　南方低地玛雅文明流行石质马赛克镶嵌艺术的时代，相似的艺术形式也在以乌斯马尔和奇琴伊察为代表的北方低地玛雅文明中生根发芽，与此同时，后者还在建筑物的石雕装饰艺术方面有所改

---

[1]　Great Ballcourt，目前已知规模最大的古玛雅球场。
[2]　Yehnal，科潘王室陵墓的附属建筑，神庙内有一具灰泥材质的人脸浮雕，被称为"叶纳尔面具"（Yehnal Mask）。
[3]　El Zotz Temple，位于今危地马拉佩藤省，是由五座神庙组成的建筑群。
[4]　原文为 Night Sun，这个名字是玛雅神话中豹神的昵称，他是身居冥府掌管火焰和战争的神（Jaguar God of the Underworld），所以又被称为"夜太阳"，豹神庙遗址出土了一件大型灰泥面具，风格与中国三星堆的青铜面具类似。
[5]　geometric，几何形雕刻，有的为牙齿状，最典型的例子是帕伦克古城的建筑。

进,力求让风格变得更加灵动。出现在这个时期的马赛克镶嵌艺术包括走廊两侧张着血盆大口仿佛能吞噬一切的各类动物形象,飞檐斗拱上精细程度可以和纺织物媲美的各种图案,栩栩如生的面具,以及隐藏在建筑物角落里的神山模型[1],它们和射入室内的阳光相得益彰,呈现出戏剧般的光影效果。"后古典时代"早期,奇琴伊察的雕塑家开始用巨蛇造型装饰神庙,巨蛇的身躯在神庙的栏杆扶手上蜿蜒盘桓,尾巴则化为门廊的立柱,它们颇具想象力的扭动造型为建筑增添了几分动感。

图 5　洪都拉斯科潘遗址大球场,修建于公元 738 年前后,火山凝灰岩

---

[1] supernatural mountains,三星堆日出扶桑青铜树的底座就是一个抽象的三山相连的神山模型,古玛雅和阿兹特克文明中也有类似的艺术形式。

多样的艺术材料

古玛雅艺术家不仅能把石头变成或大或小的雕塑,还善于在纸张、木头之类更脆弱的材质上进行创作。玛雅雕刻家用于创作的石头都是就地取材,主要有石灰岩、砂岩和火山岩,反正当地出产什么石头,就用什么石头。经过他们的巧手,这些石头就能变成石碑、祭坛、过梁等艺术作品。这些石雕通常还要经过上色,会刻画出席各种公开场合,例如参加节日庆典和城主登基大典以及庆贺战争胜利仪式的城主、皇亲国戚还有其他王公大臣的形象。时光流逝,石头上的大部分颜料早已斑驳褪色,但很多纪念碑上的红、绿、蓝、黑等颜色却依然清晰可辨。从某种意义上来说,玛雅人的祭坛也属于一种形制低矮的纪念碑,它们的造型以圆形、正方形、长方形和各种动物形象为主,通常被安放在石碑和建筑物的正前方。举行祭祀仪式时,祭坛就会充当摆放贡品的桌子。

玛雅人的石碑是一种独立垂直,高度大于宽度的纪念碑。它的造型可以被设计为单人或多人的形象,也可以在每个侧面上分别刻画不同的人物形象,形成三维空间的视觉效果。某些情况下,石碑还能以"无字碑"的造型示人,不添加任何绘画和雕刻,创作者的

图 6 危地马拉佩藤省蒂卡尔遗址的 1 号神庙，
修建于公元 734 年前后，石灰岩和其他材料

第 1 章 艺术与建筑 | 027

图 7 墨西哥尤卡坦州奇琴伊察遗址战士神庙入口的巨蛇立柱，属于原先用于支撑过梁的两根立柱中的一根，修建于公元 800—1000 年，石灰岩

意图似乎是想让人们知道石碑本身的材质比表面刻画的信息更加重要，或者最起码是同等重要[22]。出土自危地马拉佩藤省彼德拉斯内格拉斯遗址的 14 号石碑（Stela 14）上的图案刻画了第三王[1]自登基以来经历首次历法周期结束，参加辞旧迎新仪式的场景。画面中的他雄踞宇宙的中心，身边簇拥着众多形象，他的母亲站在略逊一级的位置，默默地看着自己的儿子。第三王石碑的构图设计总体上参照了前任城主的同类石碑，母亲形象的出现则属于特定时代的全新风尚，这么做是为了强化城邦统治者与外戚势力的休戚与共，以及玛雅文明内部不同城邦间的姻亲联盟。

玛雅宫殿的门道上方通常装有过梁，过梁雕刻精美的正面要么朝前，要么朝下，来访者站在建筑物前方或进入门道以后稍稍抬头便可一目了然。墨西哥恰帕斯州亚斯奇兰遗址的 24 号过梁（Lintel 24）就采用了正面朝下的安装方式，过梁浮雕画面中的胡克夫人[2]正给舌头放血，意在通过这样的行为庆贺丈夫荣登城主宝座。与跪地的王后四目相对，手擎火炬的男士就是她的丈夫，威力无边、万寿无疆的城主伊扎姆纳伊·巴拉姆三世（Itzamnaaj Bahlam Ⅲ）。

---

[1] Yo'nal Ahk Ⅱ，全名应为 K'inich Yo'nal Ahk Ⅱ，公元 664 年 12 月 29 日至 729 年，是彼德拉斯内格拉斯城邦的第三任城主，所以史学界约定俗成称他为"第三王"。
[2] queen Ixik K'abal Xook，又名 Lady Xoc，亚斯奇兰城邦历史上最有权势的女性。

图 8　危地马拉佩藤省彼德拉斯内格拉斯遗址 14 号石碑，
建造于公元 761 年前后，石灰岩

环绕画面的铭文似乎是在暗示城主夫妇所处的位置是一条走廊或一座建筑的内部，这座建筑物很可能是幽深昏暗的 23 号房间（Structure 23），也就是 24 号过梁的安装地点。流传至今的古玛雅过梁多数都属于石质过梁，其中也有极少数的木质过梁。危地马拉佩藤省蒂卡尔（Tikal）遗址出土的过梁由沙柏木雕刻而成，过梁上繁复的画面描绘了城主参加重大节日庆典的场景。这块过梁之所以能保存下来，是因为它本身的硬木材质具有极强的抗虫蛀和抗腐蚀性，类似这样的过梁其实只是南方低地玛雅文明浩如烟海的同类作品中的沧海一粟。

除了蜻蜓点水般地为石材装饰各种浅浮雕图案，某些特定地区和特定时期的玛雅石匠也会对手中的石头进行改头换面的全方位雕刻。出自科潘城邦石匠之手的石碑主要取材自当地特产的火山岩，后者独特的质地让他们能够以更复杂的深浮雕手法在石头上描绘城主们的立体形象。出土自奇琴伊察圣坑[1]的雕像体现出浅浮雕和立体雕刻两种手法相互融合的特征。玛雅雕塑中的某些作品是和建筑物融为一体的，例如前文提到的巨蛇门廊，也有一些属于纯粹的独立雕像，例如类似查克莫天使[2]那样的作品。这尊雕像被刻画

---

[1] Sacred Cenote at Chichen Itza，位于今墨西哥尤卡坦州奇琴伊察市北部的一处喀斯特地貌石灰岩天坑，坑内存满大量积水，玛雅人祭祀雨神时会向坑中抛掷大量祭品。
[2] chacmool，查克莫天使是在玛雅和阿兹特克文明普遍受到崇拜的神，作者提到的雕像位于奇琴伊察武士神庙入口。

图 9　墨西哥恰帕斯州亚斯奇兰遗址 24 号过梁，
修建于公元 725 年前后，石灰岩

图 10　奥古斯塔斯·勒普朗根找到的墨西哥尤卡坦州奇琴伊察遗址查克莫天使雕像，制作年代为公元 800—1000 年，石灰岩

为一位半坐半卧，双手在腹部捧着一只碗的武士形象，雕像体量巨大，细节处尽显人物的王者风范。查克莫天使雕像一般会被摆放在城主的宝座旁边或建筑物的入口处，因此每尊雕像的风格样式都要与它所处的环境相互适应，达到浑然一体的状态。

翡翠和蛇纹石（serpentine）之类的绿色宝石，产自海洋和河流的各种贝壳，经常会成为玛雅雕刻家的创作原材料，通过他们的雕刻和抛光，变为五光十色的耳环、项链、吊坠、头饰和死亡面具[1]。玛雅人推崇翡翠等绿色宝石雕刻而成的艺术品，并非因为那些图案、铭文之类的刻工，而是由于这些宝石本身的稀有和珍贵，同时也是看重它们碧绿或蓝绿的色彩。这样的颜色能让人联想起玉米、河流，还有持久的生命力^{23}。帕伦克城主巴加尔二世的死亡面具由翡翠、贝壳和黑曜石制成，佩戴它的目的是将死者装扮成年轻的玉米神，永远保持活力四射的状态。除了死亡面具，巴加尔二世入殓时还佩戴了耳珰[2]、项链、手镯，左右手分别握着翡翠雕刻而成的小球和方块。耳珰被雕刻为雌蕊修长，仿佛散发出阵阵芳香的花朵造型，很可能象征着玛雅先辈们口口相传的"繁花伊甸园"[3]^{24}。

陶工同时为世俗生活和宗教仪式制作各类器皿，出自他们之手的产品有的会被实际使用，有的则可能作为随葬品随逝者入土。宗教和丧葬仪式的基本流程包括敬献盛满各色食物的器皿充当祭品，在祖先和神灵面前焚烧香料、橡胶或其他类似的东西。"古典时代"早期的陶工流行制作各种带盖的器物，还会用雕刻、绘画手法在上面描绘形形色色的动物和神祇形象。工匠们手握芦苇笔以及由动物

---

[1] funerary mask，戴在逝者脸上的面具。
[2] 原文为 earspool，直译为"耳蜗"。
[3] floral paradise，又称 floral world。

图 11　被称为"巴加尔面具"的死亡面具和配套耳珰，出土自墨西哥恰帕斯州帕伦克遗址巴加尔二世陵墓，制作年代为公元 683 年前后，翡翠、贝壳和黑曜石

毛发和植物纤维制成的刷子在陶坯上涂抹添加了矿物颜料的釉浆，然后对它们的表面进行抛光和压实，有时需要把陶坯打磨得异常光洁，之后再送入窑低温烧制（低于 900—950 摄氏度）[25]。有些工匠还在烧成的陶器上涂抹白灰，然后再进行彩绘，色调独特的玛雅蓝（Maya Blue）是他们经常使用的颜料，它是玛雅人将靛蓝和某种特殊黏土调配在一起发明的有机—无机颜料[26]。

图 12　危地马拉佩藤省蒂卡尔遗址"失落世界"建筑群 5D-88 号建筑中的 1 号墓葬出土的带有鸬鹚和海龟纹饰的带盖大碗，制作于公元 3—4 世纪，陶质

图 13　带有宫廷生活场景装饰图案的筒形杯，可能来自危地马拉佩藤省，制作于公元 740—800 年，烧后彩绘陶器

"古典时代"晚期的陶工擅长手工制作筒形杯,同时在它们的外部绘制展现尘世和神界景象的"连环画"。对于此类容器,考古学家在"古典时代"晚期玛雅资料库中已经发现了以特定地域、城邦或艺术家本人为标准划分的多种艺术流派,其中包括出土在的佩藤省北部[以纳克贝(Nakbe)地区为代表]和坎佩切州南部(以卡拉克穆尔为代表)的"手抄本流派"(codex-style)筒形杯,这种陶杯以奶白底色搭配上下两道黑—棕色条纹的调色模式可能是对同时期书籍装帧风格的模仿;还有出土自佩藤省霍穆尔和纳兰霍(Naranjo)地区的奶白底色配橙色纹饰的玉米神舞蹈图案花纹筒形杯;以及出土自佩藤省莫图尔-德圣何塞(Motul de San José)遗址的粉色镂雕风格筒形杯[27]。

借助细腻的笔调,古玛雅艺术家在这些器物的表面栩栩如生地勾勒出丰富的尘世和神界活动场景。图案中的很多人物被刻画为半人半兽的造型,他们或赤诚相待,或拼死相搏,演绎出一个个以法天象地原则为底蕴的神话传说,体现出玛雅人对自然伟力的崇拜[28]。还有一些图案则描绘了城主、朝臣和宾客在宫殿中宴饮作乐的场景,让今天的我们得以窥探古玛雅时代的宫廷生活。从某种意义上来说,图案中那些男男女女身上以织棉、纸张、羽毛,以及其他易腐材料制成的各色服饰,还为世人呈现了一个已经遗失的古玛雅"衣冠天下"。古玛雅文献提到这些筒形杯时,通常将它们称为

"yuk'ib",也就是"饮料杯"的意思。所谓"饮料",指的是用普通的玉米或高级的可可豆独立或混合制成的饮品。彩绘的盘子则被称为"lak",这个词在玛雅语里就是"盘子"的意思,出现在画面中的它们通常都盛着浇了调味汁的玉米塔马利[1],那种调味汁的原料可能是可可豆和辣椒。除此之外,这些器皿上绘制的各种箴言警句还对当年使用它们的玛雅上流社会男女颇具启示意义[29]。

不同地域和时期的玛雅工匠都会借助模具或手工造型的方式用黏土塑造各种动物、神祇和人物形象,出自他们之手的人物或披甲执锐,或哺幼育孤,或纺线织布[2]。目前,吉安娜岛[3]的"古典时代"晚期墓葬群已经出土了几百个上述类型,使用铁基红、铁基黄和玛雅蓝等染料彩色装饰,经过烧制的小塑像,但还有更多的同类塑像从这座小岛和其他地方被盗掘出来。事实上,考古学家在玛雅帝国的很多地区都找到了这样的小塑像。位于佩藤省的埃尔佩鲁-瓦卡(El Perú-Waka')遗址的王室墓葬就出土过一组类似的陶塑像,这些形态各异的塑像相互组合,构成了一幅在王室成员们的簇拥、见证之下,老城主入土为安,随后又象征性地"死而复生"的鲜活画面[30]。

---

[1] tamales,用玉米粉搭配肉类和蔬菜,外面包裹玉米皮蒸制而成的食物,在墨西哥和中南美洲地区都很常见。
[2] 作者讲的其实是陪葬陶俑。
[3] Jaina Island,位于墨西哥湾南部。

图 14　表现妇女操作腰机场景的吉安娜风格小塑像，出土自墨西哥坎佩切州，制作于公元 600—900 年，陶质

从"前古典时代"到"后古典时代"，乃至随后更长的时间里，古玛雅人还利用各种天然颜料在建筑物内外墙壁的灰泥表面上，创造了大量精美壁画。佩藤省圣巴特洛（San Bartolo）遗址的

巨型金字塔后面隐藏着一座小型建筑，建筑内部保存着一幅问世于公元 100 年前后的"前古典时代"壁画，壁画中的神话人物所体现出的高超技艺和精致造型，说明当时这种艺术形式已经拥有较长的发展历史。与此同时，考古学家还发现了一幅年代更早的壁画，问世时间在公元前 400—前 200 年之间，它的画面铭文中首次出现了"城主"（ajaw）的字样[31]。位于佩藤省瓦夏克吞（Uaxactun）的 B-8 号建筑（Structure B-Ⅷ）也发现了几幅壁画，画面内容表现的是各色男女人等在居所中的日常生活场景，还有一幅壁画描绘了玛雅和特奥蒂瓦坎的武士或外交官会面的场景。与此同时，霍穆尔的拉苏弗里卡亚[1]壁画的创作主题则是特奥蒂瓦坎城邦的武士。"古典时代"早期的艺术家还会在王室的陵墓中绘制壁画，例如里奥阿苏尔[2]的 12 号坟墓（Tomb 12），墓室中的壁画和铭文营造出一种氛围，让人感觉逝者似乎长眠在宇宙的中心[3]。

"古典时代"晚期和"后古典时代"的玛雅壁画千姿百态。就拿佩藤省序顿（Xultun）雨林地区发现的洛斯萨比斯（Los Sabios）遗址来说，遗址内部的壁画描绘了几位被尊称为"taaj"的坐姿男士，看他们的言行做派，明显是专业的神职人员和艺术家，画面中

---

[1] La Sufricaya，位于今危地马拉佩藤省的盆地地区。
[2] Río Azul，位于今危地马拉佩藤省。
[3] 这座古墓的内部绘制了大量的星图壁画。

的他们身处一座建筑内部，正在写字、画画[32]。卡拉克穆尔[1]的一座小型阶梯金字塔的外壁上绘制了一群交换器皿、食物和其他东西的男女，画面的主题展示的可能是某处正在交易的市场[33]。恰帕斯州博南帕克（Bonampak）的 1 号建筑（Structure 1）内部有三个满是壁画的房间，人物众多的画面分别反映了城主的登基仪式、战场厮杀和胜利庆典等不同主题。

北方低地玛雅文明的工匠们也喜欢在建筑物内部装饰以人物和神祇形象为主体的壁画。生活在尤卡坦州埃克巴拉姆（Ek'Balam）的玛雅艺术家为一座石质穹顶画满了形态各异的神祇，奇琴伊察的几处古迹内部则保存了主题丰富的壁画，画面的内容大多是在各种场景中活动的凡人和神祇。值得注意的是，某些"后古典时代"的北方低地玛雅文明壁画，尤其是出自伯利兹科罗萨尔区（Corozal）圣丽塔（Santa Rita）和墨西哥金塔纳·罗奥州图卢姆（Tulum）等地的作品已经体现出了某种"国际化"的风格。这些出现在北方低地玛雅文明区、墨西哥中部地区和瓦哈卡州[2]的"后古典时代"壁画和书籍中的图画，说明当时分属不同地域的文化形态存在着跨区域的交流，生活在各个城邦的玛雅艺术家已经建立起一个分工协作的网络。

---

[1] Calakmul，位于尤卡坦半岛中部。
[2] Oaxaca，位于墨西哥南部。

图 15 墨西哥恰帕斯州博南帕克遗址 1 号房间壁画,
完成于公元 791 年,墙面灰泥和颜料

古玛雅人装帧书籍使用的是一种被称为"huun"的无花果树皮纸,这种纸的原料来自分属多个不同亚种的野生无花果的内层树皮。他们首先会用灰泥、石膏之类的东西涂抹纸张,然后用各种有机和无机颜料在上面写写画画。将若干张大纸折叠后装帧成册的"风琴装"应该算是玛雅书籍的典型风格。目前总共有四本玛雅古书传世,其中年代最早的当属《墨西哥玛雅手抄本》(Maya Codex of Mexico)。这本书曾被命名为《格罗利尔手抄本》[1],创作年代可追溯到公元11世纪,其他三本古书的问世时间则在公元14—15世纪之间[34]。"后古典时代"玛雅书籍的内容以神学和天文学为主,目的是帮助读者掌握日食的出现规律,追踪金星等天体的运行轨迹,同时谙熟与这些自然想象相关的各类祭祀仪式。从某种意义上来说,这些书其实就是为求神占卜和仪式表演服务的指导手册。"古典时代"的玛雅古书至今没有发现存世的案例,我们只能借助工匠们在陶器上绘制的那些书籍主题的图案间接了解它们的存在。另外,"古典时代"早期和晚期的古墓中也都能找到与书籍有关的蛛丝马迹[35]。

本书对以古代玛雅王室和其他社会精英阶层为代表的艺术和建筑领域进行了概述,但是对于不同地域和时期的玛雅文明艺术成就来说,仅是挂一漏万。艺术家,作为古代玛雅社会光荣的一分子,

---

[1] *Grolier Codex*,最早由美国纽约格罗利尔私人收藏俱乐部公开展出,故名。

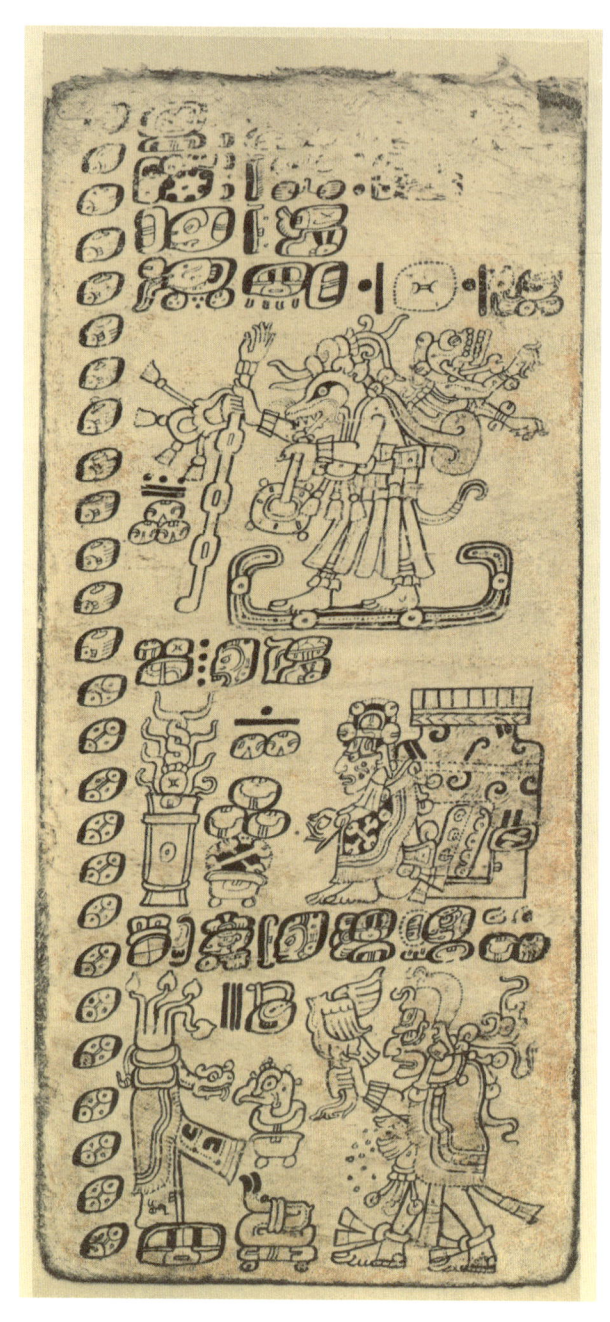

图 16 《德累斯顿手抄本》第 25 页，
公元 14—15 世纪编纂于墨西哥尤卡坦半岛，树皮纸、灰泥和颜料

通过自己的作品，在沟通协调人际和人神关系等方面发挥了辅助性的作用。不仅如此，他们的作品还让今人获得了领略古代玛雅艺术家丰富创造力和精湛技艺的机会，让我们能一窥古玛雅人的日常生活。

第 2 章 地缘、政治与历史

民族史学、考古学，以及古文字领域的探索为我们了解古玛雅文明覆盖范围内不同城邦的过往历史和政治制度提供了丰富的资料。针对古玛雅文明各个地区的文字演化、艺术流变和建筑风格，还有跨区域物资流动的相关研究，为我们重建了一张互通有无、沟通交流的大网。这种交流的具体形式可能是商贸往来，可能是对地缘霸权的争夺，可能是攻守同盟的建立，甚至还可能是战场上的兵戎相见，它可能发生在玛雅文明内部的各个城邦之间，也可能发生在中美地区的不同文明之间。除此之外，相关研究还为我们揭示了玛雅文明内部众多地区和城邦勃兴—鼎盛—湮灭的历史轮回，再现了城邦解体后的恢复和重塑，以及与之相伴的人口流动和其他社会巨变。

本书第 2 章的主要内容是概括介绍古代玛雅文明的各个重要时期，从"前古典时代"到"后古典时代"，从玛雅低地南部到北部。鉴于这方面的研究已经相当成熟，以及当今世界知识更新的速度，本章对古玛雅世界历史、地缘多样性和复杂性的描述只能浅尝辄止。话虽如此，作者仍然希望能为读者了解玛雅文明的大致演化脉络提供足够的帮助，激发他们进一步探索这段历史的好奇心。

前古典时代

由于不同时期玛雅文明的层层累积将那些年代最久远的遗迹和文物深埋地下，半个多世纪以来，针对"前古典时代"玛雅文明的研究虽然取得了明显进步，却仍然缺乏足够的深度。随着考古发掘的层层深入，随着隧道式发掘技术的不断完善，越来越多的信息呈现在世人面前。此外，一种使用激光的遥感技术——机载激光雷达探测（Airborne Light Detection and Ranging）被应用到考古调查中，也为我们揭示了各个时期玛雅遗址的最新情况。事实上，目前已经发现"前古典时代"的墨西哥、危地马拉、伯利兹的低地地区，以及危地马拉和墨西哥的高地地区曾出现过星罗棋布的聚落和热闹繁华的城市。近期，考古学家在墨西哥塔巴斯科州的阿瓜达·菲尼克斯[1]获得了令人瞩目的全新成果，他们的发现证明早在公元前1200年，当地居民便已开始使用陶器，这个时间点要早于玛雅文明覆盖的其他区域。通过使用机载激光雷达设备进行探测和发掘，2019年，猪俣健[2]领导的国际考古队发现了一座"前古典时代"

---

[1] Aguada Fénix，位于墨西哥塔巴斯科州。
[2] Takeshi Inomata，美国佐治亚大学考古学院教授，1961年出生于东京，后移居美国。

中期（公元前 1000—前 800 年）用黏土和普通土壤修建，长超 1400 米、宽 399 米、高 10—15 米的大型人造夯土平台，有 9 条放射状甬路将其与周围其他建筑相连。考古学家将它认定为古玛雅文明范围内，历史最早，规模最大的人工建筑。公元前 750 年，夯土平台所在的遗址遭到当地居民遗弃，不过随后的若干年中，人们仍然频频造访此地[1]。与此同时，考古学家在纳克贝和西瓦尔（Cival）等佩藤省北部地区，还有塞巴尔[1]的帕雄[2]地区也发现了"前古典时代"中期的建筑物、艺术品和夯土平台，年代最早可以追溯到公元前 1000 年。在更远的北方，以亚述那[3]地区为对象的考古发掘证明，当地"前古典时代"中期玛雅文明的繁荣程度丝毫不逊于其他地区[2]。

"前古典时代"的低地玛雅文明与该地区年代更久远的文化之间存在着千丝万缕的联系，从后者那里借鉴和吸收了许多元素，同时也和同时期中美地区的其他文明保持着频繁的交流。这个时期的很多中美地区文明都热衷修建庞大的建筑物，生产带有凡人和神祇图案的陶器，制定历法或其他纪年方式。这些文明包括生活在墨西哥湾沿岸（例如今天墨西哥的韦拉克鲁斯州和塔巴斯科州）和太平

---

[1] Ceibal，目前已知玛雅文明最古老的祭祀场所。
[2] Pasión，危地马拉佩藤省的一个小镇，因紧邻帕雄河而得名。
[3] Yaxuna，位于尤卡坦半岛。

洋沿岸（例如格雷罗州）的奥尔梅克人（Olmec），以及分布在墨西哥中部的人群（如特拉蒂尔科[1]和拉博卡斯[2]遗址），还有瓦哈卡州的萨波特克人[3]等土著族群。

奥尔梅克文明兴盛于"前古典时代"的早期和中期。种种迹象显示，"前古典时代"中期的若干玛雅定居点和以地处塔巴斯科的拉文塔遗址（La Venta）为代表的奥尔梅克文明中心存在交流关系。这种关系既体现在往来货物的种类上，也体现在它们的设计风格方面。例如，考古学家在塞巴尔遗址曾找到过一只奥尔梅克风格的翡翠人首。此外，针对塞巴尔和西瓦尔两处遗址的考古发掘均发现过排列成十字的奥尔梅克绿玉斧。与拉文塔遗址的情况类似，这些玉石斧头的用途都是充当奠基祭品被埋藏在广场和建筑物的地基里。上述证据说明，很早以前低地玛雅文明就和奥尔梅克文明保持着积极的互动[3]。

除了实实在在的物品，正如众多石质纪念碑上的图案所体现的那样，"前古典时代"的低地玛雅人与生活在太平洋沿岸，以及危地马拉和墨西哥恰帕斯州高地的土著族群还存在着意识和图像等方

---

[1] Tlatilco，公元前1200—前200年生活在墨西哥的土著族群，因擅长制陶闻名于世。
[2] Las Bocas，公元前1500—前400年生活在墨西哥普埃布拉州的土著族群。
[3] Zapotecs，公元前700年—公元1521年的土著族群，今天仍是墨西哥的重要原住民群体之一。

面的交流。例如，恰帕斯的伊萨帕遗址古代石碑上描绘的神祇，就和低地玛雅文明的同类形象有着千丝万缕的联系[4]。危地马拉雷塔卢莱乌省的阿巴赫·塔卡利克（Takalik Abaj）古城曾发现过一尊公元1世纪的石碑，人物形象和代表长历日期的文字在石碑正面相对而立，它们的上方盘旋着传说中的神鸟。再例如，卡米纳胡尤遗址11号石碑（Stela 11）的正面图案是一位戴着鸟羽头冠，站着举行祭火仪式的人。祭火者脚踩一个象征了某种巨型动物大口的基座，头顶则盘旋着一只鸟。生活年代晚于这块石碑的低地地区玛雅城主举行节日庆典和其他祭祀仪式时，不约而同地遵循了近似的模式。诸如此类的例子只是"前古典时代"低地玛雅人和中美地区其他土著族群频繁进行思想文化交流的部分代表[5]。

到了"前古典时代"晚期，低地玛雅文明的石匠开始用人工打磨的石块和瓦砾修建金字塔。某些金字塔的规模非常庞大，例如危地马拉的埃尔米拉多尔[1]、埃尔丁塔尔（El Tintal）和蒂卡尔，以及墨西哥的卡拉克穆尔、伯利兹的塞罗斯（Cerros）等古城中的金字塔。除此之外，这些古城还留存有大型水利设施的遗迹。埃尔米拉多尔的旦达金字塔（La Danta）是古玛雅人有史以来建造规模最大的此类建筑[6]。"前古典时代"晚期的金字塔通常会添加人脸或

---

[1] El Mirador，位于危地马拉蒂卡尔省。

图 17　危地马拉卡米纳胡尤遗址 11 号石碑，完成于"前古典时代"晚期，花岗岩

人体造型的灰泥雕塑作为装饰。相比于稍晚些时候同类雕像对那些摆弄着各种祭祀器具、雄踞世界中心的凡人形象浓墨重彩的刻画，这些早期雕塑明显更加注重对神祇的塑造。从某种意义上来说，这些气势恢宏的建筑其实是一种权力展示。就拿塞罗斯古城 5C-2 号建筑（Structure 5C-2nd）遗址上的那副意蕴深远的泥灰面具来说，它所表现的主题可能是王权的兴起和执掌[7]。

圣巴特洛遗址一处古迹中的壁画说明，古玛雅的城主们习惯将自己和手中的权力与千奇百怪的神话人物传说联系起来，例如玉米神的传说。在这座被称为"画廊"（Las Pinturas building）的建筑北墙上，通过一个被描绘为动物大口的洞穴入口，壁画中的玉米神得到了一碗玉米塔马利和一只嫩葫芦[1]，这两样食物象征了玛雅人的立命之本。"画廊"的西墙上，古玛雅人用连环画的形式讲述了玉米神的一生，包括他在水中的死亡，他在龟壳里的重生，以及他的加冕。这样的故事通过隐喻将身为凡人的城主加冕与玉米神的加冕联系到了一起，以神话的方式证明了前者权力的合法性，将这些"前古典时代"的统治者放在了宇宙的中心。同样是在这面西墙上，还能看到四位年轻的贵族正在以给生殖器放血和敬献动物的方式向面前的森林献祭，旁边残存的壁画上隐约可见玉米神和一棵树。诸

---

[1] 原文为 flowering gourd，指底部肚脐上还残存着花序，没有完全木质化的葫芦。

如此类的画面表现的是借助某种仪式创造宇宙中心,以及围绕着这个中心的四方。如此重要的工作无疑只能由神来承担,不过凡人也可以通过类似的祭典,象征性地创造这个中心,以及围绕它的世间万物。值得注意的是,玛雅壁画中的玉米神形象与奥尔梅克人的雨神和玉米丰收之神非常相似。这说明玛雅的艺术家在创作过程中吸收借鉴,同时也适度改造了源自奥尔梅克文化的形象和理念[8]。

图18 危地马拉佩藤省圣巴特洛遗址"画廊"建筑 Sub-1 阶段房间内表现玉米神正在接受玉米塔马利和嫩葫芦祭祀场景的壁画,创作于公元 100 年前后,灰泥和颜料

以蒂卡尔的北卫城（North Acropolis）遗址为对象，时间跨度从"前古典时代"至"古典时代"晚期的深地层发掘找到了众多被认为属于当地早期城主和其他社会精英的墓葬。其中，年代在公元100年左右的85号墓（Burial 85）中出土了包括若干精美陶器，一只海菊蛤[1]吊坠，还有一副眼睛、牙齿由贝壳镶嵌而成，可能是被用来遮盖死者面部的人脸面具等大量随葬品。面具的头顶位置有发芽玉米造型的头带纹饰，这是玛雅王冠的象征，它的存在意味着面具代表的是一副王者面孔。面具的出土说明85号坟墓中长眠的是一位"前古典时代"的城主，很可能就是"一级鲨"[2]本人。

根据后世留存的玛雅铭文，生活在公元1世纪的"一级鲨"是蒂卡尔城邦的开创者。需要说明的是，他并非蒂卡尔古城本身的奠基者，因为这座城市在此前的几个世纪中一直"名花有主"，只不过到了"一级鲨"生活的年代，当地发生了王朝更替。关于这段历史，随后几个世纪的玛雅史料中都有详细记载[9]。

---

[1] Spondylus，学名多刺牡蛎（spiny oyster）。
[2] Yax Ehb Xook，又名Yax Moch Xok或Yax Chakte'I Xok，蒂卡尔城邦的创始者，相关英文资料对这个玛雅名字的翻译是First Step Shark。

图 19　危地马拉佩藤省蒂卡尔遗址 85 号墓葬出土的面具，制作于公元 100 年左右，绿石和贝壳

图 20　危地马拉佩藤省瓦夏克吞遗址 E-7-sub 号建筑（东北角），
修建于公元前 100 年—公元 100 年，石灰石和其他材料

"前古典时代"最著名的玛雅建筑非 E 建筑群[1]和它附近的放射状阶梯金字塔[2]莫属。被称为 E 建筑群的建筑结构，主要由西侧一个圆形或方形的台墩，和东侧与之搭配的一个细长形台墩组成。类似这样的建筑形式，在塞巴尔、西瓦尔和阿瓜达·菲尼克斯等"前古典时代"中期的玛雅遗址中都有发现[10]。它们之所以被称为 E 建筑群，是因为考古学家在瓦夏克吞首次发现此类建筑时，将

---

[1]　E-group assemblage，位于危地马拉的瓦夏克吞，是一组被若干个古玛雅定居点围在当中的公共建筑。
[2]　又名 Pyramid E-Ⅶ，"放射状"是指金字塔的平面形态。

其编号为"E Group"。

瓦夏克吞的阶梯金字塔[1]修建于公元前100年—公元100年之间，整体呈放射状，每级塔身的四面边长及上部台阶完全相同，他们恰好构成了一幅与日月星辰基本走向保持一致的宇宙图景。金字塔东边的平台上矗立着三座建筑。站在金字塔顶端向东眺望，三座建筑的布局恰好和太阳在每年冬至、夏至、春分、秋分这几个特殊时间点的运行轨迹保持着对应关系[2]。从某种意义上来说，这三座建筑起到了标记太阳和历法周期运行节律的作用。

"前古典时代"的玛雅世界虽然在艺术、建筑和文化领域繁荣昌盛，但到了公元2世纪，由于环境恶化、战乱频发，以埃尔米拉多尔为首的众多强大城邦依然难逃崩溃的命运，很多遗址因此遭到遗弃。这次灾难造成的影响与公元9世纪南方低地玛雅文明的那场大崩溃不相上下。尽管仍然存在争议，有种观点还是认为，埃尔米拉多尔古城陨落后，"前古典时代"以这座城市为统治中心的蛇王朝随即烟消云散[11]。蛇王朝覆灭后，公元150—250年的那个时间段被称为"原古典时代"（Protoclassic）或"前古典时代末期"（Terminal Preclassic），这个过渡时代的历史主要留存在陶器的铭文和图

---

[1] 原文为Structure E-Ⅶ-sub，这个编号指的就是前文提到的阶梯金字塔。
[2] 这三座建筑实际是三座神庙，分别位于平台顶部的南、北、中三个方向，北神庙与夏至日太阳从地平线升起的位置呈一条直线，南神庙按同样的规律对应冬至日，中神庙则对应春分和秋分。

案里。同样也是在这个时间段，类似蒂卡尔、瓦夏克吞和霍穆尔这样在"前古典时代"并不显山露水的城邦开始了突飞猛进的发展[12]。

玛雅文明进入"古典时代"早期（公元250—550年）的标志是带有长历内容的铭文首次在南方低地地区出现，例如蒂卡尔的29号石碑（Tikal Stela 29），它的正面纹饰是与一组长历数字相对而立的古玛雅城主。独自站立的城主是整幅图案的中心，他头戴精致的王冠，正在举行某种宗教仪式，借助双头蛇的力量召唤神祇。诸如此类的石碑纹饰反映的是玛雅日常生活中宗教信仰和神圣王权模式的变化。同一时间，以"莱顿板"[1]为代表的小件器物上也出现了相似的图案。"莱顿板"由翡翠制成，当初可能是被悬挂在城主的腰带上充当装饰物，它的一面刻有起始日期为公元320年的长历铭文，另一面则是城主脚踏战俘召唤神祇的形象，这说明他不仅掌握着统治尘世的力量，同时还拥有超自然的神力。

公元3—6世纪，生活在今天危地马拉佩藤省那些玛雅古城中的工匠们修建了许多规模宏大、结构复杂的建筑，其中的某些被用来安葬逝者，某些则是供城主们安居的宫殿。就拿蒂卡尔古城来说，这个时期的工匠在它的北卫城和其他区域大兴土木，修建了以

---

[1] Leiden Plaque，发现于加勒比海沿岸，现存于荷兰莱顿的国家民族学博物馆，故名。

图 21　莱顿板带有铭文的两面，据说发现于危地马拉的加勒比海岸地区，不过真正的来源地可能是佩藤省，制作于公元 320 年，翡翠

"失落世界"[1]为代表的建筑群落。在蒂卡尔的北卫城，"古典时代"早期的工匠建造了若干座巍峨的金字塔，金字塔中埋藏着城主们的陵墓，墓中有包括陶器、石质工具和各种动物在内的丰富随葬品。作为过世城主们长眠的居所，这些金字塔既是王室家族个人记忆的象征，也是整个王朝集体记忆的象征。除了北卫城的金字塔，考古学家还在佩藤省的里奥阿苏尔、霍穆尔和埃尔佐茨，以及伯利兹北部的阿尔屯哈（Altun Ha），还有洪都拉斯西部的科潘等地都发现了形制相似的王室陵墓。

"古典时代"早期，玛雅工匠仍然沿用着"前古典时代"晚期使用灰泥在建筑物外墙和纪念碑表面塑造神祇雕像的做法。埃尔佐茨的夜太阳神庙（Night Sun）中隐藏着一座王室陵墓，考古学家曾在神庙的外墙上发现了彩色灰泥的太阳神面具浮雕[13]。玛雅人之所以会在陵墓中塑造太阳神的形象，最可靠的解释是他们的男性祖先死后会转化为太阳神。在科潘古城，针对其卫城的深层发掘揭示了年代跨度从"古典时代"早期到晚期，层层叠加在一起的多层建筑遗迹。编号为"10L-16"[2]的神庙坐落在王朝奠基人雅什库克

---

[1] Lost World Group，西班牙语地名为Mundo Perdido，它是隐藏在危地马拉丛林里的一片古玛雅建筑群。
[2] 10L是科潘谷地考古调查的小区域编号，16是指该区域第16组建筑。

莫[1]的陵墓上[2]，这座神庙的里里外外多处装饰了将这位奠基人与太阳神联系起来的多彩灰泥雕像。修建于公元 5 世纪中期的叶纳尔（Yehnal）阶段神庙最突出的特色当属那些太阳神头像，紧随其后的玛格丽塔（Margarita）阶段一幅交颈双鸟图案的浮雕用巨型符号拼出了雅什库克莫的名字，年代更晚的罗莎莉拉（Rosalila）阶段则借助多种鲜艳明亮的灰泥雕塑将这座建筑转变成了一座神山，还将雅什库克莫刻画为鸟形太阳神[14]。

除了雅什库克莫的神庙，其他古玛雅建筑内外的装饰性灰泥塑像也都通过形形色色的隐喻强化着祖先对后辈儿孙们持续的影响力[3]。例如，霍穆尔遗址一处修建于公元 590 年前后的古玛雅建筑中那幅夺人眼球的彩色灰泥浮雕便通过隐喻的手法，让城主玛查[4]端坐在一座神山的裂隙里，象征了他的重生[15]。

考古证据显示，"古典时代"早期乃至更早的时候，佩藤、恰帕斯、尤卡坦半岛、伯利兹和洪都拉斯等地出现过很多玛雅城邦，

---

[1] K'inich Yax K'uk'Mo'，科潘城邦的创立者，也是南方低地玛雅文明的首位城主，因此又被称为"科潘第一王"或"玛雅第一王"。
[2] 这座陵墓被称为 Hunal tomb，不同时代的玛雅人像俄罗斯套娃那样把陵墓上的神庙先后翻盖扩建了至少八次，考古学家对这八次翻盖的神庙建筑按年代顺序有八个不同的命名，即下文提到的 Yehnal、Margarita、Rosalila 等。
[3] 即通过构建历史的方式，激发公众的文化认同，实现对现实社会的规训，读者可参考安德森《想象的共同体》。
[4] 原文为 Tzahb Chan Yopaat Mahcha'，为行文方便，本书将他译为"城主玛查"。

图 22　洪都拉斯科潘遗址 10L-16 号神庙玛格丽塔阶段带有城主雅什库克莫名姓的墙壁立面，修建于公元 5 世纪，灰泥和颜料

这些城邦不约而同地又和墨西哥中部的伟大城邦特奥蒂瓦坎保持着千丝万缕的联系。双方在贸易领域进行着陶器、石器，以及建筑技术和壁画技艺等多方面的互惠互换。例如，考古学家曾在玛雅和特奥蒂瓦坎文明的覆盖范围内分别发现过产自对方区域的陶器，古玛

雅城邦遗址中出土过来自墨西哥中部帕丘卡[1]矿源的绿色黑曜石；无独有偶，特奥蒂瓦坎遗址也出土过来自危地马拉查亚尔（Chayal）矿源的黑曜石。

除此之外，作为特奥蒂瓦坎文明的代表性建筑风格，造型独特的"斜坡—立面"[2]式建筑也曾在蒂卡尔、科潘、济班切[3]、贝坎[4]和奥斯钦托克[5]等玛雅城邦风靡一时[16]。不仅如此，针对古玛雅碑刻铭文的相关研究还发现，公元4世纪晚期，随着烟蛙[6]这位与特奥蒂瓦坎城邦关系非同一般的军事将领的到来，位于今佩藤省的玛雅城邦发生了翻天覆地的变化，埃尔佩鲁-瓦卡、蒂卡尔、瓦夏克吞等城邦留存传世的历史文献对此都有明确记载。对蒂卡尔城邦来说，烟蛙的不期而至引发了无休无止的权力内斗。这场内斗最终以老城主命丧黄泉，新城主执掌大宝的结局收场，夺权者名叫"雅什·努恩·阿因一世"[7][17]。

巨变过后，来自特奥蒂瓦坎的文明因子为玛雅人的雕塑、陶器

---

[1] Pachuca，墨西哥伊达尔哥州首府。
[2] Talud-tablero，主要指修建阶梯金字塔时采用垂直结构和斜坡结构相互融合的设计。
[3] Dzibanche，位于尤卡坦半岛金塔纳·罗奥州南部。
[4] Becan，位于尤卡坦半岛中心地带。
[5] Oxkintok，位于尤卡坦半岛普乌克地区。
[6] 原文为Sihyaj K'ahk'，含义是"生火"（Fire is Born），这个人在史料中更常见的名字是Smoking Frog，此处从俗翻译。
[7] Yax Nuun Ahiin，出生年月不详，大概逝于公元404年6月7日。

和建筑设计领域带来了全新灵感，两个族群的文化由此实现了融合发展。这方面的典型代表包括蒂卡尔遗址 10 号[1]和 48 号[2]墓葬，以及里奥阿苏尔和科潘出土的同类彩绘三足筒形罐，它们在器型方面明显带有特奥蒂瓦坎的三足筒形特征，外部纹饰则表现为特奥蒂瓦坎和玛雅两种文明混搭的多色灰泥彩绘风格[18]。

蒂卡尔遗址 31 号石碑问世于公元 445 年，下令修建它的人是雅什·努恩·阿因一世的儿子城主裂天侏儒[3]，石碑铭文的内容讲述了特奥蒂瓦坎人的到来，还用虚实结合的手法，将玛雅和特奥蒂瓦坎祖先们的故事传说"嫁接"到了一起。大量考古发现证明，危地马拉太平洋沿岸的卡米纳胡尤城邦与特奥蒂瓦坎城邦同样保持着频繁的交流，尤其是在今天的埃斯昆特拉省（Escuintla），还有墨西哥恰帕斯州的洛斯霍科内斯（Los Horcones）遗址，曾经生活在那里的土著工匠创造了很多混搭风格的艺术品和建筑物。至于当年的特奥蒂瓦坎为什么要染指这些地方？最大的可能性就是为了获得羽毛、贝壳和可可豆等奢侈品[19]。

"古典时代"早期，科潘城邦的艺术、建筑在造型和风格方面同样颇具特奥蒂瓦坎特色。相关铭文显示，公元 5 世纪初，城主雅

---

[1] Burials 10，雅什·努恩·阿因一世的坟墓。
[2] Burials 48，蒂卡尔城主裂天侏儒（Manikin Cleft Sky）的坟墓。
[3] 原文为 Sihyaj Chan K'awiil，这个人更常用的名字是风暴天空（Storm Sky）或裂天侏儒（Manikin Cleft Sky），此处从俗翻译。

图 23 危地马拉佩藤省蒂卡尔遗址 31 号石碑正面，
建造于公元 445 年前后，石灰岩

什库克莫来到科潘,虽然某些古代绘画作品极力将他装扮成特奥蒂瓦坎武士的模样,这位城主的老家实际却应该在佩藤省[20]。事实上,科潘与特奥蒂瓦坎的意识形态联系可能是通过佩藤地区的蒂卡尔或其他城邦传播而来[21]。如今的雅什库克莫长眠在那座编号为"10L-16"的胡纳尔(Hunal)神庙的地基之下,另一处隐藏在玛格丽塔神庙的地基下面,保存有大量随葬品的陵墓则或许是他妻子的长眠之所。那些随葬品有些是来自特奥蒂瓦坎、佩藤和卡米纳胡尤的"舶来品",有些则属于当地自产的特奥蒂瓦坎风格物品[21]。玛格丽塔神庙陵墓的众多随葬品中,一只彩绘三足筒形罐尤其引人注目。陶罐的表面装饰有特奥蒂瓦坎风格的建筑,以及栩栩如生的鸟翅和人手图案,建筑物的入口处堵着一张大眼睛的人脸。类似这样的图案或许是以象征性的手法反映了雅什库克莫陵墓的内部结构,对于此时绘制它的玛雅工匠而言,这位早年去世的城主已经化身成了超自然的鸟形太阳神。特奥蒂瓦坎文化对科潘、蒂卡尔、彼德拉斯内格拉斯等玛雅城邦产生了长久的影响,"古典时代"晚期的城主们总是用恭敬的口吻提及历史上的那个伟大城邦,千方百计让自己以及亲眼见证过那段历史的祖先跟他们搭上关系[22]。

玛雅文明在"古典时代"早期取得的另一项重大成就当属蛇王朝的异军突起。这个王朝以济班切(Dzibanche)、金塔纳·罗奥地区为核心,历史最早可以追溯到公元5世纪。蛇王朝崛起的年代,

图 24　洪都拉斯科潘遗址 16 号神庙玛格丽塔墓葬出土的彩绘三足筒形杯，制作于公元 5 世纪，陶器、灰泥和颜料

"斜坡—立面"式建筑，还有特奥蒂瓦坎风格的灰泥壁画在济班切大量涌现，这方面尤以作为王室陵墓的鸬鹚金字塔（Cormorantes pyramid）为代表[23]。公元 7 世纪早期，蛇王朝整体——或许也可能是一部分——离开济班切，迁徙到今天墨西哥坎佩切州的卡拉克穆尔遗址并重整旗鼓，随后成长为一支出奇强大的力量[24]。

"古典时代"晚期的南方低地玛雅文明

到了"古典时代"晚期，也就是公元 550—850 年之间，众多玛雅城邦在南方低地群雄逐鹿，伴随着强大新兴城邦崛起的脚步，一股特立独行的风尚在建筑、石刻等艺术领域应运而生。这些城邦包括位于今恰帕斯州雄踞塔巴斯科平原边缘地带的帕伦克，扼守低地—高原过渡地带的托尼纳城邦，紧邻乌苏马辛塔河（Usumacinta River）及其支流的彼德拉斯内格拉斯和博南帕克。在危地马拉佩藤省以及墨西哥坎佩切州的南部地区，作为其他城邦眼中的主要对手，包括蒂卡尔和卡拉克穆尔在内的地区霸主与他们爆发了漫长而持久的战争。与此同时，在这个地区的东南方向，卡拉科尔（Caracol）城邦雄踞伯利兹西南部的玛雅山脉（Maya Mountains），科潘和基里瓜则镇守着整个玛雅世界的东南一隅，将莫塔瓜河（Motagua Valley）附近的翡翠矿源牢牢控制在手中。铭刻学（Epigraphy）和考古学领域的相关研究共同揭示了上述城邦以及其他南方低地玛雅文明实体复杂而丰富的历史、政治背景。正是它们为我们留下了那些令人叹为观止的艺术品和建筑遗迹。

公元 615—683 年，长寿的巴加尔二世统治帕伦克将近 70 年，那段时间也是巴克王朝（Baak kingdom）最鼎盛的时期。他的宝座被安放在 E 王宫（Palace House E）内，表面装饰了石灰岩雕刻和灰泥塑像。石质靠背的外形类似枕头，上面的纹饰表现的是巴加尔二世的母亲亲手给他戴上王冠的场景，表明母系血统的重要性。巴加尔二世撒手人寰以后，E 王宫转型成了他的享殿[1]。紧挨着这座享殿，工匠们以一座天然小山为主体，修建起供他安息的金字塔陵墓——"铭文神庙"。矗立在金字塔顶部的圣所中有几块满是铭文的巨型石板，那些铭文讲述了城邦历史上的重大事件，其中当然也包括巴加尔二世和他的祖先们主持过的那些祭祀仪式。这些仪式的重要性和传承性为城主正统王权代代相传提供了有力的背书。

巴加尔二世的长期执政为帕伦克古城留下了无法磨灭的印记，后世子孙不断地表达自身与这位伟大祖先的联系。事实上，在"铭文神庙"的那些晚期巨型石板上，就能找到去世数十年后的他通过某种虚幻的方式，与儿孙后辈共同参加仪式活动的记录。无独有

---

[1] 原文为 memorial，直译为"纪念馆"，但是参考下文，这座建筑实际应该成了他的享殿，也就是坟墓附近，去世君主接受活人祭祀的宫殿。

偶，巴加尔二世的儿子坎·巴拉姆（K'inich Kan Bahlam）同样利用天然山丘修建了三座相互毗邻，名为"十字建筑群"[1]的金字塔建筑群。根据这三座建筑内的神殿内部石板上的浮雕铭文，神殿的一部分房间被称为"坑炉房"[2]，也就是古玛雅人洗桑拿浴的地方。只不过神殿里的"坑炉房"完全是象征性的，它们代表了城邦守护神诞生的地方[25]。

古城帕伦克的建筑物像其他玛雅城邦一样流行使用叠涩拱[3]结构，当地工匠的独到之处在于另辟蹊径地创造更宽阔、开放的室内空间。为了达到这样的目的，他们有意识地将两个拱顶呈十字垂直修建，形成交叉拱顶[4]结构。如此一来，拱顶交叉的部位便可形成更大、更高的室内空间。此外，为了提供更多的室内空间，达到更好的美学效果，帕伦克的工匠们还竭尽全力将拱顶结构的上部线条建造得更加圆滑。在这些高堂广厦的内部，林林总总的彩色泥灰雕塑充斥其间，用以纪念那些在各类祭祀仪式上风光无限的城主和王公大臣[26]。

---

[1] 原文为 Cross Group，参考相关资料，作者指的实际就是后文提到的帕伦克十字建筑群。
[2] pib naah，基本原理就是在地下挖个大坑充当炉膛，大坑顶部加盖，通过烟道向室内传递热量。
[3] corbel vault，又称石挑拱顶。
[4] crossing vaults，又称十字拱顶。

图 25　墨西哥恰帕斯州托尼那遗址的战俘雕塑，制作于公元 600—800 年，砂岩

小城托尼那位于帕伦克以南，坐落在一片陡峭的山坡上。古玛雅工匠首先在山坡上劈山凿石修造阶地，然后在阶地上建造了实际相当于帕伦克卫城的托尼那。小城所处的位置称得上"高瞻远瞩"，站在城头便可将远方的不速之客收入眼帘。当地特产的砂岩经过工匠们的巧思妙琢，幻化为石碑上近乎三维的立体形象，例如那些峨冠博带、昂首肃立的城主浮雕，还有球场上那些双手背后、屈膝跪地的俘虏雕像。帕伦克的霍伊·齐塔姆二世[1]是巴加尔二世的另一个儿子，被托尼那俘虏后，这位城主以屈辱的阶下囚形象，于公元711年非比寻常地出现在当地的一块纪念碑上。托尼那之所以会这么做，无疑是为了报复帕伦克城邦对他们第二任城主（Tonina Ruler 2）的无礼扣押。按照惯例，落入敌对城邦的俘虏大多会以人牲的身份丢掉性命，霍伊·齐塔姆二世却明显属于例外。据相关的古代铭文记载，这位城主后来不光全身而退回到帕伦克，还重新执掌了大权[27]。托尼那遗址还出土过一块编号为101的纪念碑（Tonina Monument 101），根据碑身上的长历日期铭文，这块纪念碑的竖立时间是公元909年。当时，由于整个地区陷入战乱，南方低地地区的其他玛雅城邦早已不再热衷此类行为[28]。

"古典时代"晚期，作为今天恰帕斯和佩藤两地分界线的乌苏

---

[1] K'inich K'an Joy Chitam Ⅱ，坎·巴拉姆的弟弟。

马辛塔河谷地区同样是一片豪强并起的"风水宝地"。尤其是公元7—8世纪,大权在握的女王、贵妇和圣母形象在那个时代传世的文物中俯拾皆是,同时期出现的石刻铭文也在反复阐述着和亲联姻对城邦外交的重要意义。除此之外,战场厮杀和军事联盟也是当地玛雅艺术品热衷表现的常见题材。

亚斯奇兰城邦的建筑坐落于乌苏马辛塔河沿岸以天然高地为基础修建的阶地上,房屋内外以灰泥雕塑和切割石马赛克镶嵌画为装饰物。很多建筑物的门口都安装了造型精美的石灰岩过梁,过梁上的浮雕图案表现的大多是参加各类祭祀仪式的统治阶层,其中部分图案的主题是正在生养某位大人物的贵妇和圣母,还有一些图案的中心人物则是荣登大宝的城主。类似这样以参加祭祀仪式的城主为核心的浮雕图案在建筑物门前的石碑上同样屡见不鲜,有些图案中的他们正在焚香祝祷,有些图案中的他们则意气风发地羞辱战俘。

除了歌功颂德,石碑上的铭文对城邦治理方面的某些丑闻同样直言不讳。就拿鸟豹四世(Bird Jaguar Ⅳ)来说,作为长期在位的伊扎姆纳伊·巴拉姆三世[1]的继任者,这位新城主在父亲去世10年后都没能真正执掌大权,个中原因很可能是有人在他们之间插了一杠子,只不过这位夺权者在亚斯奇兰城邦的历史中被有意识地遗

---

[1] Itzamnaaj Bahlam Ⅲ,647—742年。

忘了。为了证明自己权力的合法性,鸟豹四世执政期间竖立了众多纪念碑,碑身浮雕纹饰中经常能够看到据说是在若干年以前,他在父母的"亲眼"见证下登上宝座的场景。这些带有回忆性质的纪念碑为城邦构建了一套与鸟豹四世执政有关的集体记忆,让他能够理所当然地统治这个国家,同时又顺理成章地抹杀掉那个篡位者[29]。

亚斯奇兰城邦的盟友博南帕克城邦隐藏在乌苏马辛塔河支流附近的拉坎顿森林(Selva Lacandona)深处,公元 8 世纪主宰那里的是城主雅豪·产·穆万[1],他的前任是因为酷爱资助艺术创作而闻名于世的亚斯奇兰城主伊扎姆纳伊·巴拉姆三世。这位城主身后留下的那些异常高大的石碑彰显了众多玛雅城邦在王权和政体方面和而不同的特征。其中,1 号石碑(Stela 1)上的浮雕描绘了伊扎姆纳伊·巴拉姆三世雄踞在一座神山之巅的场景,这座神山也是玉米神的重生之地,如此一来,城主也就和这些神祇画上了等号。2 号石碑(Stela 2)上的图案再现了伊扎姆纳伊·巴拉姆三世和母亲、妻子其乐融融的生活场景,他的妻子是一位来自亚斯奇兰的公主,类似这样的构图体现了城邦统治者对血缘和姻亲关系的重视。到了 3 号石碑(Stela 3),浮雕图案中的伊扎姆纳伊·巴拉姆三世则摇身一变成了大获全胜的武士。博南帕克古城 1 号建筑(Struc-

---

[1] Yajaw Chan Muwaan,死于公元 790 年。

ture 1）中经伊扎姆纳伊·巴拉姆三世授意创作的那些壁画同样具有丰富多样的宗教和政治内涵，它们的构图体现了王室庆典、立嗣太子、战场搏杀、俘虏示众和胜利仪式等多种场景。只可惜，如此锋芒外露的权力终归无法维持长久，博南帕克城邦很快就灰飞烟灭了[30]。

彼德拉斯内格拉斯城邦与亚斯奇兰城邦相距 40 千米，当地的王陵金字塔和宫室房屋屹立在乌苏马辛塔河沿岸靠近危地马拉一侧的丘陵地带。玛雅工匠利用丘陵地带高低有致的天然地形，修建起更加巍峨的金字塔，以及"古典时代"晚期特有的多层宫殿。城主们在这些宫殿中处理政务，酣然入梦，从事手工业生产，以及接见外交使臣等。彼德拉斯内格拉斯城邦石刻艺术的代表是那些体现城主主持节日庆典或披挂上阵场景的独立石碑。雕刻石碑或石板上的浮雕时，工匠们竭尽全力将图案中人物的身体或者至少是人物的头部凸显出来，营造一种更加立体的三维效果。鉴于当地出产的层纹石灰岩[1]的特质，这的确是一项非常具有挑战性的工作。从公元 6 世纪到 9 世纪，亚斯奇兰和彼德拉斯内格拉斯两大城邦时而结盟，时而冲突，但二者愈演愈烈的战争最终导致了它们的相继垮台。根据古玛雅文献对于两大城邦之争的最后一次记载，公元 808 年，亚

---

[1] bedded limestone，这种石灰岩内部像页岩一样有明显分层，非常脆弱，不适合雕刻。

斯奇兰俘虏了彼德拉斯内格拉斯的城主"第七王"。从那以后，两大城邦的统治先后土崩瓦解，遗址群也大多遭到废弃[31]。

"古典时代"晚期的初始阶段，地处佩藤省的蒂卡尔城邦依然保持着蒸蒸日上的态势，可惜好景不长，由于受到先后盘踞济班切和金塔纳·罗奥两地的蛇王朝威胁，他们的好运即将走到尽头。自从公元4世纪被特奥蒂瓦坎接管后，蒂卡尔城邦兴旺发达、持续扩张。到了公元6世纪，包括纳兰霍和卡拉科尔在内的诸多城邦纷纷与蒂卡尔结盟。然而卡拉科尔后来却反戈一击，倒向蛇王朝，成了蒂卡尔和纳兰霍的死对头。公元546年，蛇王朝向纳兰霍城邦发难，562年，他们又联手卡拉科尔共同进犯蒂卡尔城邦。与此同时，公元629年，巴拉赫·产·卡威尔（Bajlaj Chan K'awiil）成了道斯皮拉斯（Dos Pilas）城邦的城主。这个城邦位于蒂卡尔西南方向的佩藤省的佩特克斯巴吞（Petexbatun）地区，很可能是受巴拉赫·产·卡威尔的父亲——蒂卡尔的一位城主庇护的藩属城邦。作为藩属城邦，道斯皮拉斯有义务向自己的宗主城邦提供军事和外交方面的支持。公元648年，这个城邦却倒向蛇王朝，与蒂卡尔反目成仇。事情发展到这个地步却还没能彻底收场，双方随后又爆发了漫长的战争，形势峰回路转、曲曲折折，蒂卡尔先是夺回了对道斯皮拉斯的宗主权，那之后，经过一系列尔虞我诈的权术斗争，蛇王朝梅开二度又把宗主权抢了回去[32]。

"古典时代"晚期，尤其是尤克诺姆·琴二世[1]统治时期，蛇王朝极度扩张。最晚是在公元631年，他们迁都到古城卡拉克穆尔，确凿证据显示，这座都城是从另一个以蝙蝠为图腾的城邦手里抢过去的[33]。迁都后的蛇王朝在卡尔穆克大兴土木，修建了许多宏伟的建筑物，竖立了大量石质纪念碑。不仅如此，他们还跟位于佩藤省的埃尔佩鲁-瓦卡、拉科罗纳[2]，还有位置偏东，地处今天伯利兹的卡拉科尔等城邦结成联盟。蛇王朝对外交往的重要战略之一就是把自己的公主下嫁给那些相对弱小的城邦，跟当地人结成姻亲关系，从而将它们捆绑在自己的强大战车上。城邦联姻以及蛇王朝城主来访的记载在那个时代的碑刻铭文中屡见不鲜。例如，拉科罗纳古城遗址出土的纪念碑铭文就曾提到蛇王朝至少三次将公主下嫁给他们的城主，前者通过这样的联姻拉帮结伙共同对抗强大的蒂卡尔，进而控制了以卡尔穆克为起点向南通往莫塔瓜河流域的一条翡翠商道[34]。同样和蛇王朝建立姻亲关系的还有埃尔佩鲁-瓦卡城邦的众位城主，其中的一位下嫁公主名叫伊西克·卡贝尔（Ixik K'abel）。诸多碑刻铭文，还有那座富丽堂皇的王室陵墓说明，这位公主来到埃尔佩鲁-瓦卡城邦以后，获得了极为可观的政治和军事影响力[35]。

---

[1] Yuknoom Ch'een Ⅱ，生于公元600年9月11日，死于7世纪80年代，又被称为尤克诺姆大帝。
[2] La Corona，古称Sak Nikte'。

虽然公元 6 世纪惨败在蛇王朝及其盟友手下，蒂卡尔却很快恢复了元气，重新和前者为仇作对，还打败了它的好几个盟友。公元 7、8 世纪之交，也就是哈萨乌·产·卡威尔一世[1]统治时期，蒂卡尔城邦蒸蒸日上，开始大量树碑立传，修建气势恢宏的金字塔。新城主即位后，这样的势头依然延续了下去。他们的金字塔一个赛着一个地大，高耸的塔顶突兀于茂密的丛林树冠之上，塔顶平台神殿的过梁使用的是整根圆木。哈萨乌·产·卡威尔一世长眠于蒂卡尔古城Ⅰ号神庙（Temple Ⅰ），它屹立在大广场（Great Plaza）一侧，与Ⅱ号神庙（Temple Ⅱ，可能是他妻子的坟墓）遥遥相对，还和"古典时代"早期几位城主的陵墓比邻而居。通过在大广场上重新竖立那些遭到埋没的古代石碑，哈萨乌·产·卡威尔一世将蒂卡尔城邦今天的辉煌与几个世纪以前祖先们的荣光联系了起来。出于同样的目的，修建蒂卡尔遗址的 33 号建筑（Structure 33）时，哈萨乌·产·卡威尔一世下令把一块编号为 31 的古代石碑（Stela 31）埋在了它的地基下面，随后还在这座建筑前面竖立起一块更高、更大的 31 号石碑的复制品。不仅如此，这位城主还有意无意地将自己取得的荣耀比附于蒂卡尔城邦早期历史中的某些事件，甚至是特奥蒂瓦坎城邦历史中的某些事件[36]。3 号过梁（Lintel 3）是

---

[1] Jasaw Chan K'awiil，公元 682—734 年在位的蒂卡尔城主。

Ⅰ号神庙正殿的附属配件，哈萨乌·产·卡威尔一世下令制造这根过梁是为了纪念自己在公元695年的某一天打败了蛇王朝，巧合的是，那天恰好是"掷矛者猫头鹰"[1]逝世260周年或13k'atun（玛雅人的1k'atun相当于20年）的日子。被当代学者称为"掷矛者猫头鹰"（Spearthrower Owl）的Jatz'oom Kuy，可能是特奥蒂瓦坎的一位城主37。漫长的挫败和衰落过后，这根精雕细刻的过梁所承载的那段历史，成了哈萨乌·产·卡威尔一世时代的蒂卡尔城邦重塑自我、摆脱消沉的努力的一部分[2]。

公元7世纪的那场战争过后，道斯-皮拉斯同样恢复了元气，为了抗衡蒂卡尔城邦，他们开始向阿瓜泰卡（Aguateca）城邦寻求合作，后者由此成了他们的铁杆盟友。公元735年，为了庆贺俘获塞贝尔城邦城主的那场大捷，道斯-皮拉斯和阿瓜泰卡分别竖立起一块纪念碑，纪念碑图案中的两位城主头戴特奥蒂瓦坎风格的王冠，押解着被俘蒙羞的塞贝尔城主38。到了公元8世纪，今佩藤省所在的范围内战火频发，各大城邦的实力逐渐衰落，新的问题层出不穷，最终导致当地居民彻底放弃了道斯-皮拉斯和阿瓜泰卡这两座古城。与此同时，塞贝尔城邦却在公元9世纪卷土重来。可能是

---

[1] 原文为Jatz'oom Kuy，参考相关英文资料，全名应为Jatz'oom Yohl Kuy，这个人是玛雅文化中一位半真实、半传说的特奥蒂瓦坎城主。
[2] 此处行文体现了历史叙事学的理念，即通过构建历史的方式，打造国家的集体记忆，确认自己统治的合法性，赢得公众的普遍认同。

受此时新盟友的影响，逆袭成功的他们建造了一块融合玛雅、墨西哥中部和墨西哥湾沿岸三种文化元素和图形符号的纪念碑。可惜好景不长，公元 900 年以后，塞贝尔城邦最终还是随同众多南方低地玛雅城邦一起日薄西山[39]。

"古典时代"晚期，科潘城邦的统治者包括龟年鹤寿、德高望重的"烟豹王"[1]，以及继承他王位的"十八兔"，他们以历代城主的宫室、陵墓为基础，在科潘的卫城大兴土木，于大广场上竖立起许多石碑和祭坛。石碑浮雕的内容是参加各类祭祀仪式的历代城主，有赖于工匠们的精雕细琢，图案中的人物达到了令人惊叹的三维立体效果。石碑上的城主们头戴精致华美的王冠，身边簇拥着诸位神祇，栩栩如生地屹立在大广场周围。公元 695 年，撒手人寰的"烟豹王"被安葬在经过翻新重建的 10L-26 号神庙[2]。继承王位的"十八兔"通过在神庙入口修建"象形文字石阶"的方式，追溯了科潘城邦过去四个世纪的历史，歌颂了自公元 710 年以来的历代祖先，以及他们取得的每场胜利[40]。遗憾的是，"十八兔"没能延续祖先的辉煌，由于原本臣服于科潘城邦的基里瓜城邦策划的一场暗杀，他的统治以悲剧性的方式戛然而止。

---

[1] 原文为 K'ahk'Uti'Witz'K'awiil，又被称为"第十二王"（Ruler 12），这个人更常用的名字是 Smoke Jaguar，此处从俗翻译。
[2] Temple 10L-26，又名埃斯梅拉达神庙 Esmeralda phase。

基里瓜城邦位于莫塔瓜河[1]沿岸，凭借历史可以追溯到公元5世纪、8世纪和9世纪初的砂岩石刻纪念碑而闻名于世。公元724年，受科潘城主"十八兔"庇护的卡克底里（K'ahk'Tiliw Chan Yopaat）登上基里瓜的城主宝座，然而到了738年，基里瓜却对科潘反戈一击，将骑在自己头上的"太上王"挑落马下[41]。那之后，为了给卡克底里歌功颂德，基里瓜城邦在城内大广场的最北端竖立了几块石碑。这些石碑在形制方面基本模仿科潘城邦，只不过体量要比后者大了好几倍，应该算是整个"古典时代"规模最大的玛雅纪念碑。同样值得一提的还有那些颇具创新精神，模仿动物形象的祭坛，它们的造型描绘了基里瓜城主从大海龟和其他神话爬虫的口中获得重生。

暗杀事件过后，科潘城邦逐渐走出低迷，继续以自己的卫城为基础大兴土木，追忆城邦更久远的辉煌历史。卡克易普亚[2]执政时期，10L-26号神庙的"象形文字石阶"得到翻修和扩建，讲述的历史延伸至公元755年，超越了那个"十八兔"遇刺，政局摇摇欲坠的黑暗时期[42]。出现在每级石阶浮雕中的城主全身戎装，头戴特奥蒂瓦坎风格的王冠，押解着俘虏，以象征性的方式凸显了城邦漫长历史中的那些胜利。

---

[1] Motagua River, 危地马拉南部的一条大河。
[2] K'ahk'Yipyaj Chan K'awiil, 又名"第十五王"（Ruler 15）。

图 26　洪都拉斯的 Q 号祭坛，修建于公元 776 年，火山凝灰岩

同样出于发扬祖先荣光的目的，公元 776 年，卡克易普亚的继任者雅什帕萨（Yax Pasaj Chan Yopaat）下令在经过最后一次翻建的 10L-16 号神庙的前面，也就是城邦创始人雅什库克莫长眠的地方修建了 Q 号祭坛。Q 号祭坛的四壁装饰有科潘城邦 16 位城主形象的浮雕，似乎是经过刻意安排，头戴特奥蒂瓦坎风格王冠的雅什帕萨恰好与创始人雅什库克莫相对而立，刻在祭坛顶部的铭文则将

雅什帕萨的某些言行比附于公元 5 世纪雅什库克莫来到科潘城邦的伟大壮举。无论浮雕还是铭文，它们的目的都是要以先辈的名义证明雅什帕萨权力的合法性。值得注意的是那些出现在这座祭坛以及其他公元 8 世纪科潘文物上的特奥蒂瓦坎元素，通过选择性地回忆，科潘和特奥蒂瓦坎两座城邦的历史交织到了一起，后者虽然早已风光不再，关于它的记忆却仍然主宰着包括科潘在内的玛雅低地地区的重要城邦。

短暂的"回光返照"过后，科潘还有彼德拉斯内格拉斯、埃尔佩鲁-瓦卡等南方低地玛雅城邦在公元 9—10 世纪相继衰落，当地统治阶层放弃家园，背井离乡。环境恶化、干旱和战乱的联手挤兑最终导致了这场大崩溃，不过南方低地各个城邦崩溃的具体细节却千差万别，有些遗址直接遭到遗弃，有些被付之一炬，烧得面目全非，也有一些随后又得到了复建[43]。虽然遗址名义上被遗弃了，很多人仍然选择留下，继续让那些古老的建筑和雕像"发挥余热"。就拿埃尔佩鲁-瓦卡城邦来说，这座古城被遗弃后，城中的某些"古典时代"晚期的石碑遭到了留守居民的移动和破坏，有些则依旧受到他们的顶礼膜拜[44]。与此同时，来自南部城市的人群也开始在本地区聚拢，组合成一个个小群体，然后向包括北方低地在内的其他地区迁徙。

"古典时代"晚期和"后古典时代"早期的北方低地

奇琴伊察是今天最受游人欢迎的古玛雅遗迹,南方低地玛雅文明衰落后,这个城邦异军突起。不过在此之前,包括奇琴伊察在内的很多北方低地玛雅城邦文明早已非常成熟。例如,奥斯钦托克城邦所在地区从"前古典时代"到"后古典时代"始终有人居住,"古典时代"早期便有大型聚落出现[45]。此外,充分证据显示,北方低地和南方低地两大玛雅文明之间始终保持交往,他们在建筑和雕塑领域也存在着很多相似性。例如,乌斯马尔和埃克巴拉姆两处遗址出土的石灰岩石碑通常采用单人城主形象浮雕配铭文的形制,和南方地区发现的石碑如出一辙。乌斯马尔的建筑师习惯在巨型金字塔附近修建由若干建筑环绕而成的四边形院落,类似的设计思路在帕伦克遗址也有体现。与南方低地玛雅文明相互借鉴的同时,北方低地玛雅文明在建筑和雕塑领域也有自己的独到之处。这方面最具代表性的有乌斯马尔和埃兹那(Edzna)遗址那些外形浑圆的建筑物,以及雕梁画栋,装饰有各类宗教仪式题材浮雕的建筑物内壁。

切尼斯(Chenes)和里奥贝克(Río Bec)风格是"古典时代"晚期北方低地玛雅建筑的典范,曾广泛流行于尤卡坦和坎佩切地区的诸多定居点。这两种建筑风格,再加上所谓的普克(Puuc)式建筑，与南方低地玛雅文明的建筑拥有许多共同特征，例如叠涩拱的采用，低矮的单层建筑的流行，还有对檐口下方光滑外墙立面及配套装饰的重视等。

图27　墨西哥坎佩切州奇卡纳遗址的2号建筑，建造于公元700—900年，石灰岩

除了上述这些共性，北方低地玛雅人在创作马赛克浮雕镶嵌画方

面也开创出一套独特的美学传统。切尼斯风格的单层建筑习惯在正门周围的整面墙壁上设置各式各样突出的装饰物,尤其擅长借助马赛克镶嵌画将门道及周边区域装扮成动物张着血盆大口的造型,进而让建筑物获得某种超自然的生机和活力,幻化为孕育着无穷力量的神山。

里奥贝克风格的建筑主要分布在墨西哥坎佩切州,同样偏爱单层结构,以及各种模仿动物造型的门道。这种建筑风格最与众不同的地方,是那些造型类似巨型金字塔的高塔。事实上,这些高塔并非真正意义上的金字塔。它们虽然拥有修建在塔身中央的阶梯,以及颇具魔幻风格的动物造型门道,却不能攀爬,也不能进入其中。修建这些高塔的真正意图是为了从视觉上给人造成强烈冲击,而非出于实用目的。

普克式建筑吸收借鉴了切尼斯风格建筑的某些元素,前者是"古典时代"晚期,尤卡坦半岛普克地区乌斯马尔等玛雅城邦的主流建筑风格。凭借将高大的截锥形金字塔[1]与低矮的多入口单层房屋相结合,营造灵动的复合体建筑的设计思路,普克式建筑的结构样式无疑更加多变。此类建筑的墙体下部由光滑的石灰岩石块堆砌而成,飞檐上方装饰有石片相互拼接,带有织物质感,以舞动的长蛇、精致的小房子等为题的马赛克镶嵌画。普克式建筑继续采用

---

[1] truncated pyramids,一种横截面呈梯形的金字塔。

叠涩顶作为自己的结构元素，不过除了实用性的考虑，为了让建筑物的线条更加流畅美观，类似的结构也被赋予了一定的美学功能。例如乌斯马尔的城主宫（Uxmal's Palace of the Governor），窄小的叠涩拱可以给造访这座建筑的人造成一种整体向上拔升的错觉。普克式建筑的另一种经典设计是在与梯形金字塔结构相似的平台上修建层叠的排房，例如萨耶尔（Sayil）和埃克巴拉姆遗址。

埃克巴拉姆是一座四周有城墙环绕的大城，从"前古典时代"中期到公元16世纪一直有人居住，不过这座城市的鼎盛阶段还是在"古典时代"的晚期和末期。五条甬路以城市中心为起点呈辐射状向外延伸，连接着城墙以外的那些宏伟建筑[46]。古城遗址中发现的碑刻铭文可以让后人了解埃克巴拉姆城邦的城主拉克托克[1]，以及他的继任者在公元8世纪晚期和9世纪的丰功伟绩。城内大广场的一侧矗立着上下总计六层的卫城，卫城的每层平台上都修建了很多建筑。在卫城的第四层，考古学家找到了一座门道周围装饰了大量动物造型灰泥塑像的建筑，建筑内部隐藏着拉克托克的坟墓。从某些方面来说，拉克托克墓门口的灰泥塑像与切尼斯风格建筑的同类设计非常相像，两者都是把模仿动物造型的眼睛和鼻子雕塑布置在大门的上方，借助大门周围的一系列装饰物，将它打造成一张血盆

---

[1] Ukit Kan Le'k Tok'，公元740—801年。

大口，同时还在大门下方塑造一排突出于地面的牙齿。由于后来遭到其他建筑物的叠压掩埋，拉克托克墓的外墙装饰保存得非常完好[47]。

奇琴伊察建筑师的设计风格与乌斯马尔和南方低地玛雅地区非常相似，同时又跟墨西哥中部地区位于今天伊达尔戈州（Hidalgo）的图拉[1]城邦，以及失落的古城特奥蒂瓦坎存在千丝万缕的联系。这种在建筑和雕塑风格领域博采众长的做法，孕育了奇琴伊察这样一座"国际化"的大都市。古城开放包容的心态，一方面源自其作为宗教圣地的特殊地位，另一方面也与中美洲不同土著文明在艺术和建筑领域相互融合借鉴的整体氛围息息相关。相似的情况同样出现在公元6世纪特奥蒂瓦坎衰落后，墨西哥中部地区先后发展壮大的卡卡斯特拉（Cacaxtla）和霍奇卡尔科（Xochicalco）两大城邦。

奇琴伊察的标志性建筑之一当属卡斯蒂略金字塔[2]，那是一座整体呈放射状的神庙，这种建筑模式在以瓦夏克吞为代表的早期玛雅文明中比较普遍。除此之外，被西尔韦纳斯·格里斯沃尔德·莫利[3]戏称为"老奇琴"[4]的神庙在结构设计方面也颇具普克

---

[1] Tula，公元950—1175年出现在墨西哥盆地北部的古代城邦，托尔特克文明的摇篮。
[2] 原文为Castillo，全称为El Castillo，修建于公元11—13世纪，金字塔顶部建有祭祀羽蛇神的神庙。
[3] Sylvanus Griswold Morley，1883年6月7日至1948年9月2日，美国考古学家，主要成就是针对奇琴伊察遗址的大规模发掘。
[4] Old Chichén，位于奇琴伊察遗址宫殿区南部的一座神庙。

式建筑风范，它的过梁上刻满了古玛雅铭文。与此同时，奇琴伊察的武士神庙，也就是那座装饰了一排披坚执锐的武士雕塑的截锥形金字塔，看起来几乎和图拉古城的神庙 B（Temple B）如出一辙。更加巧合的是，查克莫天使的形象在两座古城也随处可见，奇琴伊察遗址的浮雕中还发现过与图拉非常近似的头戴王冠的武士形象。

学术界对奇琴伊察和图拉两地在艺术和建筑领域存在相似性的原因众说纷纭。有人认为，之所以发生这样的情况，是因为两地存在着频繁的商贸往来；还有人相信来自图拉的托尔特克（Toltec）武士曾征服过奇琴伊察；再或者，这座古城遭到玛雅人遗弃后，曾被托尔特克人鸠占鹊巢。与此同时，也有人认为两座古城在艺术和建筑领域的出类拔萃和异曲同工，仅仅是基于美洲土著文明周而不比、和而不同的特质。值得一提的是，公元 6 世纪奇琴伊察城邦的艺术和建筑领域百花齐放的那个时间段，他们的历史文献曾反复提及图拉城邦的托尔特克人。另外，后者也被墨西卡人，也就是阿兹特克人尊奉为自己在文化、文字和艺术方面的导师。作为整个中美地区文明的先驱者，图拉的托尔特克人在各个土著族群的演化历程中扮演着重要的角色。对 19—20 世纪的世界而言，大英雄托皮尔琴·克查尔科亚特尔[1]以图拉为起点的一次次探险旅行，不仅以

---

[1] Topiltzin Quetzalcoatl，图拉城邦鼎盛时期的一位高级祭司，是一个半人半神的英雄人物，被视为羽蛇神的化身。

图 28 墨西哥尤卡坦州乌斯马尔遗址城主宫主宫,修建于公元 900—920 年,石灰石

隐喻的方式讲述了中美地区历史上无数次移民迁徙的往事，同时也为欧洲文化向美洲土著族群的扩散提供了依据[1]48。关于这些内容，本书后面的章节还有详细介绍。

图 29　墨西哥尤卡坦州奇琴伊察遗址卡斯蒂略金字塔，
背景为战士神庙柱廊，修建于公元 800—1000 年

---

[1]　托皮尔琴·克查尔科亚特尔是中美洲土著文化共有的元素，欧洲基督教文化向美洲传播时，为了更容易让土著族群接受，往往都会有意比附于当地的文化元素。

奇琴伊察大球场是中美地区规模最大的古代球场,除了举办球赛,这个地方可能还是举行宗教仪式的场所。球场主通道两侧的看台浮雕中,可以看到一位获胜的球员,手里举着一颗被砍下的头颅。球员身边是一具双膝跪地,脑袋已经被砍掉的躯体,鲜血从他的脖腔喷溅出来,瞬间幻化成狰狞的毒蛇和花朵盛开的植物。此情此景,充分显示出古玛雅人的足球比赛与活人祭祀,以及周而复始的植物生长之间存在的微妙联系。无独有偶,大球场中的另一些浮雕图案以连环画的形式,讲述了发生在玉米神身上的各种故事,从另一个角度凸显了古玛雅球赛与农业丰收间的关系。奇琴伊察的查克莫天使雕像同样可以跟活人祭祀、农耕活动搭上关系,因为他们别具一格的造型总能让人联想起南方低地玛雅文化中的玉米神和战俘形象[49]。

作为朝圣者心中的宗教圣地,奇琴伊察同时还扮演着长途货物贩运周转中心的角色,千里迢迢来到这里的商品包括墨西哥北部或美洲西南部出产的绿松石,以及来自中美洲低地地区的黄金。购得这些商品的人通过自己的一双巧手,最终会把它们变成室内的各类物品。例如以绿松石和贝壳马赛克为原料镶嵌而成,以祭品身份出现在早期卡斯蒂略金字塔神庙[1]中的彩色圆盘,忏悔者向祭祀坑

---

[1] early version of the Castillo,作者的意思是这座神庙历史上经历过数次翻建。

中投掷的铜铃，带有压花图案的黄金圆盘，以及其他在奇琴伊察鼎盛时期乃至公元 1100 年前后这个城邦覆灭后的日子里，林林总总被人们投入当地祭祀坑的物品等。除了奇琴伊察，类似伯利兹科罗萨尔区圣丽塔这样在"后古典时代"被北方低地玛雅文明占据的区域也出土过各类绿松石和黄金制品。

"后古典时代"的玛雅世界

公元 16 世纪西班牙征服者不期而至时，土著艺术家和建筑师仍在尤卡坦半岛中部地区埋头修造那些梦幻般的建筑物。玛雅潘（Mayapan）是"后古典时代"重要的玛雅城邦之一，根据考古学家掌握的证据，早在 11 世纪当地便已存在人类活动，他们修建的一座小型神庙年代甚至和奇琴伊察古城一样悠久。奇琴伊察衰落后，玛雅潘在 12 世纪开始之后蒸蒸日上。相比奇琴伊察，玛雅潘建筑物的规模明显要小了很多，却充分吸收了前者的精华。公元 15 世纪，历经长期战乱的玛雅潘分崩离析，只留下若干遭到焚毁的建筑物和密密麻麻的坟茔作为那段往事的见证[50]。今天的人们要想了解玛雅潘的历史，只能仰仗那些残存至今的文物、遗迹，以及 16 世纪间接提及这座玛雅城邦的古代文献。

"后古典时代"，玛雅遗址在海岸地带的分布数量明显增加，这反映出当时的玛雅人对海洋资源和长途贸易的依赖性有了显著提高[51]。四周城墙环绕的图卢姆坐落在尤卡坦半岛金塔纳·罗奥州的海岸线上，能够俯瞰整片加勒比海。欧洲人来到当地时，这座城市物阜民丰、人烟稠密。与圣丽塔的壁画情况类似，图卢姆古代建筑中保存着几幅"后古典时代"壁画颇具"国际化"风范，这说明当时中美地区的不同文明形态之间存在着广泛的交流。图卢姆和玛雅潘的陶工擅长制作造型独特，带有诸路神祇形象的香炉，例如雨神查克[1]，还有历史悠久的大神波阿通[2]。玛雅工匠会在经过烧制的陶器表面，用包括玛雅蓝在内的各种颜料给各位神祇的形象涂上鲜艳的色彩[52]。

根据考古学领域的发掘成果，以及公元16—17世纪留存的相关文献，今天危地马拉的佩藤省在"后古典时代"同样分布着很多玛雅聚落。古城塔亚萨尔坐落在深入佩藤伊察湖（Peten Itza Lake）的一个半岛上，从"前古典时代"到"后古典时代"，当地一直有人居住。生活在那里的居民自称"伊察玛雅"（Itza Maya），他们的祖先据说来自奇琴伊察。诺赫佩藤（Nojpeten）所在的那个岛如今被称为弗洛雷斯岛（Flores），公元1525年西班牙征服者从天而降

---

[1] Chahk，玛雅神话中掌管风雨雷电的神。
[2] 原文为 God N，这个神在玛雅文化中更常用的名字是 Pauahtun，他是一位跟大地有关的特别古老的神。

时,这里是伊察玛雅人的王都[1]。他们坚守故土,在超过一个半世纪的时间里,以自由人的身份反抗西班牙人的统治,直到1697年才向殖民政府投降[53]。

图30 尤卡坦州奇琴伊察遗址大球场石塌浮雕的数字化复原模型详图,修建于公元800—1100年,图形遗产技术研究和整合研究所制作

---

[1] 伊察玛雅人曾在佩藤伊察湖沿岸建立过莫图尔-德圣何塞城邦,以诺赫佩藤为首都。

"后古典时代"的玛雅城邦在危地马拉高地地区也留下了许多王都遗址，以及规模宏大的古代建筑。1524年西班牙人来到这里时，伊克辛切是喀克其奎城邦的首都，库马尔卡赫则是基切城邦的首都。两座都城的防御工事固若金汤，城中分布着大大小小的广场，广场周围排列着形态各异的阶梯金字塔，一座气势恢宏的王宫，以及若干个球场[54]，某些建筑的内外还装饰有色彩丰富的壁画。考古学家在这些"后古典时代"的城市遗址中找到过不少黄金制品，这说明当地的玛雅族群和生活在尤卡坦半岛的玛雅人类似，与外界保持着稳定的长途贸易联系。

考古学领域的发掘成果与16世纪的文献资料相互印证，足以让后人意识到古玛雅世界的多样性和复杂性。也正是由于这种复杂性和多样性，今天的我们即便能够以偏概全地给古玛雅人贴上统一的"标签"，来自考古学和人类学的证据却仍然让世人清醒地认识到，构成广义上的"玛雅人"的是一个个鲜活而具体的族群，族群间的关系纽带和相互认同存在着很大的流动性和偶然性，正如世界其他地方的那些族群一样。

为了行文简洁，本章只得对海量信息进行省略，不仅是针对本书着重关注的古玛雅统治者和社会精英，也包括玛雅社会的其他阶层，例如那些平凡的平民和农夫。他们在土地上辛勤耕耘，生产玉米等各类食物，同时也为以这些食物为主角的故事传说提供了坚实的基础,这些故事传说又构成了玛雅人宗教信仰和政治体制得以自存的基点。本书没有提及这些普通人的生活并非意味着他们无足轻重,恰恰相反,正是这些人的艰苦劳作,以及他们在农业领域的创新进取,支撑起一个又一个的玛雅城邦社会。

第 3 章 16—18 世纪的接触与征服、反抗与适应

虽然玛雅人从未真正消失，然而与古玛雅世界有关的许多细节还是遗失在了历史深处。很多史料在公元16世纪遭到西班牙殖民政府的蓄意销毁，后者焚烧玛雅人的书籍，拆毁玛雅人的建筑，折磨并处死他们。随着知情者的离世，一些口口相传的知识就此烟消云散。更有甚者，伴随欧洲人一起登陆美洲的各种传染病，为当地土著族群带来了无穷无尽的灾难。不过平心而论，早在西班牙征服者给玛雅世界造成严重破坏以前，随着各个城邦的兴衰起伏，自然环境的沧海桑田，人口增长的社会压力，地缘政治的不稳定因素，乃至族群的迁徙和融合，大量历史信息其实已经失落了。

复原与古代玛雅世界有关的众多历史信息是一项长期工作，完成工作的过程时常千回百转、误读丛生，时至今日也无法彻底解决。即便如此，无数人的孜孜以求，无论他们本身来自玛雅族群还是非玛雅族群，最终都增进了我们对玛雅世界的了解，悄然改变着世人看待和理解那个古代社会的方式。本书剩余部分将系统梳理前人在这个领域取得的工作成果，无论他们的工作是直接探寻与古代玛雅世界相关的知识本身，还是对这些来自古玛雅人的文化遗产进行再解读和再利用，无论这种再解读、再利用的结果是好是坏[1]。

---

[1] 作者此处行文体现了知识考古学的理念，也就是说，任何"知识"，无所谓通常意义上的对与错，只要进入社会的文化场域发挥作用，就是有意义的。就好像关押犯人的监狱，虽然里边关的全是坏人，但监狱本身仍然是正常社会的一部分，相关内容可参考福柯《规训与惩罚》。

梳理的起点选定在 16 世纪早期玛雅族群与欧洲人接触的时刻，具体内容包括双方的相识、征服、宗教改宗和暴力压迫。这个过程中，作者将同时参考出自玛雅人之手的历史素材和文献资料，以及欧洲人或欧洲人与美洲土著的混血后裔对于那些美洲原生族群过往经历的追踪溯源。我们的故事将以加斯帕·安东尼奥·池[1]，这位生活在 16 世纪，掌握多种语言的玛雅书写者作为开场。

加斯帕·安东尼奥·池

《希乌族家谱树》(Xiu Family Tree) 和《德·兰达词典》[2] 是 16 世纪由尤卡坦地区玛雅名门之后加斯帕·安东尼奥·池全部或部分参与撰写的两份文献。文献的编纂体例同时参考了玛雅和欧洲两种传统。在那个西班牙人为了征服玛雅土著而大开杀戒，双方矛盾冲突此起彼伏的年代，加斯帕·安东尼奥·池出生在今天墨西哥尤卡坦州的玛尼地区，他的父母分别来自希乌和池两大贵族家庭。童年时代，加斯帕·安东尼奥·池的父亲，一位来自希乌家族的贵族，在与科康（Cocom）家族的战斗中英年早逝。当时的科康家族

---

[1] Gaspar Antonio Chi，公元 1531—1610 年，玛雅贵族和语言学家。
[2] 原文为 Landa alphabet，实际应为 de Landa alphabet，16 世纪尤卡坦地区的西班牙主教迭戈·兰达与加斯帕·安东尼奥·池合作撰写的一本西班牙—玛雅双语词典。

对西班牙征服者持坚决抵抗态度，希乌家族则早已归顺了殖民政府[1]。

经历丧父之痛的加斯帕·安东尼奥·池曾受教于玛尼当地的圣方济各会修士（Franciscan friars），他的母语是尤卡坦玛雅语，后来还学会了纳瓦语[1]、西班牙语和拉丁语，身兼书写者、公证人、翻译和风琴师等多种职务，先后在迭戈·德·兰达[2]等多位圣方济各会修士手下任职。迭戈·德·兰达最为世人所熟知的成就就是对玛雅文化遗产的整理和破坏[3]。若干年后，加斯帕·安东尼奥·池离开圣方济各会，进入殖民政府担任公职，被任命为州长[2]。就像经历过征服战争的很多美洲土著青年一样，加斯帕·安东尼奥·池在战后的崭新国度中扮演着语言学家和文化使者的角色，在那个沧海桑田、风云巨变的时代里重塑自我，努力适应世界的变化。

---

[1] Nahuatl，阿兹特克人的语言。
[2] Diego de Landa，1524年11月12日至1579年4月29日，生于西班牙的丰特斯，1549年被圣方济各会派到尤卡坦半岛传教，他是历史上第一位出现在尤卡坦半岛的西方传教士。
[3] 西方传教士系统整理古代玛雅文献后，认为它们有违天主教教义，纯属异端邪说，所以又对这些文献进行了系统性的销毁。

图 31　加斯帕·安东尼奥·池撰写的《希乌族编年史》中的《希乌族家谱树》，公元 1558—1560 年撰写于墨西哥尤卡坦州，欧洲纸张和颜料

1558—1560年创作《希乌族家谱树》的过程中，秉持跨文化心态的加斯帕·安东尼奥·池采用了一种欧洲与中美洲土著风格相互融合的模式。之所以这么做，是因为他所属的希乌家族像当时的很多土著族群一样，在受到殖民政府辖制，财产和人身可能遭到损失的情况下，必须要学会审时度势，努力维护自己的利益和权力。所谓的"家谱树"其实是《希乌族编年史》（Xiu Chronicles）的一部分，后者搜集整理了14—16世纪，与希乌族若干位成员生平事迹有关的历史文献，某种意义上也可以被视为荣誉、地位的象征。"家谱树"的原型借鉴自欧洲文化中的"耶西之树"（Tree of Jesse），也就是一份以大卫王之父伯利恒的耶西（Jesse of Bethlehem）为起点，系统介绍耶稣家族的树形族谱。在加斯帕·安东尼奥·池笔下，那棵体现希乌家族传承关系的大树以图图尔·希乌[1]的身体为基点发荣滋长，希乌家族男男女女的名姓构成了这棵大树的枝叶。借鉴欧式风格的同时，"家谱树"也保留、吸收了玛雅和纳瓦文化[2]的部分元素，艺术史学家康斯坦丝·科尔特斯[3]据此认定这是一份跨语言、跨文化的"混血文献"。除此之外，康斯坦丝·科尔特斯的相关研究还发现"家谱树"中的部分图案与中美地区土

---

[1] Tutul Xiu，全名为Hun Uitzil Chac Tutul Xiu，公元500年前后希乌城邦的建立者。
[2] Nahua，指阿兹特克文化。
[3] Constance Cortez，美国得克萨斯州大学教授。

著文明中的祖先崇拜文化有关。出现在"家谱树"下方的山丘和洞穴是古玛雅以及其他墨西哥中部地区土著文化的常见元素，希乌家族的这棵"家谱树"则和"玛雅世界树"[1]异曲同工。古玛雅人相信，"世界树"周围环绕着四棵小树，它们共同组成了一个梅花图案，象征着宇宙的缩影[3]。

所谓的《德·兰达词典》其实就是一份字母表，它是加斯帕·安东尼奥·池和迭戈·德·兰达协同合作的产物，这份文献后来成了《尤卡坦故事集》（Narrative of the Things of Yucatan/Relación de las Cosas de Yucatán）的一个组成部分。虽然迭戈·德·兰达被认定为该书的作者，公元1566年被确定为该书问世的年份，《尤卡坦故事集》实际却是经这位西班牙传教士，以及包括加斯帕·安东尼奥·池等其他编纂者之手搜集、整理的一本史料合集，真正的完成时间应该在公元17世纪晚期或18世纪[4]。西班牙教会编纂这本文献和其他同类美洲土著文献是为了深入了解当地社会和宗教情况，从而为彻底根除土著宗教，宣扬基督教文化打下基础。文化偏见是《尤卡坦故事集》不可避免的瑕疵，这本书却依然是我们了解古玛雅文化的重要来源。

作为历史的见证者之一，迭戈·德·兰达要求加斯帕·安东尼

---

[1] Maya World Tree，以古玛雅为代表的中美地区土著文明普遍认为世界由东西南北中五棵大树为核心构成，中间的那棵大树上达天庭，下接地府，是生命的象征。

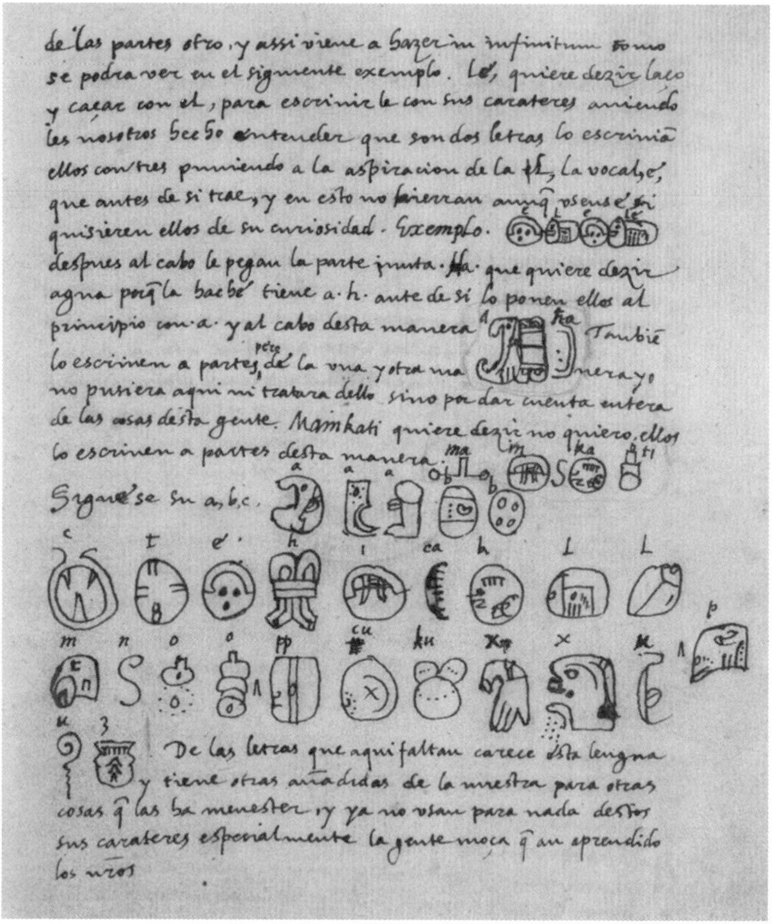

de las partes otro, y assi viene a hazer in infinitum como
se podra ver en el siguiente exemplo. Le, quiere dezir laço
y caçar con el; para escrivirle con sus carateres aviendo
les nosotros hecho entender que son dos letras lo escrivian
ellos con tres poniendo a la aspiracion de la l, la vocal e,
que antes de si trae, y en esto no hierran aunque usense si
quisieren ellos de su curiosidad. Exemplo.
despues al cabo le pegan la parte junta. Ha que quiere dezir
agua porque la hache tiene a. h. ante de si lo ponen ellos al
principio con a. y al cabo desta manera Tambien
lo escriven a partes pero de la una y otra manera yo
no pusiera aqui ni tratara dello sino por dar cuenta entera
de las cosas desta gente. Mainkati quiere dezir no quiero, ellos
lo escriven a partes desta manera.
Siguese su a, b, c.
De las letras que aqui faltan carece esta lengua
y tiene otras añadidas de la nuestra para otras
cosas que las ha menester, y ya no usan para nada destos
sus carateres especialmente la gente moça que an aprendido
los nuestros.

图 32　加斯帕·安东尼奥·池在公元 16 世纪问世的《尤卡坦故事集》中记载的玛雅文字，撰写这本书的功劳被归于迭戈·德·兰达主教，　p. 45r，欧洲纸张和墨水

奥·池用画画的方式为他解释那些玛雅文字的含义,以期编订一部词典。前者依据发音将玛雅文字音译为西班牙语,后者再逐一为它们配上插图,说明含义。有意思的是,迭戈·德·兰达音译出的每一个字母,放在加斯帕·安东尼奥·池那里可能就需要用两三个符号来解释。问题的症结在于玛雅语是一种以音节为基础的表意文字,就拿"水"(ha)这个单词来说,根据发音,它可以被音译为西班牙语的"h",不过为了解释这一个字母的含义,加斯帕·安东尼奥·池就需要绘制两个图案,要想完整解释"ha"的这两个音节,则需要更多的图案。这样一来,可就难住了迭戈·德·兰达,双方因此发生龃龉,冲突的结果是后者自顾自地写下了一句话"ma in k'ati'"(我干不了)[5]。虽然迭戈·德·兰达在翻译玛雅文字的过程中发生了不少误会,由此还造成了很多曲解,《德·兰达词典》依然是20世纪学者理解玛雅文字的重要参考。

编纂《希乌族家谱树》和《德·兰达词典》的过程中,加斯帕·安东尼奥·池扮演了玛雅和西班牙两种文化沟通桥梁的角色,两份文献则体现了16世纪的美洲风云突变、权力失衡的时代特色。不仅如此,它们还为后人了解玛雅的文字、文化和宗教打开了一扇窗口,因此也与本章所要讨论的主题息息相关。这些主题包括曾经的玛雅人如何组建成一个个相对独立的家庭和社区,他们对西班牙征服者侵占家园这件事持何种态度?16世纪的玛雅人和西班牙征服者狭路相逢的大致流程如何？发生过哪些重要事件？那些流传至今的古代文献如何帮助我们管窥 16 世纪的玛雅世界，我们又将如何以这些文献为立足点瞻前顾后，梳理 16 世纪之前和之后若干世纪以内玛雅族群的历史？

文献

玛雅人与欧洲人发生交往的最早记录主要来自 16 世纪的西班牙语文献，不可避免地存在"一边倒"的问题。这些历史资料包括《优越的证明》[1] 系列文件，还有科尔特斯[2] 麾下的贝尔纳尔·迪亚斯·德尔卡斯蒂略[3] 撰写的《征服新西班牙信史》（*True History of the Conquest of New Spain*）。这些作者撰写文献的目的是向西班牙王室提供自己开疆拓土的证明，以期得到相应的奖赏，他们的行文因此会对个人的英雄壮举做出过度的宣扬和夸张[6]。对于《征

---

[1] proof of merit probanza de mérito，全名为 proof of merit：a letter written by a Spanish explorer to the crown to gain royal patronage Calvinism，是早期西班牙征服者写给西班牙王室的述职材料，介绍了大量美洲土著的风土人情，同时也充斥着种族偏见。
[2] Hernán Cortés，1485 年至 1547 年 12 月 2 日，西班牙航海家、军事家和探险家，阿兹特克帝国的征服者。
[3] Bernal Díaz del Castillo，大致生活年代为公元 1492—1581 年，科尔特斯手下的士兵兼历史学家，代表作《征服新西班牙信史》，此书 1988 年已由商务印书馆出版。

服西班牙信史》及其他同类作品存在的问题，毕生致力于保护土著居民免遭西班牙征服者、教会人士和普通领主暴行，同时极力帮助西班牙王室了解当地真实情况的多明我会修士（Dominican friar）巴托洛梅·德拉斯·卡萨斯[1]曾直言不讳。话说回来，尽管存在片面性，贝尔纳尔·迪亚斯·德尔卡斯蒂略的作品以及其他16世纪的相关文献仍旧是我们了解那个历史时期的重要参考。

玛雅族群对于那场历史巨变的态度在稍晚些时候问世的文献中同样得到了一定程度的体现。这些文献使用的文字通常是西班牙语或采用罗马字母注音的玛雅语，涵盖范围包括法院文书、土地契约、宗谱传记[2]，乃至向殖民政府控诉西班牙教士暴行的请愿书。部分文献对过往历史也有所涉及，它们讲述了征服战争中发生的某些事件，以及西班牙征服者对土著居民的人权和地权造成的影响。至于玛雅人编纂的以《来自阿卡兰—蒂舍尔的琼塔尔玛雅人》[3]

---

[1]　Bartoloméde las Casas，1474—1566年，代表作《西印度毁灭述略》，1988年已由商务印书馆引进出版。
[2]　原文为primordial titles，参考下文内容，应指玛雅族群呈交给西班牙王室的自我介绍，内容类似地方志。
[3]　原文为 Chontal account from Acalan-Tixchel，全名为 The Maya Chontal Indians of Acalan-Tixchel: A Contribution to the History and Ethnography of the Yucatan Peninsula，诞生于公元1612年的一份古代文献，1948年，美国华盛顿卡内基研究所将其整理出版，琼塔尔玛雅人是玛雅族群在尤卡坦半岛的一个分支。

《波波尔·乌》[1]《卡尔基尼之名》[2]为代表的宗谱传记，其目的则是为了抬高自己的身份，向西班牙王室套取更多利益。正如历史学家马修·雷斯托尔[3]所说，来自尤卡坦半岛玛雅族群的这些文献讲述了征服战争的历史，体现了玛雅族群承上启下的连贯性，是他们生生不息的证明。更加耐人寻味的是，为了让西班牙王室对自己另眼相看，某些族群在宗谱传记中还主动将自己划入征服者阵营[7]。有别于上述文献，流传于玛尼、除马那尔（Chumayel）等玛雅城邦内部的《奇兰巴拉姆之书》[4]则是土著族群的"专属读物"。

相遇和战争

　　西班牙人的文献中保存着他们和玛雅人相遇的最早记录。目前已知双方的首次见面发生在1502年，事件记录者名叫斐迪南·哥

---

[1] *K'iche' Popol Vuh*，流传在危地马拉玛雅族群中的一本记载各类神话传说的书。
[2] Title of Calkini，卡尔基尼是位于今墨西哥坎佩切州的古代玛雅城邦。
[3] Matthew Restall，美国宾夕法尼亚州立大学拉丁美洲史和人类学教授。
[4] the Books of Chilam Balam，玛雅祭司使用的一种巫书。

伦布[1]，也就是克里斯托弗·哥伦布[2]的儿子。据史料记载，哥伦布第四次远航美洲途中发现了一只满载货物的大型独木舟，他的手下随即俘获了这条船[8]。这则逸闻是欧洲人对于玛雅人等土著族群使用大型航海独木舟从事长途贩运，构建复杂海上贸易网的为数不多的记录之一。

贝尔纳尔·迪亚斯·德尔卡斯蒂略曾追随包括科尔特斯在内的多位西班牙征服者游走四方，并记录了他们多次尝试进入尤卡坦半岛玛雅人控制区的细枝末节。1517年，在弗朗西斯科·埃尔南德斯·德·科尔多瓦[3]领导的一次以古巴为起点的远征行动中，水手们中途发现了一片陆地，还有一座大型城镇。紧接着，10艘大型独木舟朝着他们划来，30多名土著男性登上了西班牙人的海船。那之后的某天，土著居民把西班牙人引到了岸上，当地的武士随后却向他们发起攻击。西班牙人抱头鼠窜，匆忙中，名叫"朱利安"（Julian）和"梅尔基奥尔"（Melchior）的两名同伴沦为玛雅人的阶下囚。当西班牙人卷土重来时，这两名战俘却成了双方沟通的桥梁。

---

[1] 原文为Hernando Colón，这是葡萄牙语的名字，这个人更常用的英文名字为Ferdinand Columbus，他是哥伦布的次子。
[2] Christopher Columbus/Cristóbal Colón，以下依照中文习惯，直接译为"哥伦布"。
[3] Francisco Hernández de Córdoba，1475—1517年，文艺复兴时期欧洲航海家，他是第一位与玛雅文明建立联系的欧洲人。

还有一次，西班牙人在墨西哥坎佩切州沿海地区登陆，试图寻找淡水。当地居民主动接近他们，将这些外来者带到自己居住的城镇，还让他们见识了城中"墙壁上满是大蛇"的神庙。那之后，当地居民却突然发出威胁，要求西班牙人离开，后者只得回到船上[9]。铩羽而归的西班牙人尝试再次登陆，却每每被玛雅人赶了回去，迫于无奈，弗朗西斯科·埃尔南德斯·德·科尔多瓦最终返回了古巴。

出师不利的西班牙人没有就此收手。1518年，另一支远征队由胡安·德·格里哈尔瓦[1]率领，来到科苏梅尔岛[2]，听到风声的当地居民早已落荒而逃。扑了空的西班牙人继续远航，随后在坎佩切州沿海地区登陆，最终通过武力占领了香伯顿（Champoton）。这是西班牙人在远征行动中取得的首次胜利，他们因此志得意满，下定了继续向内陆深入的决心。当这些征服者来到格里哈尔瓦河[3]沿岸时，当地居民告诉他们说墨西哥有一块盛产黄金的宝地，地名叫"科拉"（Colua）或"库尔瓦"（Culhua）[10]。玛雅人这么做的目的其实是想嫁祸于人，将西班牙人请出自己的家园。这个办法似乎真的起了效果，1519年科尔特斯发动远征时，对尤卡坦半岛仅仅如蜻蜓点水般地一带而过，却将贪婪的目光牢牢锁定在了那些与阿兹

---

[1] Juan de Grijalva，1489—1527年，西班牙航海家和探险家。
[2] Cozumel，位于加勒比海，靠近尤卡坦半岛的一个小岛。
[3] Grijalva River，位于墨西哥东南部，发源于危地马拉的马德雷山和墨西哥的索科努斯科山。

特克帝国有关的宝藏传说上[11]。为了前往墨西哥中部地区，他选择走海路在韦拉克鲁斯[1]沿海登陆，随后深入内陆，直指阿兹特克帝国首都特诺奇蒂特兰（Tenochtitlan）。

就在科尔特斯远征队临时驻扎尤卡坦半岛、塔巴斯科湾沿岸为前往阿兹特克帝国做准备时，一些西班牙人和玛雅人自愿或被迫加入他们的行列，并在后续西班牙征服者与美洲土著打交道的过程中扮演了语言翻译、文化使者等重要角色。这些人的代表包括夹在西班牙人和尤卡坦土著居民之间左右逢源的朱利安和梅尔基奥，还有圣方济各会修士赫罗尼莫·德·阿吉拉尔[2]。1511年，后者的船在远航时沉没，赫罗尼莫·德·阿吉拉尔逃生上岸后被当地居民俘获，因祸得福从他们那里学会了尤卡坦玛雅语[3]。科尔特斯遇到这位传教士以后，便把他收入麾下，充任西班牙语—玛雅语翻译。还有一个叫贡萨洛·格雷罗[4]的人，也是遭遇海难后逃生被俘，后来却阴差阳错地娶了玛雅女子为妻，并生了一个孩子[12]。这个特

---

[1] Veracruz，墨西哥东岸最大的港口城市。
[2] Gerónimo de Aguilar，1489—1531年，1511年受西班牙教会派遣前往尤卡坦半岛传教，后被当地玛雅人俘虏，学会了玛雅语。
[3] Yucatec Maya，玛雅语在尤卡坦半岛的一个分支，相当于方言。
[4] Gonzalo Guerrero，1470—1536年，西班牙水手，遭遇海难后被俘，成了玛雅人的奴隶。

殊群体中真正值得一提的当属马琳切·特内帕尔[1]，又名多娜·玛丽娜[2]，最后被约定俗成地称为"马琳切"[3]。根据贝尔纳尔·迪亚斯·德尔卡斯蒂略的描述，马琳切出生在今天墨西哥韦拉克鲁斯州一个说纳瓦语的家庭，当她还是个小女孩时，就被卖给琼塔尔玛雅商贩为奴，后者教会了她玛雅语[13]。那之后，商贩们把她和另外几名妇女卖给了科尔特斯及其手下。马琳切兼通纳瓦语和玛雅语，后来还学会了西班牙语，在帮助科尔特斯和土著族群打交道方面出力不少。恰恰是她和阿吉拉尔联手采用玛雅语—西班牙语"接力翻译"的方式，让科尔特斯实现了与说纳瓦语的阿兹特克人的有效沟通。

1519—1521年，科尔特斯率领的远征队在阿兹特克人的宿敌特拉斯卡拉人[4]的帮助下，一而再，再而三地对阿兹特克帝国大打出手，最终迫使他们举手投降。西班牙征服者随后挥师向南，前往

---

[1] Malintzin Tenepal，科尔特斯在尤卡坦半岛跟当地土著发生冲突，后者战败，被迫送给西班牙人20名妇女充当礼物，马琳切就是其中一员，她后来嫁给了科尔特斯，改宗天主教，还学会了玛雅语。征服阿兹特克帝国的过程中，马琳切和阿吉拉尔以"接力翻译"的方式，实现了科尔特斯与阿兹特克人的沟通。首先由马琳切用纳瓦语与阿兹特克人交流，她再把纳瓦语翻译成玛雅语告诉阿吉拉尔，阿吉拉尔把玛雅语翻译成西班牙语，告诉科尔特斯，科尔特斯用西班牙语给出答复，然后反向翻译回去。
[2] Doña Marina，这是她改宗天主教后的名字。
[3] Malinche，不同语言对她名字的拼写略有区别，英文资料一般都使用这个拼法，下文提到此人时，统一翻译为"马琳切"。
[4] Tlaxcalans，中美洲印第安城邦，位于阿兹特克帝国以东。

危地马拉，途中穿越了众多玛雅城邦的领地。科尔特斯率领的这支远征军总计包括 200 多名西班牙步兵和骑兵，还有 3000 多名纳瓦族[1]盟友，他们一路向南，来到了当年流通琼塔尔玛雅语的阿卡兰省[2]境内。1525 年，远征队抵达佩藤伊察湖沿岸，科尔特斯游览了伊察城邦的首都诺赫佩藤，并拜会了统治当地的城主坎·艾克[3]。那之后，远征队又造访阿卡兰[4]地区，见到了那里的统治者帕克斯·博伦[5]14。

就在科尔特斯东征西讨的同时，他那些曾经的手下也纷纷拉起自己的队伍，将贪婪的目光投向不同的地区和城邦。1524 年，路易斯·马丁（Luis Marín）率领的远征军征服了今天墨西哥的恰帕斯州，将那里的玛雅土著贩卖为奴，还要求他们向自己屈膝纳贡。连年的战火，再加上传染病大流行，致使恰帕斯当地的玛雅土著人口锐减了 2/3 15。同样是在 1524 年，佩德罗·德·阿尔瓦拉多[6]纠集

---

[1] 指生活在阿兹特克帝国境内及周边地区，说纳瓦语的土著族群，但不一定是阿兹特克人。
[2] province of Akalan，应指今墨西哥坎佩切州南部的阿卡兰。
[3] Ajaw Kan Ek'，也可拼写为 Canek，这是历代伊察城主反复使用的名字，近似荣誉称号。
[4] 原文为 Chontal province，但历史上其实没有这样的地名，参考上下文和相关材料，作者指的应该是上文提到的阿卡兰，那里曾是琼塔尔玛雅人的势力范围。
[5] Pax Bolon Acha，Acha 是含义类似于"王"的敬称，Pax Bolon 则是当地城主反复使用的名字，科尔特斯见到的这位城主后来受圣方济各会影响，皈依了天主教。
[6] Pedro de Alvarado，1485—1541 年，曾被西班牙王室任命为危地马拉总督，因残酷对待土著印第安人而臭名昭著。

人马,在土著盟友配合下,从墨西哥中部地区出发,远征危地马拉高地,在那里与喀克其奎人和基切两大城邦迎头相遇。两大城邦对西班牙人的入侵进行了持续抵抗,不过还是在那年,伊克辛切和库马尔卡赫城邦的首都却相继沦陷[16]。

1527年,佛朗西斯科·德·蒙特霍[1]率领的西班牙军队重返尤卡坦半岛,战争随即爆发。相比十来年前西班牙人首次造访时的尤卡坦半岛,此时的这里已经发生了翻天覆地的变化,变化之一就是天花导致的人口锐减[17]。问世于18世纪的《丘马耶奇兰巴拉姆之书》[2]不仅追忆了西班牙人到来之前的美好时光,还浓墨重彩地讲述了那之后的苦难岁月:"在那以前没有疾病,他们不会罹患风湿[3],他们不发高烧,不出天花,胸腔中也不会火烧火燎;那时的他们肚子不疼,那时的他们没有痨病[4],更不会头痛欲裂。曾经的生活井然有序,异族的到来却把我们的日子搅得乱七八糟。"[18]

除了传播疾病,西班牙征服者对中美洲各个地区的不断蚕食,还造成商路受阻,严重破坏了当地的经济。诸如此类的负面因素相互叠加,逐渐瓦解着玛雅城邦的社会基础,西班牙人的四处煽风点

---

[1] Francisco de Montejo,1479—1553年,被西班牙王室任命为征服尤卡坦半岛的总司令。
[2] *The Book of Chilam Balam of Chumayel*,玛雅人撰写的一本讲述他们遭遇西班牙人后发生的相关事件的书。
[3] aching bones,指骨关节炎。
[4] consumption,指肺结核。

火则进一步加剧了地区间的紧张局势[19]。

西班牙人明显意识到了不同玛雅城邦间的貌合神离，进而因势利导，在整个尤卡坦半岛势如破竹。佛朗西斯科·德·蒙特霍曾在今天墨西哥金塔纳·罗奥州的谢尔哈（Xelha）建立了一处定居点，生活在那里的异乡人不断忍受着疾病、饥饿和死亡的折磨，最终却顽强地站住了脚。那之后，西班牙人又在今天墨西哥的坎佩切州建立据点，1529—1534年，他们以此为基地向尤卡坦半岛北部和中部不断扩张[20]。1532年，佛朗西斯科·德·蒙特霍的儿子小佛朗西斯科·德·蒙特霍（Francisco de Montejo the Younger）利用奇琴伊察城邦首都的旧址建立了名为"雷阿尔"（Royal City/Ciudad Real）的新城，生活在当地的库普玛雅人[1]起初默许了他们的所作所为，后来却又用武力的方式迫使西班牙人放弃了这座城市[21]。

由于水源匮乏，再加上没能找到黄金，1534年，佛朗西斯科·德·蒙特霍的远征队离开了尤卡坦半岛，随后又在1540年卷土重来。两次入侵的间歇阶段，干旱、饥荒，再加上不同家族派系间的争强斗狠，让尤卡坦半岛玛雅族群的境遇雪上加霜。西班牙人乘虚而入，联合希乌家族对付科科姆家族，只用了不到一年时间，就征服了尤卡坦半岛西部和北部的各个省份，迫使当地玛雅族群蜂拥逃

---

[1] Cupul Maya，尤卡坦半岛玛雅族群最大的一个分支。

往佩藤省等地[22]。1542年,西班牙人在玛雅蒂霍城邦建立了名为"梅里达"(Mérida)的城市。虽然当地居民,尤其是科科姆家族坚持战斗、顽强抵抗,西班牙人还是在希乌家族的帮助下牢牢站稳了脚跟[23]。曾经的蒂霍城邦由此逐渐蜕变为一座西班牙化的殖民城市,在政治体制和景观样貌方面都发生了沧海桑田般的变化。

随着如火如荼的征服行动,西班牙人不断摧毁当地城镇,折磨压迫或者以其他不公平的手段对待整个中美洲地区的土著族群。1542年,多明我会修士巴托洛梅·德拉斯·卡萨斯在《西印度毁灭述略》(*A Short Account of the Destruction of the Indies*)这样描述西班牙领主欺压土著居民的暴行:"我于是得出结论,如果继续对成千上万生命的无辜毁灭保持沉默,如果继续眼睁睁地看着某些人以'征服'的名义犯下种种恶行,一步步滑向地狱而熟视无睹,那都将是我的失职。有鉴于此,为了表达自己的出离愤怒,我决定撰写这本书……同时希望殿下能有机会读到它。"[24]

巴托洛梅·德拉斯·卡萨斯痛斥西班牙征服者的贪婪野心,指责某些基督徒滥杀无辜的目的仅仅是为了"让自己的口袋装满黄金"。他控诉以佩德罗·德·阿尔瓦拉多为代表的同胞夷平并焚毁那些玛雅城镇,杀死数以万计的土著居民,以此作为所谓"焦土政策"的一部分。更有甚者,如巴托洛梅·德拉斯·卡萨斯所说,库马尔卡赫城邦[1]的城主曾主动向佩德罗·德·阿尔瓦拉求和，表示自己愿意给予他最高礼遇。后者在索要大量黄金后，却下令将喀克其奎族[2]的大小首领们活活烧死，当地百姓闻风而逃。在尤卡坦半岛，巴托洛梅·德拉斯·卡萨斯进一步写道："西班牙征服者在当地创造的种种'荣光'简直无法用语言形容……这些暴徒对当地居民赶尽杀绝，不分男女，甚至动用恶犬对他们穷追不舍，直至抓住并杀死他们。"[25]

尽管面对如此严厉的批评，西班牙征服者们依然我行我素，通过强制搬迁、胁迫劳动、贩卖为奴、土地征用等压迫手段，让整个墨西哥和中美地区的玛雅族群陷入水深火热当中。野蛮暴行和多种传染病的两面夹击导致人口锐减，破坏了玛雅世界原有的社会结构。作为这场大灾难的受害者，玛雅人用手中的笔记录了他们的悲惨遭遇。例如，所谓的《奇兰巴拉姆之书》就为后人描述了发生在"k'atun 11 Ahau"[3]那个时间段的若干历史事件，同时坦言："他们的身影出现时，我们大惊失色，哭得一塌糊涂。"

这本书还记载了西班牙人来到当地以后，在"k'atun 9 Ahau"

---

[1] 这个城邦在纳瓦语中被称为"Q'umarkaj"，在玛雅语中则被称为"Utatlan"，因纳瓦语地名出现在先，因此统一翻译为库马尔卡赫。
[2] 库马尔卡赫城邦的人口以喀克其奎玛雅人为主。
[3] 本书前文已有详细介绍，"k'atun"是玛雅长计历的纪年方式，每20年为1个"k'atun"，通过一套复杂的公式，可以把 k'atun 纪年换算为公历纪年，"k'atun 11 Ahau"大致应该在公元1500—1600年之间。

期间犯下的种种暴行:"他们的到来是一连串绞刑的开始,那之后,当地老百姓的腋下纷纷冒出石头一样的白色肿块[1]。他们给我们这里带来了疾病,带来了绞索,每个人、每个地方都在劫难逃,孩童们也难逃厄运。他们凭借武力巧取豪夺,索要贡品。"[26]

宗教压迫和玛雅文化的毁灭

同样令玛雅人如芒在背的还有那些秉持基督教文化立场的传教士们造成的长期压迫。战乱过后若干年,这些宗教人士纷纷前往被征服地区传播福音。阿兹特克帝国的首都特诺奇蒂特兰陷落后,1524年和1526年,圣方济各会和多明我会的传教士先后来到墨西哥城[2],随后又向那些相继遭到征服的玛雅地区拓展势力。

1534年,隶属于圣方济各会的危地马拉圣迭戈主教辖区(Bishopric of Santiago de Guatemala)成立,多明我会紧随其后,也建立了自己的传教据点。1545年初,圣方济各会修士来到尤卡坦半岛,在梅里达等地建立教区。修士们通过书籍、图画、戏剧等手段,普及天主教教义,帮助玛雅土著学习拉丁文,还尝试与当地的书写者合作,将玛雅文字以音译的方式转换为拉丁字母。遗憾的

---

[1] 指腺鼠疫,其典型症状之一就是腋下淋巴结肿胀、溃烂。
[2] Mexico City,这座城市建立在特诺奇蒂特兰的废墟上。

是，他们传播福音的努力极大伤害了玛雅族群、玛雅文字，以及玛雅人的传统宗教。某些玛雅人会因持有原生文化的书籍和神像，或者被怀疑偷偷传播传统宗教而遭到殖民当局的宗教裁判机构的逮捕、惩罚和折磨[27]。西班牙传教士搜罗、破坏上述物品，将它们视为异教偶像崇拜的象征，认为这些东西的存在有可能强化土著居民的传统宗教意识，让玛雅人继续信仰自己的神。

1562 年，古城玛尼的宗教裁判所（auto-da-fé）根据迭戈·德·兰达主教的命令，焚毁了数以千万计的神像，还有 20 多本书。这仅仅是新西班牙[1]殖民政府铲除土著文化诸多措施中的一次牛刀小试。1589—1625 年，尤卡坦地区的玛雅手抄本经历了一连串的查抄浩劫[28]。与此同时，教会人士还对那些继续用玛雅文字撰写手抄本的土著书写者严惩不贷，理由是担心他们利用自己的文字避开教会监管，在文献中"夹带私货"。尽管如此，西班牙人还是没能彻底将玛雅人的书籍斩草除根，其中的某些孤本甚至还辗转来到了欧洲。根据目前掌握的情况，公元 16 世纪从墨西哥被送到欧洲的四本"前西班牙时代"的玛雅手抄本中，应该有三本流传至今。它们当年流落异乡的原因，要么是作为异教偶像崇拜的"罪证"被呈交给教会机构，要么就是以贡品、礼物或者仅仅是"新鲜玩意儿"

---

[1] New Spain，西班牙人灭亡阿兹特克帝国后，将今天的墨西哥称为"新西班牙"。

的名义被送给西班牙国王。

历史学家约翰·楚什雅克四世(John Chuchiak Ⅳ)言之凿凿地指出,1607年的一次文化灭绝行动中,位列三本传世玛雅文献之一的《马德里手抄本》(Madrid Codex)遭到收缴,随后被呈献给了西班牙国王[29]。18—19世纪,三本流落欧洲的古玛雅手抄本相继成为私人、王室或图书馆的藏品。1739年,《德累斯顿手抄本》(Dresden Codex)在维也纳成为私人藏品,随后被德累斯顿的皇家图书馆收购、出版。19世纪,《巴黎手抄本》(Paris Codex)在巴黎国家图书馆重见天日[30]。19世纪60年代,《马德里手抄本》以及《阿农手抄本》[1]、《科尔特斯手抄本》[2]相继在欧洲重新被人们发现。1872年或1875年,《科尔特斯手抄本》被马德里考古博物馆(Madrid's Museum of Archaeology)收购。19世纪80年代,语言学家罗尼[3]经研究认定,上述三份文献最早可能出自同一个手抄本。1888年,马德里考古博物馆得到了《阿农手抄本》的残件。那之后,他们把三份古代文献合在一起,重新命名为《马德里手抄本》,这份古代文献目前由马德里的美洲博物馆(Museo de

---

[1] *Codex Troano*,葡萄牙探险家伊·达·法雷尔在美洲发现的一份古代文献,主要内容讲述的是一片大陆在地震和大洪水中沉没,法雷尔据此认为南太平洋中部曾经存在过一块名为"穆"(mu)的古代大陆,今天的汤加、斐济、复活节岛、夏威夷等太平洋岛屿就是穆大陆的孑遗。
[2] *Codex Cortesianus*,与《阿农手抄本》的内容类似,也讲述了穆大陆的传说。
[3] Léon de Rosny,1837—1914年,法国东方语言专科学校教授。

América）收藏[31]。

"前西班牙时代"玛雅建筑的恢宏气势让尤卡坦等地的西班牙教士们惊叹不已，但他们部分或全部摧毁这些建筑时也没有表现出些许心慈手软。迭戈·德·兰达主教曾这样写道：

> 如果这些建筑物的数量、规模和壮美能像其他地区印第安人手中的黄金、白银等财富那样被世人加以量化，成为某种身份象征的话，尤卡坦半岛与秘鲁和新西班牙相比，在知名度方面一定毫不逊色。尤卡坦半岛的建筑物实在太多了，它们如雨后春笋般地矗立在很多地方。玛雅人仅用石头就能造出这么好的建筑，难道不是奇迹吗[32]？

尽管对玛雅人的建筑艺术心怀敬佩，迭戈·德·兰达主教还是下令将这些建筑物部分或全部拆毁，然后在它们的废墟上修建天主教风格的全新建筑。例如，他曾在1549年这样说道："我们让印第安人在伊萨马尔（Izamal）规模最大的一栋建筑的废墟上给圣安东尼（St Anthony）盖了座房子。"[33]

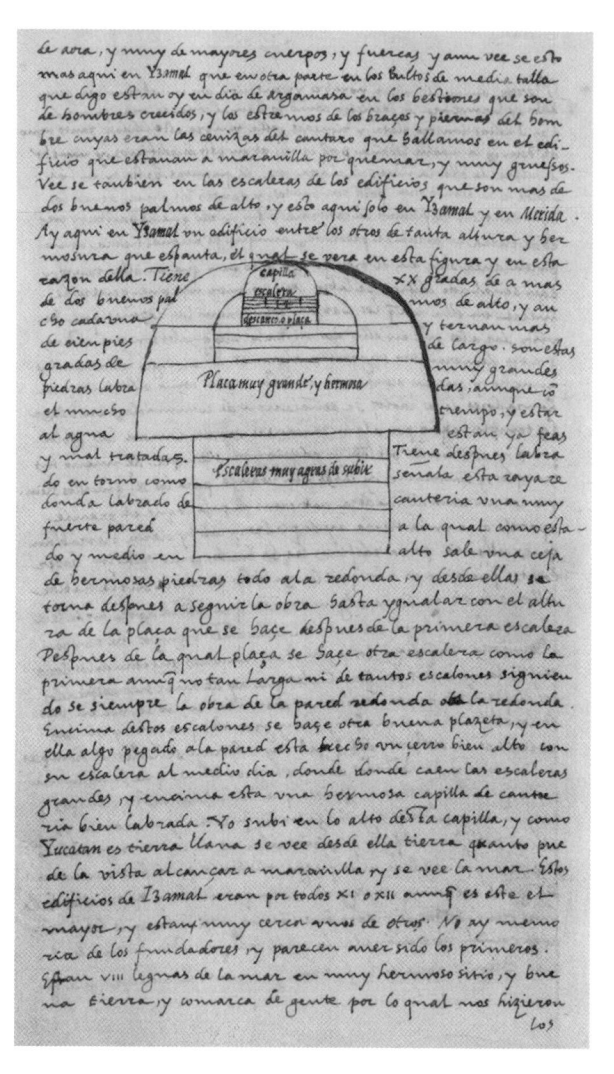

图 33　《尤卡坦故事集》收录的伊萨马尔古城玛雅建筑草图，这本书的编写被归功于迭戈·德·兰达主教，p. 46v，欧洲纸张和墨水

图 34　矗立在墨西哥尤卡坦州伊萨马尔古城一处"前西班牙时代"建筑地基上的修道院，修建于公元 16 世纪，石灰岩和其他材料

通过毁坏玛雅建筑，同时在这些建筑的原址上修建基督教文化的替代品，西班牙征服者将以蒂霍和依茨玛尔为代表的玛雅古城转化为殖民城市梅里达和伊萨马尔。对西班牙人而言，类似这样的做法带有明显的目的性且行之有效，因为很多玛雅城市都蕴含着重要的宗教和文化意味。就拿伊萨马尔来说，这座城市历史上始终是玛雅人趋之若鹜的宗教圣地，征服者在它的废墟上翻盖新城，其实就是从现实和象征两个层面，重塑玛雅人认知世界的方式。

西班牙人利用规模宏大的玛雅建筑打造更加震慑人心的天主教建筑，同时也以象征性的方式让自己的宗教雄踞于玛雅人的宗教之上。艺术史学者阿马拉·索拉里[1]将这样的做法称为"选择性占用空间"[2]，西班牙人把土著文化的公共空间改造为基督教文化的公共空间的做法在基督教的演化历程中其实不乏先例，尤其是在公元6—7世纪的"不列颠群岛时代"[3]，也就是教皇格里高利一世（Pope Gregory Ⅰ）所说的对非基督教建筑实行目的性回收的那个时代。借助某些特定的仪式，这些异教建筑可以被净化或转化为基督教的宗教场所³⁴。话虽如此，从另一个方面来看，西班牙征服者对玛雅建筑或建筑物石材的再利用其实也有助于玛雅人以"旧瓶装新酒"的方式延续自己的信仰，铭记自己的历史。正如加斯帕·尼尔森[4]所说，这些在尤卡坦半岛殖民时代早期被天主教建筑物再利用的石材可以被视为某种"褫夺财产"[5]。"旧瓶装新酒"的经典范例当属保存在伊萨马尔殖民政府修道院和教堂内部的带有玛雅文化"火焰"（k'ahk'）符号的两块石雕，其中一块就位于教堂中庭西侧入口的中轴线上。除了这两块石雕，梅里达、皮斯特（Piste）、

---

[1] Amara Solari，宾夕法尼亚州立大学教授。
[2] selective appropriation of space，含义基本等同于知识考古学所说的选择性记忆和选择性遗忘。
[3] British Isles，指基督教传入英伦三岛以前的时代，当时以凯尔特人为代表的不列颠土著拥有自己的一套宗教文化，基督教传入当地后采用的同化手段与后来西班牙人在美洲的做法非常相似。
[4] Jesper Nielsen，哥本哈根大学历史学教授。
[5] Spolia，天主教神职人员终身不娶，没有后代，神父去世后财产直接由教会充公，作者这里用这个概念暗指殖民时代基督教对玛雅土著宗教的"借壳上市"。

皮西拉（Pixila）、齐比沙尔敦[1]等地的早期殖民建筑中也都保留有被再利用的"前西班牙时代"玛雅石刻，齐比沙尔敦的一座16世纪完工的教堂就建立在当地玛雅古城遗址的一片空场上[35]。

有别于那些人口众多，在殖民时代早期遭到同化的玛雅城市，另一些玛雅城市早在西班牙人到来以前其实便已日薄西山。16世纪，部分西班牙远征军的陆续染指这些被遗弃的城市。1532年，他们不费吹灰之力地占领奇琴伊察，将那里改造为自己的据点。1576年和1588年，其他几支远征军先后来到科潘和乌斯马尔古城[36]。

起源问题

西班牙人对美洲的入侵激起了欧洲世界对那个陌生世界历史和人民的探究热情，与之相关的研究活动持续了几个世纪，研究者的关注视野包括玛雅人和其他美洲族群的确切身份，以及到底是谁修建了那些遭到遗弃的美洲城市。哥伦布发现美洲以前，欧洲人对这片人丁兴旺的大陆几乎一无所知。作为传说中来自伊甸园的亚当、夏娃的后裔，无法用《圣经》讲述的那套人类起源和迁徙故事对美

---

[1] Dzibilchaltun，这几个地方均位于墨西哥尤卡坦州。

洲土著的存在自圆其说，让某些欧洲作家感觉头疼不已[37]。于是，一场以玛雅人和其他美洲土著为对象的文化、地理起源研究就此拉开序幕。

16世纪的西班牙历史学家曾努力探寻在哥伦布造访美洲以前，美洲土著与欧洲人之间是否就已经存在某种联系；美洲土著有没有可能是在比哥伦布更早的年代，从欧洲或其他地方迁徙到那里的移民后代。有的学者认为，或许是历史上的某些欧洲航海者无意中登陆了美洲大西洋沿岸那些原本无人居住的岛屿，有的学者则认为，美洲土著的祖先最早可能是从欧洲、埃及或其他什么地方迁徙到那片大陆。还有一些学者相信，美洲土著是失落大陆亚特兰蒂斯，也就是柏拉图在他的那个虚构或预言性的故事[1]中描绘的位于大西洋中央的那个古代世界的孑遗。

1535年，西印度群岛皇家编年史作者贡萨洛·费尔南德斯·德·奥维多[2]曾出版过一本书，声称迦太基[3]商人抵达美洲的时间远远早于哥伦布。为了证明自己的观点，他还展示了一份据说出自亚里士多德之手的文献，不过根据后世学者海梅·戈麦斯·德卡

---

[1] 指柏拉图代表作《理想国》。
[2] Gonzalo Fernández de Oviedo，1478—1557年，西班牙征服美洲时的一名普通步兵，历史学家。
[3] 公元前8世纪—前146年，位于北非突尼斯的古代国家。

索·苏里亚加[1]的研究，这份文献其实只是一份伪亚里士多德主义[2]盛行背景下应运而生的赝品。按照贡萨洛·费尔南德斯·德·奥维多的说法，迦太基商人在大西洋上一路向西航行，最终发现了一座野兽遍地的无人岛，也就是今天所说的西印度群岛。发现无人岛的迦太基人开始在岛上殖民，但是迦太基的元老院（senate）后来却命令他们返回故土，永远不要再回到那个岛上。无独有偶，西班牙历史学家拉斯·卡萨斯[3]也讲述过一个类似的故事，只不过故事中发现美洲的先行者从迦太基人换成了腓尼基人[4]38。诸如此类的传说，万变不离其宗，最终的目的都是把美洲土著打造成移民后裔。诚然，某些欧洲学者的确对这些传说的可靠性表示过质疑，同时也提出过其他相关理论。例如1600年由于挑战天主教会权威，被烧死在火刑柱上的意大利神父兼哲学家布鲁诺（Giordano Bruno）就曾挑战过人类起源于伊甸园的那套理论，认为早在始祖亚当之前，我们便已生活在这个世界上[39]。

与上述猜测息息相关的是对那些玛雅城市和建筑物创造者的孜

---

[1] Jaime Gómez de Caso Zuriaga，西班牙阿尔卡拉大学教授。
[2] pseudo-Aristotelian，亚里士多德在中世纪欧洲被抬高到了相当于孔子在中国的圣人地位，由此催生出了很多假托亚里士多德名义的伪书。
[3] Las Casas，1474—1566年，西班牙天主教神父、历史学家，参与过对美洲土著的征服和传教活动。
[4] Phoenicians，历史上生活在黎巴嫩地中海沿岸的古代民族，善于航海和经商。

孜以求。鉴于各类雕塑上的服装纹饰与同时期美洲土著服装的相似性，迭戈·德·兰达主教认定那些玛雅城市和建筑物都是玛雅人自力更生的产物："如果说是某个未知的族群强迫当地人修造了这些建筑，那纯属无稽之谈，因为有证据显示它们都是印第安人自己的创造。"[40]

然而那之后的若干世纪里，某些学者却始终在质疑、否定，甚至诋毁玛雅人与那些古代城市间的血脉联系，硬要把它们和失落大陆亚特兰蒂斯、失踪的以色列部落[1]或者其他类似的逸闻传说嫁接在一起，千方百计地要让当代美洲的玛雅土著跟他们祖先的城市脱离关系。

例如，多明我会修士弗雷·格雷戈里奥·加西亚[2]就曾在1607年出版的《新世界的印第安人起源和西印度群岛》（*Origen de los Indios de el Nuevo Mundo, e Indias Occidentales*）一书中重弹"迦太基商人发现美洲"的老调，声称恰帕斯的古代建筑就是他们的杰作。与此同时，他对"失踪的以色列部落迁徙美洲"的那套说法也做出了花样翻新[41]。无独有偶，曾在恰帕斯和索科努斯科[3]传教的

---

［1］ 民间传说，大约3000年以前，所罗门圣殿被毁时，一批犹太人带着约柜远走他乡，相关内容可参考葛瑞姆·汉卡克《失落的约柜》。
［2］ Fray Gregorio García，1561—1627年。
［3］ Soconusco，位于今危地马拉与墨西哥恰帕斯州的接壤地带。

克里奥尔人[1]神父弗朗西斯科·努涅斯·德·拉·维加[2]同样认为玛雅人与失踪的以色列部落有关。在此基础上,他还杜撰了一位名为"沃坦"(Votan)的神话人物。作为诺亚后裔,沃坦被描述为在西印度开疆裂土的第一人[42]。绵延几个世纪的时间里,类似这样的故事屡见不鲜,今天的我们却已清楚地认识到,那些古代玛雅城市的建造者正是当代玛雅人的祖先。

玛雅人对征服、压迫的反抗与适应

为了反抗西班牙人的暴行和压迫,玛雅人针对殖民政府采取了很多反制措施。有些玛雅人选择了武装起义,如同1641年他们在今天伯利兹的拉马奈(Lamanai)所做的那样,焚毁天主教堂[43]。纵贯整个墨西哥和中美洲,为了躲避西班牙征服者和殖民政府,许多土著族群被迫逃往那些未被占领的地区远遁山林。与此同时,也有一些族群采用更积极的方式反抗殖民统治,顽强地繁衍生息,坚守自己的文化传统。他们珍藏本民族的书籍和神

---

[1] Creole,指出生在美洲的拉丁裔白人。
[2] Francisco Núñez de la Vega,1634—1706年,西班牙人,时任恰帕斯大主教,写了很多反映当地风土民情的专著,代表作 *Constituciones diocesanas del obispado de Chiappa*。

像，在它们的基础上推陈出新，依照传统历法的节律安排自己的生活。面对那些搜缴书籍和其他圣物的征服者，玛雅人选择隐忍变通，为土著宗教披上一层基督教的外衣。殖民政府对土著族群的种种反抗手段心知肚明，大批玛雅人由于自己的桀骜不驯被送上法庭[44]。

还有一些玛雅人选择用拉丁化字母书写土著宗教经典。前文提到的《丘马耶奇兰巴拉姆之书》就是一本用拉丁化的尤卡坦玛雅语写在欧洲生产的纸张上的玛雅人自己的书，通过这样的方式，玛雅书写者避开殖民政府的耳目，保留了本民族的知识和文化。殖民政府统治时期以及随后的19世纪，多位玛雅书写者都曾采用这样的办法复制那些用象形文字书写的古玛雅手抄本或者类似《奇兰巴拉姆之书》那样的书籍，同时会在行文过程中，有意掺杂源自基督教文化的素材、寓言和谜语，意在淡化这些文献的本土宗教色彩[45]。就像两位学者劳拉·卡索·巴瑞拉[1]和马里奥·阿里法特·费尔南德斯[2]注意到的那样，问世于公元18世纪的《伊希尔奇兰巴拉姆之书》[3] 有一段介绍主宰疾病的大神阿赫-扎克-西米（Ah Zac

---

[1] Laura Caso Barrera，加拿大卡尔加里大学教授。
[2] Mario M. Aliphat Fernández，加拿大卡尔加里大学教授。
[3] *Chilam Balam of Ixil*，《奇兰巴拉姆之书》类似于一种批量发行，专供玛雅神职人员使用的工作手册，目前总共有九本存世，史学界根据发现地点和所属族群对它们进行了命名，伊希尔玛雅人是生活在危地马拉的一个玛雅分支。

图 35 《伊希尔奇兰巴拉姆之书》第 20 页关于玛雅日历日期名称的介绍，编纂于公元 18 世纪，左侧是玛雅卓尔金历中每个月的名称，右侧是每天的名称，其中特定的"神日"用王冠标记

Cimi)生平经历的文字,这位大神的实际出生日期应该是"3 ahau",可是 18 世纪的书写者却把这个日期故意改成了"oxtul ahau"。"oxtul ahau"这个单词还可以被解释为"三王"(three kings),如此一来,玛雅大神阿赫-扎克-西米就和基督教的三位智者梅尔基奥(Melchior)、加斯帕(Gaspar)和巴尔萨泽(Balthazar)[1]搭上了关系[2],玛雅文化也披上了一件基督教的外衣[46]。诸如此类的书籍,充分证明了玛雅人在保护传统文化,适应世界变化方面的顽强韧性。

除了拉丁字母,殖民时代的尤卡坦半岛仍有很多玛雅书写者坚持用玛雅象形文字书写文件,意在表达他们对殖民当局的抵制态度,同时也是在沧海桑田的政治氛围和社会环境中,为自己树立全新的社会形象,历史学家约翰·楚什雅克四世将这种做法称为"文字的多元化"。就拿曾在他笔下获得颇多关注的玛雅先知古奥(Couoh)来说,作为生活在 16 世纪 60 年代的玛雅书写者,古奥同时使用玛雅象形文字和拉丁字母书写文献,广泛宣扬玛雅文字的优越性,号召土著族群武装反抗西班牙人的统治[47]。尽管如此,西班牙征服者针对玛雅文字的持续打压,最终还是导致了这种文字在殖

---

[1] 据《圣经》记载,耶稣基督降生时,这三位贤人从东方前来朝拜。
[2] 玛雅人有用出生日期给婴儿当小名的风俗,所以"oxtul ahau"这个日期同时也是大神阿赫-扎克-西米的名字。

民时代的整体性消亡。

除了坚守传统文化，殖民统治下的玛雅人还在极力维护自己对祖先故土的所有权，以及族群内部的自治权。那个时代的很多玛雅文献，核心内容都是为了对外宣示自己的某种权利，或者证明家族、社团内部法权的合理性。前文提到的包括《希乌族家谱树》在内的希乌族编年史的编纂目的就是通过梳理希乌家族繁衍脉络的方式，阐释这个家族的固有权利。同样是在 16 世纪，众多玛雅土著社群不约而同地着手绘制地图，意在强调自己对某片土地的所有权。这其中的典范之作当属 1557 年由加斯帕·安东尼奥·池执笔的《玛尼土地条约》[1]，这份文件旨在澄清玛尼地区长久以来的土地所有权问题[48]。

同时期的其他两份重要文献出自危地马拉高地的基切和喀克其奎两大城邦，分别被称为《基切玛雅人的波波尔·乌》[2] 和《喀克其奎编年史》(Kaqchikel Chronicles)，通过讲述各自城邦的历史，这两份文献帮助基切和喀克其奎玛雅人确立了他们在殖民时代社会体系中的全新定位。《波波尔·乌》据说完成于公元 16 世纪，不过这个手抄本目前已知最早的版本却是 1701 年出自弗朗西斯科·希

---

[1] Mani Land Treaty，目前已知最早的一份玛雅土著用拉丁化的玛雅语撰写的土地分配协议，由一份文件和一张地图构成，制定这份协议的目的是对玛尼当地西班牙人和玛雅人各自的势力范围做出划分。
[2] K'iche' Maya Popol Vuh，一般简称为《波波尔·乌》。

梅内斯[1]之手的一件复制品,该书讲述了基切人从创世纪直到当代的悠久历史,追忆了"英雄双兄弟"[2]与死神以命相搏,最终以神的身份获得重生的辉煌过往,还系统梳理了历代基切人的传承关系,那些当代基切首领则被比附为历史上诸位宇宙英雄的转世再现[49]。《波波尔·乌》的核心在于若干世纪以来基切传统文化,不过关注"过去"的出发点却是适应现实世界风云变幻的需要,通过构建历史的方式,基切人确立了自己在殖民时代的身份和权利[3]。

借助文字构建历史的同时,众多玛雅社群和城邦也没有停止反抗殖民统治,维护自身独立的努力。直到 1697 年,奇琴伊察人都在佩藤伊察湖畔的丛林里,以诺赫佩藤为首都组建的城邦始终屹立不倒。那个地区距离殖民政府的控制区域非常遥远,然而后者却没有放弃破坏、瓦解这个独立王国及其他玛雅社群的野心。例如,1692 年,后来的尤卡坦州总督马丁·德·乌尔苏阿[4]就曾建议西班牙王室修建一条连接梅里达和危地马拉的南北向大路,以便彻底征服奇琴伊察玛雅人[50]。1697 年,奇琴伊察玛雅人被殖民政府招

---

[1] Francisco Ximénez, 1666—1729 年前后,西班牙人,多明我会牧师。
[2] Hero Twin,美洲土著文化中普遍流传着以一对双胞胎兄弟或兄妹为主角的创世神话,类似中国的伏羲、女娲,他们在玛雅语中的名字是 Hunahpu 和 Xbalanque。
[3] 也就是通常所说的"一切历史都是当代史",讲述"过去"最终是为了烛照现实。
[4] Martín de Ursúa y Arizmendi, 1653—1715 年,西班牙人,曾参与过征服美洲的行动,最终被西班牙王室任命为菲律宾总督。

安，暗地里却仍在坚持独立斗争。传染病的肆虐，连年的战乱，再加上殖民政府的压迫和杀戮，毫无悬念地导致了前者人数和力量的锐减。尽管如此，奇琴伊察城邦仍然是美洲历史上延续时间最长的千年古国。考古学教授大卫·斯图尔特[1]因此一针见血地将奇琴伊察城邦的陷落描述为"人类历史上一场具有划时代意义的巨变"[51]。

16—17世纪，玛雅人与欧洲人相遇后发生的一连串故事中，包含了太多的暴力、征服和压迫，同时也时时流露出顽强的反抗和文化的韧性。那个时代的征服者、殖民当局代理人，还有天主教会的代表们，通过滥杀无辜和酷刑折磨，破坏建筑及其他文化象征等措施，千方百计摧毁玛雅人的城邦，根除玛雅人的宗教和文化。与此同时，他们当中的一些人也在不遗余力地搜集整理那些源自玛雅人等美洲土著族群的文化信息，虽然他们这么做的目的要么是为了对自己治下的奴隶和资源做到心知肚明，以便借助经贸往来或朝贡制度等手段，满足自己的利益需要；要么就是为了充分了解他们眼中的那些所谓"异教偶像崇拜行为"，知己知彼，然后斩草除根。即便存在种种功利性的动机，即便存在无法避免的偏见，这些历史材料中包含的某些信息仍然对今天的我们重塑那个"前西班牙时代"

---

[1] David Stuart，美国得克萨斯州大学教授，主要从事玛雅文字和图像符号研究。

的玛雅世界不无裨益。

与此同时,在那个巨变的时代,仍有很多来自不同政治实体或语言群体的玛雅人竭尽全力地记载他们自己或者他们的先辈所经历过的点点滴滴。此类活动的动机各有不同,可能是为了整理材料对簿公堂,可能是为了土地所有权方面的索赔和确认,还可能是为了向殖民政府请愿。诸如此类的资料往往包含家庭近期的日常开销和土地契约等文件,也可能像《波波尔·乌》那样,细细梳理某个家族的传承脉络。尽管它们的书写者可能面临着种种压力,然而作为那个过渡年代殖民者与土著族群,抑或土著族群内部不同群体冲突融合的见证,这些留存至今的历史资料仍是今天的玛雅族群了解自身历史,体悟过去若干世纪以来先人们悲欢离合的重要基点。

1697年,奇琴伊察玛雅城邦被殖民者攻陷,那之后的几百年当中,散落各地的玛雅孑遗仍然在为自己的权益不懈奋斗,其中就包括1712年和1867年发生在墨西哥恰帕斯州,1820年发生在危地马拉高地,以及1761年发生在尤卡坦半岛的几次武装起义。1847—1901年的"卡斯特战争"期间,为了恢复、保留政治文化领域的自主权,反抗文化和经济领域的殖民压迫,尤卡坦半岛的玛雅族群艰苦奋战了5年多的时间。这场战争造成了尤卡坦半岛的内耗,即便是在它的绝大部分地区融入现代墨西哥国家体制以后,直到20世纪初,半岛的东部和南部仍然保持着一定程度的独立性[52]。

过去五个世纪的时间里,虽然深受异族压迫、贫困和战乱等因素的困扰,玛雅族群依旧通过保护语言、文化,学校实行双语制教学,编纂字典记录、整理古代玛雅文字,继承发扬传统手工艺,在新的社会环境中铭记族群历史等方式,努力坚守着他们的历史文化,维系着自己与族群传统间的血脉渊源。

第 4 章 18—19 世纪针对玛雅起源的考古探险与文献研究

在18—19世纪间，从政府官员到独立探险家和学者，乃至其他关注玛雅历史等"前西班牙时代"美洲土著文明的相关人士，始终对玛雅人的方方面面热情不减。墨西哥脱离西班牙殖民统治前，前往各处古玛雅遗迹从事发掘、研究的通常都是由西班牙王室委派的官方探险队。1821年墨西哥获得独立以后，越来越多的非西班牙人士相继造访那些玛雅古城。他们当中的某些人开始尝试借助绘画和摄影技术，对那些建筑物、雕塑和铭文进行更加客观、清晰的记录。大量此类图像经他们之手，配上相应的古迹背景知识介绍，有时也可能加上一些针对生活在这些古迹附近土著族群的相关介绍，以报告的形式呈交给政府部门，同时也出现在形形色色的期刊和书籍上。探险队找到的文物，有些被辗转送往欧洲和美国，有些则成了当地私人收藏家、高校或殖民政府的收藏品。到了19世纪末期，接受官方资助的探险队开始更具系统性地搜罗那些古玛雅文物，让它们在各式各样的国际展览会上登台亮相。这些展览会或多或少都和帝国主义、文化霸权之类的"话语"体系存在千丝万缕的联系[1]。

19世纪西方世界构建的那套"话语"经常把西方探险家打造

---

[1] 全球化背景下占据主导地位的西方世界通过搜罗第三世界国家文物，构建他国历史的方式，形成了一种文化上的话语权，也可以说是文化霸权，相关内容可参考萨义德的《文化与帝国主义》。

成某些玛雅遗迹的首次发现者,然而很多玛雅人其实很早就对这些遗迹了然于胸,甚至就在它们旁边生息繁衍。例如兰卡多玛雅人[1],时至今日,他们仍然坚持在亚斯奇兰、彼德拉斯内格拉斯、布西拉(Budsilha)、博南帕克等几个特定场所举行祭祀仪式,为各路神灵献上被称为"神之碟"(u lakil k'uh/god's plate)的香炉,以及其他陶器¹。不仅如此,兰卡多玛雅人还将这些古代废墟看作蕴藏魔力的圣地,把帕伦克和亚斯奇兰这样的古城视为"神的居所"²。

很多地区的土著居民其实都曾为各式各样的探险队充当过领路人和向导,只不过他们的名字很少有机会被人们记住,因此也就无法在欧洲国家或现代化的媒体平台上脱颖而出。多年以来,大家都把1848年针对蒂卡尔古城遗址的首次官方考古行动的功劳算在当时的佩藤省托管人,也就是后来的省长莫德斯托·门德斯(Modesto Méndez)头上,然而后世学者的研究显示,当时佩藤省的另一位州长,拥有土著族群背景的安布罗西奥·图特[2]在更早的时候便已从自己的祖父/外祖父口中了解到了蒂卡尔古城的相关信息。讲述探险经历的过程中,莫德斯托·门德斯声称兰卡多玛雅人就生活在蒂卡尔古城附近,

---

[1] Lacandon Maya,生活在墨西哥和危地马拉交界地带丛林中的一个小部落,至今保持着相对原始的状态。

[2] Ambrosio Tut,原文说他是 governor,但是根据其他英文资料,这个人其实是靠采橡胶为生的普通居民。

后续的考古发掘工作也证实了他的说法[3]。事实上,早在这次官方探险活动以前,当地的玛雅土著对这处古迹早就了如指掌。

尽管当年那些以侵略者身份来到美洲的西班牙人曾亲眼见识过一座座玛雅王都的热闹繁华,尽管殖民时代的玛雅土著与那些古城遗址存在着明显的联系,19世纪的研究者依然对这些古迹究竟出自何人之手的问题耿耿于怀。他们像几个世纪以前的同行一样,推测它们的缔造者应该是来自亚特兰蒂斯大陆的子遗,也可能是通过其他渠道入侵或移民这片土地的外来者。遗憾的是,类似这样的说法往往漏洞百出,在史料的采纳方面也具有很大的主观性。与此同时,也有一些学者认定这些古城就是如今生活在那里的玛雅土著的祖先们的杰作。尽管他们的观点最终得到了证实,之前提到的那些文化传播论的说法却仍旧大行其道。

殖民时代的考古探险和文物搜集

"新西班牙"殖民时代晚期,许多来自克里奥尔精英阶层的学者和政治家开始主张利用美洲土著族群的历史打造一种身份认同,进而弥合他们与欧洲殖民者间的鸿沟。殖民当局对古玛雅建筑的态度也从原先的斩草除根转变为鼓励考古发掘活动,保护遗址和古迹,整理相关历史资料。在危地马拉,生活在公元17世纪的历史学家弗朗西斯科·安东尼奥·德·富恩特斯·伊·古斯曼[1]曾主张对科潘、扎勒乌（Zalau）和卡米纳胡尤等几座古代遗址展开研究，以便将它们吸收、转化为当代危地马拉历史的一部分[4]。在墨西哥，耶稣会学者弗朗西斯科·哈维尔·克拉维赫罗[2]曾极力强调"前西班牙时代"美洲历史的重要性，并将其抬高到与古典时代[3]欧洲文化对等的地位[5]。他呼吁殖民当局保护文物古迹，还在1780年成立了一家博物馆："我恳求我的同胞们保护墨西哥硕果仅存的古代军事建筑，这些完美无缺的文物如今正在遭受公然破坏。"[6]

当时的墨西哥国立自治大学（The Royal and Pontifical University of Mexico）意识到自己应负的责任，开始着手保护阿兹特克人留下的科亚特利库埃女神[4]雕像和历法石[5]。1790年，墨西哥城修建宪法广场（Zócalo）时，这两件文物相继重见天日。科亚特利库埃女神雕像出土后不久，又被重新埋到大学[6]校园里，理由是害怕引起异教偶像崇拜。墨西哥国立自治大学的文物保护行动开始

---

[1] Francisco Antonio de Fuentes y Guzmán，1643—1700年，历史学家和诗人。
[2] Francisco Xavier Clavijero，1731—1787年，墨西哥耶稣会成员，历史学家。
[3] Classical，欧洲古典时代指的是中世纪以前的希腊罗马时代。
[4] Coatlicue，阿兹特克神话中的大地女神。
[5] Calendar Stone，又名"太阳石"，现存于墨西哥人类学博物馆，"2012世界末日"的说法就源自这块石雕上记载的太阳历。
[6] 指墨西哥国立自治大学。

后，19 世纪 20—30 年代，还有其他几件阿兹特克文物陆续成了这所大学的藏品[7]。

虽然当时人们的注意力主要集中在阿兹特克历史和文物方面，古玛雅文明的受关注程度也在不断增长当中。到了 18 世纪晚期，殖民政府和西班牙王室开始向那些玛雅遗址派遣探险队，其成员通常包含来自"新西班牙"或西班牙本土的探险家和艺术家，有几支探险队曾将帕伦克古城作为自己的考察对象。第一支造访帕伦克的探险队成立于 1759—1788 年在位的查理三世（Charles Ⅲ）国王执政期间。当时，安东尼奥·德·索利斯和拉蒙·奥多涅斯两位神父已经向西班牙王室驻危地马拉代表何塞·埃斯特切里亚透露了有关帕伦克遗址的消息，后者随即下令成立探险队，只不过这支队伍的准备工作做得非常差劲。例如，1784 年一位来自帕伦克地区圣多明戈名叫何塞·安东尼奥·卡尔德龙（José Antonio Calderón）的画匠受命给古城遗址画了四张写真，不过他并不是一位专业人士，这位画匠笔下的古城不仅比例失调，而且对细节的处理也很模糊[8]。

第 4 章　18—19 世纪针对玛雅起源的考古探险与文献研究　| 　149

图 36　何塞·安东尼奥·卡尔德龙绘制的帕伦克古城风光及古城附近刚被发现的土著居民，创作于公元 1784 年

1785年，何塞·埃斯特切里亚委派身在危地马拉的皇家建筑师安东尼奥·贝纳斯科尼（Antonio Bernasconi）调查古城遗址，但是后者最终给出的调查报告草率又简单。1786年，何塞·埃斯特切里亚再次授意陆军上尉安东尼奥·德尔·里奥[1]和艺术家里卡多·阿尔门达里斯[2]考察帕伦克遗址，他们这次绘制的写真明显要比此前详尽了不少。1787年，两人正式提交了此行的考古报告，1822年，配有著名艺术家让-弗雷德里克·马克西米利安·德·瓦尔德克[3]所绘插图的英文版考古报告获得出版。为了亲手绘制这些插图，瓦尔德克紧随安东尼奥·德尔·里奥和里卡多·阿尔门达里斯的脚步，又去了一趟帕伦克[9]。相比1784年卡尔德龙写真那些含混不清的线条，粗糙的轮廓和无中生有的臆造，阿尔门达里斯的作品明显技高一筹，他擅长使用阴影给浮雕图案营造出三维立体效果，还能把握绘图比例，描摹出雕塑、铭文的细节。

---

[1] Antonio del Río，1745—1789年。
[2] Ricardo Almendáriz，生于1760年。
[3] Jean-Frédéric Maximilien de Waldeck，1776—1875年，法国考古学家、艺术家、探险家和制图师。

第 4 章 18—19 世纪针对玛雅起源的考古探险与文献研究 | 151

图 37 帕伦克宫殿墙板图，里卡多·阿尔门达里斯绘制，
引自《图片集》(1787 年)

1822年戴尔·里欧考古报告的英文版发行数量非常有限,却让很多西班牙范围以外的欧洲人第一次知道了帕伦克这个地方。不仅如此,他还从帕伦克带回了不少文物。这些文物中的巴加尔二世石质王座被送给了此次探险活动的一位资助人,还有一只灰泥人头塑像成了马德里皇家自然历史博物馆(Royal Collection of Natural History in Madrid)的藏品。这位陆军上尉声称拿走并保管这些古物将赋予西班牙王国无限荣光:"西班牙军队的荣誉被极大提升,西班牙这个高等国家的声望也将大大增强,我们的意识观念要比那些印第安人先进得多,更有资格拥有这些意味深远、价值不菲的古代遗迹。"[10]

这些以所有权和种族优越感为核心的夸夸其谈预示着一场针对玛雅文明的大规模考古探险和文物发掘活动势在必行。现而今,巴加尔二世石质王座的部分残片被保存在马德里美洲博物馆(Madrid's Museo de América),同时还有一部分残片留在帕伦克[11]。无论是组合型雕塑,还是成套的陶器,类似这样的文物拆分行为似乎成了某种惯例,在以古玛雅为对象的考古活动中持续了几个世纪。

1788年,西班牙新国王查理四世(Charles Ⅳ)委派西班牙陆军龙骑兵[1]上尉吉列尔莫·杜帕伊奇[2]前往"新西班牙"搜集

---

[1] dragoons,介于骑兵和步兵之间的兵种,装备步兵武器,但又拥有骑兵的机动性。
[2] Guillermo Dupaix,1746—1818年,代表作有《墨西哥古物》(Antiquities of Mexico)。

文物，他们这次的考察范围涵盖从墨西哥城到帕伦克遗址的广阔区域。1805—1808 年，杜帕伊奇携手当时身在墨西哥城的绘画和建筑学教授何塞·卢西亚诺·卡斯塔涅达[1]踏上征途，后者绘制的文物、古迹写真基本满足当时学术研究的需要。数十年后，也就是墨西哥获得独立以后，他们的考古报告被公之于世。1831 年，向来以古怪藏书癖著称的金斯堡子爵爱德华·金[2]在伦敦出版了杜帕伊奇考古报告[3]的英文版。1834 年，报告的法文版在巴黎面世[12]，它的前言甚至将此次考古探险的意义与拿破仑远征埃及相提并论[4][13]。事实上，正如艺术史教授特里普·埃文斯[5]所说，杜帕伊奇的探险就像拿破仑的远征一样，意在"扩大自己作为征服者的文化霸权"[14]。颇具讽刺意味的是，自从墨西哥获得独立，这份考古报告公之于世，西班牙王国的无上荣光也就不可避免地烟消云散了。

戴尔·里欧和杜帕伊奇二者的考古报告插图都同时借鉴了多种绘画流派的技巧，以期在技术层面尽可能详尽地展示文物古迹的细节，达到引人入胜的效果。就像特里普·埃文斯注意到的那样，这

---

[1] José Luciano Castañeda，1774—1834 年。
[2] Edward King, Lord Kingsborough，1795—1837 年。
[3] 即《墨西哥古物》。
[4] 1798 年，拿破仑亲率大军远征埃及，这次行动最重要的成就就是发现了罗塞达石碑。
[5] Tripp Evans，美国威斯康星州惠顿学院教授。

两份报告的编纂模式模仿了当时的法国百科全书,将技术性的插图与相应的学术性说明文字结合在一起。问题在于,报告整体的文字水平良莠不齐,有些地方平铺直叙,有些地方加以揣测,还有一些地方甚至言之凿凿地声称玛雅人与那些隔海相望的异域文明存在关联[15]。例如,戴尔·里欧就认为当年来这里探险或劫掠的古罗马人之类的古代欧洲族群曾对玛雅人的建筑风格产生过影响:"根据建筑物相似的布局,以及那些从建筑物的地基以下横穿而过,坚固耐用的地下石头渡槽,可以得出结论,这里的人与罗马人存在相似之处,两者应该有过交往。我不敢肯定那些异域征服者曾经一定登陆过这个国家,却有理由冒着风险大胆猜测,那个美丽国家[1]的居民确实造访过这些区域,而且在这种交往过程中,土著居民很可能趁着客人逗留期间,吸纳了某些文化思想,作为他们热情款待后者的报酬。"[16]

戴尔·里欧的观点与之前几个世纪将玛雅文明解释为跨大西洋文化交往和异域殖民文化产物的那套说法遥相呼应,并没有本质上的区别,只不过是用猜测的口气让自己的结论显得不那么直白生硬。同样是在他的这本考古报告中,一位旅居危地马拉,名叫保罗·费利克斯·卡布雷拉(Paul Félix Cabrera)的意大利人撰写的

---

[1] 即古罗马。

文章则把埃及后裔、失踪的以色列部落，以及新、旧两个世界文化融合之类的老生常谈"故事新编"了一遍。基于公元18世纪早期弗朗西斯科·努涅斯·德·拉·维加的相关著述，卡布雷拉得出结论认为"新旧两块大陆的跨海交往发生在很久以前的远古时代"，传说中的"沃坦"[1]就是"美洲新世界的第一人"。不仅如此，他还坚称自己在戴尔·里欧考古报告的插图中看到了沃坦和埃及大神奥西里斯[2]的形象[17]。

关于玛雅文明的起源问题，还出现过与上述观点类似，甚至更离谱的奇谈怪论。1808年在一本危地马拉出版的历史类书籍[3]中，多明戈·胡阿罗斯[4]下结论说，帕伦克古城的玛雅铭文和浮雕图案与古埃及文化存在非常明显的关联特征，因此以帕伦克为代表的那些玛雅古城应该是古埃及人的殖民地[18]。因编辑整理"前西班牙时代"美洲手稿和16世纪文献闻名于世的金斯堡子爵爱德华·金则对古代希伯来人殖民美洲，创造玛雅文明的那套说法深信

---

[1] Votan，也可写为Wotan，北欧和盎格鲁-撒克逊文化中的一位传奇英雄，17世纪以后，某些欧洲人开始认为他是玛雅帕伦克古城的建立者。
[2] Osiris，古埃及神话中的主神。
[3] 指 *A statistical and commercial history of the kingdom of Guatemala, in Spanish America*。
[4] 原文为 Domingo Juarros y Montúfar，但其他英文资料均写为 Domingo Juarros，公元1752—1820年，此处从俗翻译。

不疑[19]。无独有偶,"耶稣基督后期圣徒教会"[1]的信徒也对这样的观点趋之若鹜。约瑟夫·史密斯[2]据说曾在1823年接受过神启,于幻境中得到一只刻有铭文的金盘。他随后对铭文进行翻译,由此得知了一小群以色列人辗转来到美洲定居,创造美洲土著文明,建设城市和其他工程设施的历史。更有甚者,约瑟夫·史密斯还为世人讲述了耶稣基督在美洲显圣,开创基督教分支的奇闻逸事。类似这样的故事,仅仅是19世纪美国人在打造国家认同的过程中,努力让自己所属的欧洲基督教文化与美洲土著文化搭上关系,进而从当代土著族群手中劫夺玛雅文化遗产的众多案例之一[20]。

1834年出版的杜帕伊奇考古报告中有多篇文章涉及玛雅古城建造者的问题,它们的主要观点大多是在"跨大西洋文化交流说"和"本土原生说"两套理论间寻求一个折中。例如,吉列尔莫·杜帕伊奇就曾撰文断言帕伦克古城是亚特兰蒂斯移民的杰作,与此同时,鉴于古城中的那些文物与美洲土著文明不容忽视的关联性,他又得出结论说那些生活在古城中的玛雅人并非当年建城者的后代[21]。作为这份考古报告的绘图师,卡斯塔涅达有意无意地用手中的画笔支持了杜帕伊奇的观点。他作品中的土著居民衣着暴露,手里还拿

---

[1] The Church of Jesus Christ of Latter-Day Saints/Mormon,总部在美国犹他州,不属于基督信仰各宗派运动的任何一支。
[2] Joseph Smith,1830年美国犹他州摩门教会的创始人。

着弓箭，看起来非常原始，与那些精美绝伦的古代建筑风马牛不相及。尽管如此，这些插图也是欧洲探险队第一次在考察玛雅古迹的同时，为世人描绘当代玛雅人的模样[22]。

相比杜帕伊奇本人的大作，考古报告中收录的另外几篇文章明显更倾向于认为玛雅文明属于欧洲旧世界文明或古埃及文明的衍生物[23]。法国文物收藏家亚历山大·勒诺瓦[1]曾对那些玛雅古城和建筑物到底源自旧世界，还是美洲土生土长的产物这一问题进行过深入研究。他对比分析了玛雅与古埃及等"亚洲"[2]国家的古代城市和建筑物，还按照埃及象形文字的语法规则解释过帕伦克古城的玛雅铭文，例如将玛雅语中的"风"（ik'）这个词解释为埃及象形文字中的"Tau"。基于这样的研究，亚历山大·勒诺瓦得出结论认为美洲土著居民与生活在"亚洲"的某些族群肯定存在关联，却没有明确认定玛雅文明属于跨文化交流的产物。在文章的结尾，他这样写道："我们无从得知帕伦克古城的那些文物是否属于这些跨文化交流的结果，同时也不能说它们就是美洲土著文明的原生产物。"[24]

---

[1]　Alexandre Lenoir，1761—1839 年，法国考古学家。
[2]　原文即带引号，当时欧洲人对"亚洲"和"东方"这些概念的定义和今天不一样。

图 38　帕伦克遗址塔楼，吉列尔莫·杜帕伊奇绘制，
引自《墨西哥古物》（1834 年），图版 15

在另一篇文章中，戴维·贝利·沃登[1]全面梳理了欧洲文明移植美洲的多种说法，例如"亚特兰蒂斯说""腓尼基说""迦太基说""以色列说""非洲说"或"波利尼西亚[2]说"，甚至还对弗朗西斯科·努涅斯·德·拉·维加和卡布雷拉提出的那套"玛雅人是沃坦后裔"的说法给予了适当关注[25]。梳理到最后，沃登却并没有明确认定哪种说法最具合理性。虽然杜帕伊奇收录的文章普遍存在"猜测大于事实"的问题，它们提出的那些理论却依然具有非常强的蛊惑力。

殖民时代晚期，几位非西班牙籍的欧洲学者组成了一支探险队。1799—1804年期间，洪堡[3]携手1803年抵达墨西哥的植物学家埃梅·邦普朗[4]开始了一场旅行。来到墨西哥城的洪堡要求把科亚特利库埃女神雕像从地里刨出来，以便让自己给它画张素描，不过这位普鲁士学者前脚刚走，那尊雕像就被埋回了地里[26]。1810年，集中讲述两位学者游历墨西哥和中、南美洲见闻的《科迪勒拉山脉和美洲土著建筑概览》（*Views of the Cordilleras, and Monuments of the Indigenous Peoples of America*）一书获得出版时，洪堡将这些素

---

[1] David Bailie Warden，1772—1845年，爱尔兰人，后因参与爱尔兰的脱英独立运动，被迫流亡美国。
[2] Polynesian，生活在太平洋众多岛屿上的土著族群。
[3] Alexander von Humboldt，1769—1859年，普鲁士（Prussia）地理和博物学家，近代地理学的奠基人之一。
[4] Aimé Bonpland，1773—1858年，法国人。

描放在书里公之于众。他们当时并没有造访玛雅文明覆盖区,却在无意当中以绘画的形式将两件玛雅文物展现在世人面前,其中一件是来自帕伦克遗址的石板,洪堡用画笔描绘了它的样子,还将这件文物的名称标示为"瓦哈卡州发现的浮雕";另一件文物则是《德累斯顿手抄本》中的五张书页。虽然洪堡并没有给这五张书页明确打上"墨西哥"的名号,却将它们与别的"前西班牙时代"手稿混为一谈。考虑到当时的人们对古玛雅文明所知甚少,出现这样的乌龙事件倒也情有可原[27]。有别于那个时代获得多数学者支持的美洲文明外来传播说,洪堡坚信这片大陆的古代文化是其自身发展的产物[28]。

墨西哥独立后的探险、考古活动和国家博物馆的建立

1821年独立后的墨西哥为西班牙国内外的探险家和艺术家提供了更多了解玛雅文明覆盖区的机会。当时,他们中的很多人已经读过戴尔·里欧和杜帕伊奇撰写的考古报告。出于帮助独立后的墨西哥打造国家认同,或者仅仅是希望探索世界上另一个未知文明的需要,有些学者希望能够搜集整理那些古代文化遗存。还有一些学者的本意是深入丛林寻找红木、橡胶之类的自然资源,最终却和那些古玛雅遗址不期而遇。发现遗址的探险家通常会拍摄照片,以遗址中的雕塑为原型制作石膏复制品,或者替国际展会和各大博物馆搜

罗可供展览的藏品。对于刚刚独立的墨西哥和其他中美洲国家而言，从事考古研究、筹建博物馆也是它们打造国家认同的一种手段。这些国家不约而同地开始收集和展示那些"前西班牙时代"的艺术品，意在为"后殖民时代"的自己找寻文化上的立足点。

同样是在殖民时代晚期，立足于"前西班牙时代"的本土文化，形形色色的叛军将领[1]、政客和学者都在努力为独立战争进程中，以及这场战争后的当代墨西哥打造一套国家认同。例如，独立运动领军人物，天主教神父何塞·玛丽亚·莫雷洛斯[2]就曾期盼独立后的墨西哥能够成为阿兹特克帝国历史的延续。曾经替莫雷洛斯等独立运动领导人撰写演讲稿的历史学者卡洛斯·玛丽亚·布斯塔曼特[3]则希望获得独立的墨西哥延续阿兹特克帝国的荣光，他用纳瓦语中的"阿纳瓦克"[4] 这个词命名自己所在的地区，还对蒙特苏马二世[5]，也就是西班牙殖民者从天而降时统治阿兹特克帝国的那位皇帝念念不忘。独立战争结束后，学者和政治家发掘整理出多种"前西班牙时代"的墨西哥中部地区文化元素用于打造

---

[1] 指当时反对西班牙王室，领导墨西哥独立的军队将领。
[2] José María Morelos，1765—1815 年，墨西哥独立战争的主要领导人之一。
[3] Carlos María Bustamante，1744—1848 年。
[4] Anahuac，这个词可翻译为 "Land on the Edge of the Water"，指的是阿兹特克帝国曾经的发祥地和最核心区域，位于今墨西哥城。
[5] Moteuczoma，1475 年前后至 1520 年，阿兹特克帝国皇帝，被科尔特斯俘虏后遭到杀害。

当代墨西哥的国家历史和文化认同，布斯塔曼特的相关专著成了这方面可供借鉴的重要资源[29]。1825 年，也就是墨西哥第一共和国[1]存续期间，墨西哥国家博物馆在墨西哥国立自治大学校园内成立。成立后的博物馆收藏了大量"前西班牙时代"和"后西班牙时代"的文物、文献，以及其他各类历史资料。不仅如此，1827年墨西哥还立法禁止文物出口，意在将重要文物留在墨西哥国内[30]。

获得独立后的危地马拉同样将研究"前西班牙时代"历史和建立博物馆作为构建国家认同的重要方式。考古学家奥斯瓦尔多·钦奇利亚·马萨列戈斯[2]，还有危地马拉经济协会主席何塞·塞西利奥·德尔瓦莱[3]都曾希望通过跟基切和喀克其奎这两个古代玛雅城邦"拉关系"的方式，提升当代危地马拉的国际形象，就像墨西哥的克里奥尔爱国者们热衷跟阿兹特克帝国攀亲一样。德尔瓦莱鼓励本国学者研究"前西班牙时代"的危地马拉历史，将征服战争以前的印第安土著视为危地马拉的表率和"国家之父"，认为是这些土著居民构建了当代危地马拉的政治和社会基础。事实的确如他所说，当代玛雅族群与那些建立伊克辛切和库马尔卡赫古城，也就是史料中记载的喀克其奎和基切两大城邦首都的古代玛雅人存在着

---

[1] the First Mexican Republic，墨西哥独立后首先建立了墨西哥帝国，1823 年，墨西哥帝国改制为共和国。
[2] Oswaldo Chinchilla Mazariegos，出生于 1965 年，耶鲁大学助理教授。
[3] JoséCecilio del Valle，1780—1834 年，危地马拉政治家。

无法斩断的血脉联系。作为 1834 年危地马拉国家历史构建工程的一部分，马里亚诺·加尔韦斯[1]领导下的危地马拉政府曾尝试建立博物馆，还向科潘、伊克辛切和库马尔卡赫派遣过探险队。只可惜，马里亚诺·加尔韦斯后来丧失了权力，筹建博物馆的工作因此戛然而止[31]。

尽管人们对古玛雅遗址心怀敬畏，同时也认可它们与当代玛雅族群间的历史渊源，后者依然无法避免在当代社会遭遇压迫和剥削。正如考古学者马萨列戈斯指出的那样："危地马拉的克里奥尔人钦慕'前西班牙时代'的国家历史，却对与自己所处同一时代的印第安族群嗤之以鼻。"德尔瓦莱则认为："多数印第安人都是国家进步的障碍，必须通过实现政治自由、教育普及和种族融合的方式，让他们获得重生。"[32]不仅如此，加尔韦斯执政期间也对当时的玛雅族群实行过土地所有权和劳动待遇方面的盘剥政策[33]。事实上，以"发展经济"为名损害土著族群的利益已经成为一种常态。例如，19世纪的殖民化运动，还有以放牧牛群、开荒耕种、兴建城市和砍伐木材为代表的自然资源开发活动，就曾导致热带雨林的破坏和土著族群土地所有权被征用[34]。

美洲国家脱离西班牙统治的结果之一就是那些玛雅文明古迹对

---

[1] 原文为 José Felipe Mariano Gálvez，其他英文材料通常写为 Mariano Gálvez，公元 1831—1837 年任危地马拉总统，此处从俗翻译。

其他国家人士的陆续开放，各国的独立探险家和艺术家由此纷至沓来。1832—1834 年，让-弗雷德里克·瓦尔德克，也就是替戴尔·里欧考古报告绘制插图的那位画师，在获得金斯堡子爵爱德华·金部分资助的前提下，先后造访帕伦克和乌斯马尔两处古迹，后来还在法国出版了他的画作[35]。身为训练有素的新古典主义[1]画家，瓦尔德克拥有极高艺术天分，擅长用二维画面表现雕塑的细微之美。为了替自己的帕伦克之行寻求支持，他对外宣称卡斯塔涅达和戴尔·里欧两支探险队取得的成果非常有限，凭借自己的能力和装备，他可以做得更好[36]。

瓦尔德克的绘画技艺娴熟精准，然而他却对那些以帕伦克遗址为主题的文物写真进行了某些细节方面的改动，用以支持自己青睐的"玛雅文明跨大洋传播说"，颇具倾向性地将这种古代文明的发源地指向了亚洲[37]。例如，他曾有意把帕伦克的玛雅王宫描摹得颇具亚洲风格，还在这些建筑物的浮雕装饰中添加了大象的形象[2]。后世学者对瓦尔德克的所作所为众说纷纭。将近一个世纪以后的 1924 年，格拉夫顿·艾略特·史密斯[3]根据出现在各类玛雅艺

---

[1] Neoclassical，兴起于 18 世纪的罗马，反思了巴洛克、洛可可等繁复、矫饰的艺术风格，希望借鉴古希腊、古罗马文化遗产，追求艺术创作的质朴和天然。
[2] 大象只分布在亚洲和非洲，所以它的形象不应该出现在美洲原生文明的艺术品中。
[3] Grafton Elliot Smith，1871—1937 年，英国考古学家和解剖学家。

品中的大象形象，和其他特征共同证明："前哥伦布时代，美洲土著文明起源自跨太平洋而来的异域文化这个结论已经没有任何值得怀疑的余地了。"[38]

尽管以玛雅文明，还有墨西哥和中美洲其他土著文明为研究对象的历史学者们强烈反对，格拉夫顿·艾略特·史密斯依然对自己的观点坚信不疑。

图39 让-弗雷德里克·瓦尔德克绘制的
帕伦克王宫详图（帕伦克的"大象"），纸张、墨水、铅笔和涂料

值得一提的是,某些历史学者虽然在中美洲多数国家获得独立后造访并研究过古玛雅遗址,却仍对当时生活在这些遗址附近的玛雅族群缺少应有的尊重。胡安·加林多[1]出生在爱尔兰的都柏林(Dublin),后来辗转来到中美洲地区。1831年和1834年,他先后造访了帕伦克和科潘两处古玛雅遗址,随后还在欧洲和美国出版了这两次探险活动的考察报告[39]。1831年,他在《英国文艺报》[2]上发表了一篇以帕伦克遗址为题的公开信,这封信替古城招来了一批全新拥趸——英国文艺界。加林多在这封公开信中声称"自己要帮助美洲土著摆脱'野蛮'的恶名",还将古城建造者的桂冠戴在了当地土著族群头上,他在信中这样写道:"种种事实证明,那些令人心怀敬畏的古人与现在的印第安人在身体特征方面并无任何差异。"[40]

在那份1834年出版的科潘遗址考古报告中,加林多也提出了一套文明起源、扩散的理论,他认为人类文明发祥自中美洲,随后一路向西传到亚洲、波斯(Persia)和埃及,正是这样的传播路径导致了新旧大陆文明的相似性[41]。与此同时,他还认为托尔特克人南下墨西哥中部的那次远征活动将他们的文明播撒到中美洲,从而

---

[1] Juan Galindo,1802—1840年,生于爱尔兰,中美洲地区军事和政治领袖,玛雅遗址考古领域的先驱。
[2] 原文为 London Literary Gazette,实际应为 The Literary Gazette,1817年创刊于伦敦。

抹去了当地的旧有文明，实现了这个地区人类文明的二次发展。加林多将科潘看作"托尔特克人的殖民地"，认为科潘城主的势力范围以玛雅文明核心区或尤卡坦半岛为基点向东延伸，最远可以波及洪都拉斯湾，离太平洋只差一步之遥[42]。

加林多提出的这套托尔特克人迁徙理论部分脱胎自墨西哥中部地区以大英雄托皮尔琴·克查尔科亚特尔[1]从古城图拉[2]出发远征四方的神话传说，虽然类似这样的"话语"应该被放在殖民时代早期的社会政治环境下，由墨西卡人/阿兹特克人来解读他们自己的历史[43]。毫无疑问，这套"话语"削弱了当地玛雅后裔对于那些古玛雅人建立的城市的主体性[3]。

更有甚者，加林多的两份考古报告还对当时的玛雅人极尽贬低之能事。在1831年关于佩藤和恰帕斯地区的那份报告中，他使用了"野蛮的玛雅印第安人"说法。在1834年的那份报告中，他则这样写道：

---

[1] Topiltzin Quetzalcoatl，古城托兰鼎盛时期的一位高级祭司，他被视为羽蛇神的化身。
[2] 原文为Tollan，其他英文材料写为Tula，可能是统一地名在不同语言中的拼写差异。古城图拉位于今墨西哥城附近，是古印第安托尔特克文明的首都，公元1168年遭到其他印第安部落入侵，最终毁于战火，阿兹特克人将托尔特克人奉为自己的祖先。
[3] 当时佩藤省所在的危地马拉是墨西哥的一部分，墨西哥历史上是阿兹特克帝国的核心区域，所以胡安·加林多需要构建这样一套话语，在贬低玛雅人的同时，确立阿兹特克，也就是墨西哥的正统地位。

印第安族群正身处穷途末路的最后几个世纪,他们必将很快从地球上消失[44]。

基于上述观点,他认为当年古城修建者的文明与时下那些土著族群种种所谓的"野蛮"行径形成了鲜明对照。作为佩藤省的省长和手握当地土著族群生杀大权的封疆大吏,加林多的这套理念无疑将导致灾难性的后果。除此之外,他的文章以先声夺人的姿态强调玛雅族群"野蛮"的一面,其实也是为了合理化自己从帕伦克和科潘两处遗址掠走文物的行为。

19世纪30年代末期,曾经合作前往埃及考察文物古迹的美国学者约翰·劳埃德·斯蒂芬斯[1]和英国艺术家弗雷德里克·卡瑟伍德[2]再次联手游历中美洲和墨西哥的多处古代遗址,他们撰写的相关书籍凭借精美的插图而名噪一时[45]。除了考古研究,两人还热衷政治活动,史蒂文斯当时已从美国政府获得授权,肩负着寻找中美洲联邦[3]权力中心所在地,并与其建立外交关系的重任[46]。这项外交工作虽然以失败告终,斯蒂芬斯和卡瑟伍德

---

[1] John Lloyd Stephens,1805—1852年,美国探险家、作家和外交官。
[2] Frederick Catherwood,1799—1854年,英国艺术家、探险家和建筑师。
[3] Central American Federation,1823—1841年期间存在过的一个美洲国家,包括今天的危地马拉、萨尔瓦多、洪都拉斯、尼加拉瓜和哥斯达黎加。

还是为玛雅文明研究领域做出了影响深远的贡献。他们撰写的相关书籍内容丰富翔实，讲述的传奇故事以一次次深入虎穴、转危为安、斗智斗勇为主要内容，令无数读者对那些古玛雅遗址心生向往。

斯蒂芬斯取得的两项成就奠定了他在古玛雅历史研究领域的重要地位。首先是他率先提出玛雅铭文中可能包含着关于这个族群的历史信息："我相信一件事，他们的石碑上书写着自己的历史。遗憾的是，还没有一个像商博良[1]那样充满求知欲的人。谁能读懂它们呢？"[47]

鉴于商博良破译罗塞塔石碑铭文的那段往事，这位美国学者关于玛雅石碑铭文记载着这个族群的历史信息并且能被解读的看法无疑具有合理性。斯蒂芬斯取得的第二项成就在于提出那些古代城市与现而今生活在当地的土著族群存在联系，玛雅文明是墨西哥和中美洲土生土长的原生文化：

> 相比于将这些古代城市的建立者归为古埃及人或其他古代族群的那套理论，我们得出了一个更加有趣且奇妙的结论。曾经生活在这里的那个族群精通建筑、雕塑和绘画，除此之外，

---

[1] Jean-François Champollion，法国学者，根据罗塞塔石碑上的铭文破译了古埃及象形文字。

他们无疑还创造过其他无法长久保存的艺术形式,并拥有与之相称的修养和气质。这种文明形态并非源自旧世界,而是这里的原生产物。它的演化过程没有外来模型参照和高人点拨,是一种独特、独立、别具一格的存在,就像这里的植物和水果一样土生土长[48]。

卡瑟伍德绘制的古迹写真兼具学术研究的严谨性和通俗娱乐的艺术性。斯蒂芬斯曾对这位艺术家在描摹文物古迹细节过程中的精准手法表示过肯定:"卡瑟伍德先生借助投影描绘器(Camera lucida)勾勒出建筑物的整体轮廓,同时又将一幅写真图细分为几个部分,这样既可以保证构图的比例适当,又能追求最大的准确性。书中这些版画[1]的制作同样注重对真实性的把控。"[49]

话虽如此,也有一些学者觉得卡瑟伍德绘制的古迹写真似乎更加注重浪漫主义的美感传达和主题叙事。梅里德斯·帕克斯顿[2]认为卡瑟伍德曾经师从于皇家艺术学院[3]的艺术家透纳[4],还专

---

[1] 绘图师考察古迹时采用手工绘图,考古报告出版时需要以手工绘图为基础进行雕版印刷。
[2] Merideth Paxton,新墨西哥大学教授。
[3] 原文为 Royal Academy in London,实际应为 Royal Academy of Arts。
[4] J. M. W. Turner,约瑟夫·马洛德·威廉·透纳(Joseph Mallord William Turner),1775—1851年,浪漫主义画家。

心研究过乔凡尼·巴蒂斯塔·皮拉内西[1]以欧洲"古典时代"建筑遗迹为题的绘画作品:"这样的人生经历决定了他将学术严肃性与审美艺术性相结合的创作风格。"[50]

另外,艺术史学者克里斯塔恩·维莱拉[2]还结合卡瑟伍德的全部作品,例如剧院和歌剧院中的彩绘壁画,还有以异域风情或古代遗址为题的大型全景画,对这些玛雅古迹写真进行了创作背景分析,最终得出结论认为它们是以娱乐性为出发点的艺术创作[51]。

仔细观察卡瑟伍德一幅以帕伦克王宫某座建筑物为题的绘画作品,就可以发现他对准确性和艺术性的双重追求。有别于瓦尔德克对帕伦克遗址的歪曲性再现,卡瑟伍德对这处古迹中的东北部王宫A宫殿(House A of the Northeast Court)描绘得如此传神,以至于我们一眼就能把它认出来。话虽如此,这座宫殿的写真图依然颇具浪漫主义色彩,画中的它在郁郁葱葱的植被中半隐半现,某些大树明显刚刚遭到砍伐,阳光透过留下的缝隙投射到建筑物上,形成明暗对比的光影效果。土著居民悠然自得地待在建筑的内部和前方,作者把他们画上去可能是为了让构图显得更加灵动。

---

[1] Giovanni Battista Piranesi,1720—1778年,意大利新古典主义画家、雕刻家。
[2] Khristaan Villela,国际民俗艺术博物馆馆长,这家博物馆位于美国新墨西哥州。

图40　弗雷德里克·卡瑟伍德所绘墨西哥恰帕斯州帕伦克遗址Ⅲ号房屋（今天的A号房屋），引自《中美洲、恰帕斯和尤卡坦的古迹纵览》（1884年），彩色石版印刷

斯蒂芬斯在他的几篇文章中曾经替某些美国博物馆掠走玛雅古物的做法文过饰非。对于以科潘为代表的玛雅遗址遭到遗弃或不受重视的情况，他这样大发感慨："这座古城十分荒凉，遗址周围也没有土著族群传承至今的孑遗。它就像大海中破碎的帆船一样漂浮在我们面前，它的桅杆不知所踪，它的名字无人知晓，它的船员死伤殆尽，谁也说不清楚它到底是从哪来的。"[52]

将玛雅古城比喻为遭到遗弃或忽视的破船,可能是在行文过程中对这处玛雅遗址,还有自己的考古探险活动赋予浪漫色彩的一种修辞手法,然而这种说辞却也有助于为美国购买和掠走部分玛雅古物,再以它们为基础在纽约兴建一处博物馆的计划提供了"合理合法"的解释,虽然这座博物馆始终都是空中楼阁,从未真正落实。

为了独享科潘古城,斯蒂芬斯足足花了50美元,他的如意算盘是这样的:"将那些逝者的墓碑从埋葬他们的荒凉之地移走,安置在某个'大型商贸中心'[1],同时成立一个机构,将其作为美国国家文物博物馆的核心……我决定让'他们的'成为'我们的',光辉的远景、公司的酬谢……如此种种浮现在我的眼前,我裹紧毯子,沉沉睡去。"[53]

除了科潘古城,斯蒂芬斯还从尤卡坦半岛进口了大批文物,将它们安放在纽约的一处全景式建筑(panorama building)中公开展出。随同这些文物一起露面的,还有一幅以卡瑟伍德画作为基础绘制的《耶路撒冷全景图》(*Panorama of Jerusalem*)。1842年,这座建筑遭遇火灾,多数文物毁于一旦,只有少数幸运儿得到抢救,它们随后被捐赠给了纽约的美国自然历史博物馆(American Museum

---

[1] 即纽约。

of Natural History)[54]。

帕伦克十字建筑群的右墙板[1]也是令斯蒂芬斯垂涎三尺的一件"猎物"。1842年,时任美国驻墨西哥坎佩切州卡门岛领事的查尔斯·罗素[2]替他完成了这个梦想。右侧墙板通过海运抵达纽约,随后又被送往华盛顿,移交给国家科学促进研究所[3],再后来又成了史密森学会(Smithsonian Institution)的财产。1908年,这件文物最终被归还给墨西哥国家博物馆[55]。

斯蒂芬斯的一系列专著激起了其他博物馆获取玛雅雕塑充当馆藏的渴望。这些玛雅艺术品,再加上当时已经广泛流落西方的古代地中海沿岸和埃及文物,在欧美国家的博物馆中汇聚一堂,构建出一幅那个时代西方人心目中的"世界图景",展示了为他们所认同的西方文化优越性和现代性[4]。据罗伯特·阿吉雷揭露,以1851年为起点的14年间,英国政府曾制定秘密计划试图为伦敦的大英博物馆获取玛雅文物,但没有成功。在写给英国政府驻危地马拉临

---

[1] Palenque Tablet of the Cross,位于帕伦克古城东南角,由三座神庙组合而成的建筑群,主体是一座阶梯金字塔。
[2] Charles Russell,1852—1916年。
[3] National Institute for the Promotion of Science,1840年成立于华盛顿。
[4] modernity,通俗地说,现代性就是自启蒙时代以来针对"现代世界应该是什么样的"这个问题,以西方语境为主体打造的一套知识体系,这套知识至今仍在规训着我们的日常生活,相关内容可参考李扬《文学史写作中的现代性问题》。

时代办的信中，外交大臣巴麦尊勋爵[1]曾透露过打算让斯蒂芬斯专著中提到的那些科潘文物成为大英博物馆潜在馆藏的想法[56]。其中一封信还引述了斯蒂芬斯对于玛雅遗址"荒草丛生"的相关描述，以及当地土著对遗址"毫不重视"，意在证明大英帝国拿走这些文物的"理直气壮"。话虽如此，巴麦尊勋爵仍然清醒地意识到这项计划一旦外泄，就极有可能功亏一篑，因此他特别强调了保密的必要性："你要小心谨慎，在根据此项命令采取相关行动时，切忌让那个国家的人民对于目前那些被他们认为一文不值的东西产生任何非分之想。"[57]

事实上，声称美洲国家对自己的文物毫不关心完全是罔顾事实，那个时代的他们正在制定各项法律防止文物外流，同时也致力于兴建博物馆，保护各处古代遗迹。例如，1827年，也就是斯蒂芬斯计划掠走帕伦克十字建筑群右侧墙板之前，墨西哥政府便已规定禁止文物在未获允许的情况下出口。1845年，也就是斯蒂芬斯购得科潘遗址所有权后不久，英国政府打算派遣探险队掠夺文物以前，洪都拉斯政府及时发布了保护此处遗址的声明[58]。那之后，这方面的法律体系愈发完善，不过西方人针对玛雅文物的巧取豪夺却并没

---

[1] Lord Palmerston，1784—1865年，第三代巴麦尊子爵亨利·坦普尔，时任英国首相。

有就此收手。

19世纪的墨西哥收藏家同样对玛雅文物青睐有加。居住在坎佩切州圣弗朗西斯科,供职于西班牙教会的莱安德罗·德梅内斯·卡马乔[1]和何塞·马里亚·卡马乔兄弟致力于收集各类自然、历史标本和"前西班牙时代"文物,其中就包括被他们放在自己的私人博物馆展出的来自吉安娜岛古墓的玛雅雕像。坎佩切当地的作家和报业人士胡斯托·谢拉·奥赖利[2]希望能将它们转移到自己筹建的旨在支持墨西哥独立运动的博物馆中收藏,遗憾的是,无论独立运动,还是他个人成立博物馆的计划,最后都以失败告终。卡马乔兄弟的藏品最终流散到了位于墨西哥城的墨西哥国家博物馆,梅里达的尤卡坦博物馆(Museo Yucateco),甚至还有巴黎的特罗卡德罗民族学博物馆(Trocadéro Ethnography Museum)[59]。

弗洛伦蒂诺·吉梅诺·埃切瓦里亚是一位居住在坎佩切的西班牙商人,他在19世纪下半叶的时间里收藏了数千件玛雅文物,还创办了一家私人博物馆,通过编纂目录的方式准确记载了每件文物的具体出处。他手中的那些玛雅雕像来自吉安娜岛、巴库(Bacú)、石岛(Ysla de Piedra)、乌伊米尔(Uaymil)、蒂努姆(Tinum)、特卡克斯(Tekax)、钱波通(Champotón)、塔坎(Ta-chán)、皮奇

---

[1] Leandro,应指 Leandro de Meneses Camacho, 1870—1961年。
[2] Justo Sierra O'Reilly, 1814—1861年,墨西哥历史学家和作家。

(Pich)、尼基（Nilchí）、圣费利佩（San Felipe）、霍努塔（Jonuta）、帕利萨达（Palizada）、塔巴斯科、帕伦克等多个地区[60]，因此能够以20世纪的艺术品市场无法想象的方式，体现玛雅雕像艺术风格的多样性。埃切瓦里亚曾尝试将自己的藏品出售给美国、法国和西班牙的博物馆，位于柏林的皇家民族学博物馆（Royal Museum for Ethnology），也就是后来的民族学博物馆（Ethnological Museum）最终以一个双方满意的价格达成了交易。瑞典和美国的几家博物馆后来则通过文物交换的方式，从柏林方面换到了部分藏品。

在参观游览过恰帕斯、尤卡坦和瓦哈卡等地的几处玛雅和萨波特克古迹以后，以野外摄影和在雕塑造型领域的特立独行而著称的法国人克劳德-约瑟夫-德西雷·夏内[1]搜罗到大量文物。1858年的那次旅行途中，他装备的是湿版火棉胶照相机[2]，拍摄时需要使用专门的器械，还必须分秒必争地完成一系列操作步骤，例如在暗房或帐篷中制备、加工照相用的玻璃板[3]等。这套流程在野外条件下非常麻烦，不过在显影质量和照相效率方

---

[1] Claude-Joseph-Désiré Charnay，1828—1915年，法国旅行家和考古学家。
[2] collodion or wet-plate camera，火棉胶是一种感光材料，需要在特制的溶液中显影、定影，"洗照片"这个说法即源于此。
[3] 基本原理是用含有碘化银、溴化银的试剂溶解火棉胶，然后倒在玻璃板上，形成均匀、潮湿的感光涂层。

面,却依然不失为对达盖尔照相法[1]的重大改进。此行拍摄的照片收录在《美洲城市和废墟》(American Cities and Ruins)一书中,于1863年出版面世。19世纪80年代早期,夏内开始尝试采用干版摄影术[2],这套技术需要的设备少,可以进行大量复制,而且复制照片能够保持与原版照片完全相同的写真度[61],类似这样的技术创新无疑有助于摄影师在更广阔的范围内传播自己的作品。拍摄照片的同时,这位摄影师还试图将自己此行得到的文物运往法国,他的所作所为在墨西哥国会引发了以文物出口问题为核心的激烈辩论。

《美洲城市和废墟》这本书收录了多篇文章,其中某些文章仍然秉持"玛雅文明是异域文化跨大西洋传播、扩散的产物"的那套理论。该书简短的前言中,夏内没有对这套理论提出自己的明确看法,同时又看似不经意地谈到那些古代玛雅城市和纪念碑与其他文化之间存在某种相似性,从而为玛雅文明的"跨洋传播说"埋下了伏笔:"我们是否能够得出结论,这些相似之处是某种外来古代文明'自行其是'的产物,同时放弃'存在一种原生

---

[1] daguerreotype technique,法国画家达盖尔发明的最原始的照相技术,基本原理是靠底片上的水银在暗箱中慢慢蒸发后显影,因此效率非常低。
[2] 接近目前仍在使用的胶片摄影术,但不完全一样,最初的干版摄影大多用的玻璃板。

美洲土著族群'的假设？这些族群的历史和起源问题实在令人浮想联翩。"⁶²

　　有别于夏内的闪烁其词，建筑师维奥莱-勒-杜克[1]为这本书撰写的文章则言之凿凿地争辩说建造这些玛雅城市的其实是雅利安人。他以托尔特克文化的支持者自命，同时却坚称这种古代文明的缔造者应该是雅利安-托尔特克人（Aryan Toltecs）。这样一来，故事的主角就变成了一个与当时的美洲土著族群势均力敌的神话般的白人种族，他们周游世界，传播先进文化⁶³。在后续出版的几本专著中，夏内更加清晰地表明了自己的态度。1880年，他掷地有声地宣称托尔特克人是北美洲和中美洲一切古迹的开创者⁶⁴。1887年，人类学家丹尼尔·布林顿[2]明确指出，夏内在研究中美洲古代文献的过程中存在误读问题，有关托尔特克人的各种故事本身就是半真半假的神话传说，为了抬高自己的身份，阿兹特克人对这些故事又做出了一定程度的夸大⁶⁵。毫无疑问，"托尔特克人开创美洲文明"的那套说法时至今日依然拥有广阔的市场。

　　亚特兰蒂斯人移民美洲的故事同样是个经久不衰的老生常谈。

---

［1］Eugène-Emmanuel Viollet-le-Duc，1814—1879 年，法国哥特复兴运动核心人物。
［2］Daniel Brinton，1837—1899 年。

为了研究中美地区文明，法国神父兼历史学家夏尔-埃蒂安·布拉瑟尔·德·布尔布尔格[1]曾游历墨西哥和中美地区，还研读过金斯堡子爵爱德华·金的那些与"前西班牙时代"美洲文明有关的专著，以及收录在其他作品中的 16 世纪文献。恰恰是他发现了玛雅神书《波波尔·乌》，以及一套今天被命名为《兰达全集》（Landa's Relación）的历史资料汇编。1861 年和 1864 年，这两部古代文献相继得到出版[66]。布拉瑟尔和金斯堡子爵爱德华·金还有其他几位学者都是"跨洋传播说"的拥趸，不过与后者不同的是，他相信玛雅世界才是孕育人类文明的摇篮，埃及和欧洲文明则是玛雅文明跨大洋传播的产物，而非像通常理解的那样，认为玛雅文明是旧世界文化跨海传播的产物。

研究生涯的后期，布拉瑟尔摇身一变，成了"亚特兰蒂斯移民说"的信徒。所谓的亚特兰蒂斯，是一片最早出现在柏拉图作品中的神秘大陆[67]。基于地中海、中美地区和亚洲在文化方面的某些相似性，通过比较这三个地方不同版本的大洪水传说，例如作为《马德里手抄本》一部分的《阿农手抄本》记载的玛雅人和其他族群似乎实实在在经历过的，毁灭亚特兰蒂斯大陆的那场大洪水，布拉瑟尔提出了亚特兰蒂斯移民将文明传入美洲的相关理论[68]。问题在

---

[1] Charles-Étienne Brasseur de Bourbourg, 1814—1874 年，法国中美洲研究领域的专家。

于,《马德里手抄本》第 32a 页,还有《德累斯顿手抄本》第 74 页或第 54 页记载的那场神话中的大洪水在细节方面,与失落大陆亚特兰蒂斯的神话传说并不能完全对应[69]。

美国历史学家休伯特·豪·班克罗夫特[1]毕其一生都极力反对布拉瑟尔提出的这套理论[70],与此同时,以法裔美国摄影家和作家奥古斯塔斯·勒普朗根[2]为代表的一批学者却对"亚特兰蒂斯移民说"深信不疑,他们在撰文研究各处玛雅古迹的过程中不知不觉地传播、推广着布拉瑟尔的理论。奥古斯塔斯·勒普朗根和他的英国妻子艾丽斯·迪克森·勒普朗根[3]曾经为墨西哥的多处玛雅遗址拍摄过照片,还主持过奇琴伊察的考古发掘行动。奥古斯塔斯曾在尤卡坦半岛做过野外摄影实验,从而极大提升了这个领域的技术水平,只不过由于急功近利的自我包装,这个人在社会上声名狼藉。1875 年,他甚至和刚刚出土的查克莫天使雕像在鹰豹平台[4]上拍摄了一组颇具"浪漫色彩"的照片[71]。这尊雕像借助奥古斯塔斯的宣传造势变得广为人知,他和其他学者为此撰写的文章相继出版在墨西哥和欧洲的报刊媒体上,巴黎的特罗卡德罗博物馆

---

[1] Hubert Howe Bancroft,1832—1918 年。
[2] Augustus Le Plongeon,1826—1908 年,很多英文材料说他是英裔美国人,不过从姓名来看,确实应该是法裔。
[3] Alice Dixon Le Plongeon,1851—1910 年。
[4] Platform of the Eagles and Jaguars,奇琴伊察遗址的一座四层建筑。

(Trocadéro Museum)还展出过这尊雕像的石膏复制品。恰恰是受特罗卡德罗博物馆查克莫天使石膏雕像的启发，1929年，英国雕塑家亨利·摩尔[1]创作完成了名为《侧卧人》(Reclining Figure)的作品。雕塑作品的造型部分借鉴了查克莫天使的形象，它的设计理念后来在这位英国雕塑家的艺术生涯中不断得到演绎和重现[72]。查克莫天使的大红大紫很快引来了所有权方面的纠纷，奥古斯塔斯本人，奇琴伊察地方政府，以及墨西哥联邦政府相继声明这尊雕像是自己的财产。

勒普朗根夫妇在坚持前辈提出的玛雅文明"跨洋传播说"理论的同时，还提出了独创的新观点。他们通过对比分析不同地区文化在图像、语言、建筑等方面所谓的"相似性"，例如玛雅、迦勒底、埃及和希腊建筑领域普遍存在的三角形拱门结构，进一步论证了"跨洋传播说"的可信性[73]。除此之外，奥古斯塔斯还注意到古埃及和玛雅文明在文字方面的异曲同工之处。为此，他特意将壁画铭文中出现的玛雅象形文字和埃及象形文字进行了比较研究，只不过他所选择的那些文字在语音、语义方面其实并不存在严格的对应关系[74]。基于这些所谓的"相似性"，奥古斯塔斯臆想出一幅世界文明起源图景，声称是玛雅世界的开拓者将文明的种子播撒到包括古

---

[1] Henry Moore，1898—1986年，擅长铸铜和大理石雕塑。

图 41　奥古斯塔斯·勒普朗根夫妇与玛雅土著和查克莫天使雕像，
照片拍摄于墨西哥尤卡坦州奇琴伊察遗址，约 1875 年

埃及在内的世界各地。他还自以为是地由此认为玛雅世界是一切先进文明的发源地，人类使用的文字，以及今天为世人所熟知的宇宙起源理念，全部来自古玛雅人。正是这些先辈让文明之火烛照世界各地，时至今日，我们在地球上的每个国家都能够找到他们的蛛丝

马迹[75]。

奥古斯塔斯之所以如此抬高玛雅文明的地位，背后其实隐藏着不为人知的个人动机。他和妻子艾丽斯一直宣称自己是玛雅王室——女王莫和她丈夫亲王科（也就是查克莫天使）的转世，可见尊崇古代玛雅，实际上是为了他们的自我夸耀[76]。

此外，奥古斯塔斯还认为共济会是古玛雅人和古埃及人携手建孕育的产物，中美洲就是这个组织的发源地[77]。他曾这样写道：

> 我将努力为你们破译来自远古的神圣密码，梳理共济会的前世今生，最终追溯到的时间点可能远远超出历史上最乐观的学者想象力的极限。我将探寻这个组织的起源，一步步走向他们的发源地——美洲大陆。至少 11500 年以前，玛雅殖民者把他们创立的宗教理念和仪轨播撒在尼罗河两岸，甚至还影响了幼发拉底河（Euphrates）和印度洋沿岸[78]。

毫无疑问，奥古斯塔斯·勒普朗根像当时的许多墨西哥人一样加入了共济会。无论是独立战争年代，还是那之后的时间里，类似这样的情况在墨西哥政界持续了数十年，共济会始终是一支不容忽视的政治力量[79]。

学术界给予勒普朗根夫妇的回应是冷漠和反对,某些出版商甚至拒绝出版他们的专著,尽管这二人在当时的社会中拥有大批支持者。对于自己撰写的《神圣之谜》(Sacred Mysteries),奥古斯塔斯·勒普朗根曾直言不讳地承认"纽约最著名的两家公司毫不犹豫地拒绝出版这本书,认为它完全是胡说八道。"[80]

即便如此,奥古斯塔斯·勒普朗根的那套理论还是对通俗文学和伪科学领域产生了深远的影响,其中就包括威廉·斯科特-埃利奥特[1]、刘易斯·斯彭斯[2]和詹姆斯·丘奇沃德[3]先后撰写的若干本以"失落大陆"为题的专著。在1896年出版的《亚特兰蒂斯的故事》(The Story of Atlantis)一书中,神秘主义作家威廉·斯科特-埃利奥特引述奥古斯塔斯·勒普朗根的观点,再次声称"玛雅语中最起码有1/3属于地道的希腊语",这当然纯属无稽之谈[81]。除此之外,他还借鉴了早期的"跨洋传播说",坚信"托尔特克种族曾统治亚特兰蒂斯大陆长达数千年,建立了强大、辉煌的人类文明。千百年后,被我们发现在墨西哥和秘鲁那片土地上生息繁衍的土著族群其实是他们的远亲。"

在此基础上,威廉·斯科特-埃利奥特还声称类似"宇宙千里

---

[1] William Scott-Elliot,1849—1919年,英国东印度公司商人,神秘主义作家,撰写了很多以"失落大陆亚特兰蒂斯"为题的书。
[2] Lewis Spence,1874—1955年,英国记者、作家。
[3] James Churchward,1815—1936年,英国作家,主要撰写以穆大陆为题的书。

眼"(astral clairvoyance)那样的特异功能可以被用来研究历史，亚特兰蒂斯人天生拥有某种"意念力"(psychic attributes)，"他们当中的佼佼者会被送进魔法学校接受必要的训练"，这种学校被视为共济会的起源地之一[82]。历史上，"跨洋传播说"的猜想被反复证明是错误的，但类似的说法依然层出不穷。

考古、探险和国家博物馆

19世纪下半叶，墨西哥和危地马拉两国开始大量兴建博物馆，积极组织考古探险活动，但是由于政府相关法规政策和社会意识形态的原因，这方面的计划总是时断时续。来自瓦哈卡州的律师贝尼托·胡亚雷斯是墨西哥立国后的首位土著族裔总统，执政期间曾面临过来自法国的武装干涉[1]。胡亚雷斯总统在任期内计划增加预算，支持墨西哥国家博物馆的建设。他领导的政府则通过颁发许可证的方式，引导墨西哥境内的考古发掘活动走上专业、有序的轨道[83]。然而由于法国的武装干涉，奥地利哈布斯堡家族大公马西米连诺一世[2]摇身一变，成了墨西哥第二帝国（Second Mexican Empire,

---

[1] 1861—1867年，史称马西米连诺事件或法墨战争。
[2] Archduke Maximilian，1832—1867年，多数英文资料称他为 Maximilian I of Mexico，此处从俗翻译。

1864—1867年）的皇帝，胡亚雷斯被迫流亡，他的任期也不得不中断。法军被击溃后，这位总统重新夺回了权力。

法军占领期间，法国科学委员会效仿拿破仑远征埃及期间的做法，成立多支探险队，深入了解墨西哥的自然和文化资源，考察内容涉及考古学、植物学等多个领域。1866年，墨西哥国家博物馆的馆藏文物被转移到地处科尔-莫奈达[1]的旧造币厂，更名为"自然、考古和历史公共博物馆"（Public Museum of Natural History, Archaeology and History）[84]。与此同时，法国占领军支持的傀儡政府还计划参加将在1867年开幕的巴黎世博会，他们布设的展厅样式近似"前西班牙时代"的玛雅神庙，内部陈列着科学委员会搜集到的各类展品。这座精美建筑的设计者是业余考古学家莱昂-欧仁·梅赫丹[2]，建筑内部的装饰风格参考了来自莫雷洛斯州（Morelos）霍奇卡尔科遗址羽蛇神神庙的图画、照片和雕塑[85]。整座建筑的地基复制了神庙的设计，梅赫丹在上层结构中又融入了某些玛雅和阿兹特克的文化元素，例如奇琴伊察遗址的蛇形立柱、阿兹特克历法石和科亚特利库埃女神雕像的复制品。不过由于梅赫丹和科学委员会之间存在的分歧，展厅内并没有陈列科学委员会属意的动

---

[1] Calle Moneda，位于墨西哥布尔戈斯州。
[2] Léon Méhédin，指Léon-Eugène Méhédin，1828—1905年，法国考古学家、建筑师和摄影师。

物、矿物、地质和植物标本,以及古玛雅雕塑的石膏复制品,前者还在展厅中摆放了他自己从墨西哥、埃及两地获得的照片和雕塑模型[86]。这样一来,整个展厅的布局也就从帝国意志的体现转变为探险家个人兴趣的流露。话虽如此,这座玛雅风格的展厅,以及它周围那些具有古代埃及、中国和罗马风情的同类建筑,还是让巴黎人在想象中找到了周游世界的感觉,同时也勾起了那些与法国人游走四方和海外殖民有关的陈年往事。1867年,墨西哥皇帝马西米连诺一世遭到处决,此次突发事件不可避免地对巴黎方面的布展活动产生了消极影响。

在尤卡坦半岛,纪念和保护古玛雅历史的工作与追求国家独立、构建地区认同的努力互为依托。正如历史学家阿图罗·塔拉塞纳·阿里奥拉[1]所说,19世纪40年代,为了深入研究当地历史,以尤卡坦地区的古玛雅和殖民过渡时代文化遗产为基础打造地区认同,胡斯托·塞拉·奥赖利曾倡议在坎佩切州建立一座博物馆[87]。类似这样的想法借助报刊媒体获得了广泛传播,尤其是塞拉·奥赖利亲手创办的《尤卡坦博物馆》(*Museo Yucateco*),这份期刊以推广玛雅光辉历史,介绍奇琴伊察和乌斯马尔古代建筑为宗旨,同时还呼吁开设博物馆,保护玛雅古物。期刊中登载的文章详细梳理了

---

[1] Arturo Taracena Arriola,1948年生于危地马拉,美国威斯康星大学教授。

梅里达和坎佩切两地拥有的文物古迹，要求政府为它们提供保护措施，阻止外国人随意带走当地文物。

古玛雅文明愈发深入人心的同时，那个时代尤卡坦半岛的玛雅土著却在忍受着各种各样的偏见和歧视。有些人又试图用"跨洋传播说"来解释古今两代玛雅人所受待遇方面的天渊之别。例如，1841年，历史上首次在奇琴伊察和乌斯马尔采用达盖尔照相法拍摄照片的奥地利学者伊曼纽尔·冯·弗里德里希斯塔尔[1]就曾撰文指出，帕伦克古城的建设者明显属于高加索人种[2]，他们来自遥远的北方，将当地原有居民征服为奴隶，今天的玛雅人就是这些奴隶的后代。就像其他同类观点一样，这种说法最终的目的都是要把当代玛雅人与他们祖先的文化遗产剥离开来，以便让别的族群取而代之。无论目的究竟如何，由于1847年爆发的那场"卡斯特战争"，墨西哥建立博物馆、追求国家独立的计划只得相继搁浅，很多玛雅人则利用那场战争对奴役、压迫他们的各方势力实现了反戈一击[88]。

时间进入19世纪60年代，尤卡坦的上流社会人士开始重新推动建立博物馆和保护玛雅古迹的相关计划。正如林尼斯·洛[3]和

---

[1] Emanuel von Friedrichsthal，1809—1842年，奥地利旅行家、植物学家和考古学家。
[2] Caucasian，指欧洲白人，史学界有一种观点认为白令海峡历史上可能出现过一段时间的枯水期，欧洲和亚洲的某些族群利用这个机会迁徙到北美洲，然后再一路南下。
[3] Lynneth Lowe，墨西哥国立自治大学教授。

亚当·塞伦[1]两位学者注意到的那样,撰写过一本以尤卡坦半岛为研究对象的重要考古学专著的天主教神父,安科纳的克雷森西奥·卡里略曾在1861年倡议在梅里达开设一所博物馆。为了玉成此事,神父后来专程拜望过墨西哥皇帝马西米连诺一世,还有他的妻子卡洛塔[2],商讨保护尤卡坦地区文物古迹的相关事宜。由于神父的不懈努力,1866年,马西米连诺一世发布御令,同意在梅里达建立尤卡坦博物馆。然而,随着墨西哥第二帝国的倒台,皇帝身首异处,法国干涉势力遭到驱逐,创建博物馆的计划也随之搁浅。所幸,法国人离开墨西哥以后,克雷森西奥·卡里略并没有放弃自己的努力。1871年,梅里达的尤卡坦博物馆正式开放,它的主要任务是为当地的自然、历史和考古遗产做估值、保管和维护工作。博物馆的文物部分来自神父的私人藏品,其中包括他从勒普朗根夫妇手中得到的一只出土自科兹美岛(Cozumel)的玛雅陶骨灰罐[3]。捐献私人藏品的同时,神父还号召公众慷慨解囊,并开始着手采集各类玛雅自然历史标本和工艺品[89]。

墨西哥中部地区在1877—1880年和1884—1911年,波菲里

---

[1] Adam Sellen,墨西哥国立自治大学教授。
[2] Carlota,指 Carlota of Mexico,1840—1927年。
[3] 原文为 a Maya censer,直译是"玛雅香炉",但是参考其他资料,这件文物其实是一只装骨灰用的陶器罐子。

奥·迪亚斯[1]总统两次执政期间,多位博学多才的民族主义者借助墨西哥各地的博物馆和其他方式,大肆宣扬"前西班牙时代"的历史。正是在那几年当中,墨西哥的博物馆得到规划重组,它们竭尽所能地研究、宣传和展示"前西班牙时代"的文物。博物馆的工作人员对馆藏文物进行整理编目,以1877年为起点,陆续出版了《墨西哥博物馆综述》(Anales del Museo Mexicano)系列丛书,这套专著深入介绍了"前西班牙时代"的各类文物。同样是在1877年,巨石画廊[2]正式开放,他们的主要任务是专门展览那些体量庞大,令人叹为观止的石质文物[90]。与此同时,由于受到国会多次激烈辩论的推动,特别是在夏内考古探险活动争议不断的背景下,联邦政府最终决定效法地方政府,立法禁止外国人利用各种手段攫取墨西哥文物。1885年,考古学家莱奥波尔多·巴特雷斯[3]领导下的墨西哥共和国文物考古管理总局(General Inspectorate of Archaeological Monuments of the Republic),也就是今天墨西哥国家人类学与历史学研究所(National Institute of Anthropology and History)的前身正式成立。不仅如此,墨西哥政府还针对各处古代遗迹制定了更加严格的法律,其中就包括1897年设立的《考古文物法》(*Law on Archae-*

---

[1] Porfirio Díaz,1830—1915年,时任墨西哥总统。
[2] Gallery of Monoliths,名为画廊,实际是墨西哥的一家博物馆,至今仍在营业。
[3] Leopoldo Batres,1852—1926年,墨西哥考古学的先驱。

ological Monuments)。与当时土地私有化的时代潮流相反，依照这条法律的规定，所有文物都是墨西哥的国家财产[91]。

波菲里奥·迪亚斯总统执政期间，墨西哥国家博物馆同样从这个国家的各个地区获得了包括玛雅文物在内的大量珍贵馆藏，其中之一就是奥古斯塔斯·勒普朗根在奇琴伊察遗址挖掘出的那尊查克莫天使雕像。按照他的"小算盘"，查克莫天使雕像原本应被送往计划于1876年开幕的费城世博会公开展出，不过时任墨西哥总统塞瓦斯蒂安·莱尔多·德·特哈达[1]却下令禁止这件文物出境。奥古斯塔斯·勒普朗根试图将其偷运到皮斯特藏匿起来。1875年，尤卡坦博物馆的工作人员勒令他尽快上缴文物，如果拒不执行，就将采取武力措施。最终，查克莫天使雕像被装在一辆敞篷马车的车厢里，由一队士兵沿途护送，风风光光地来到了尤卡坦博物馆所在的古城梅里达。然而世事难料，可能恰恰是由于这次声势浩大的庆典很快惊动了墨西哥上层，迫于来自墨西哥城的压力，尤卡坦州刚刚上任且任期短暂的州长奥古斯丁·戴尔·里欧[2]只得将查克莫天使雕像送到墨西哥国家博物馆，充当献给迪亚斯总统的礼物。后者当时刚刚推翻特哈达的统治，重新执掌大权。

---

[1] Sebastián Lerdo de Tejada, 1823—1889 年，1872—1876 年间任总统。
[2] Agustín del Río, 1845—1903 年。

图 42　1925 年前后，玛丽亚·维达尔（María I. Vidal）拍摄的
墨西哥城墨西哥国家博物馆巨石画廊，注意前方右侧混杂在众多
阿兹特克和特奥蒂瓦坎石雕中的查克莫天使雕像

尤卡坦博物馆的第二任馆长胡安·佩恩·孔特雷拉斯[1]对这次献礼没有丝毫欣喜，并将雕像移交视为一次"非法占有"[92]。孔特雷拉斯馆长和勒普朗根不约而同地为查克莫天使雕像的得而复失暗自神伤，墨西哥国家博物馆则通过这尊雕像的展出引起了公众对

[1]　Juan Peón Contreras，1843—1907 年。

玛雅文明的关注。话虽如此，无论博物馆的布展理念，还是墨西哥的国家历史叙事，都仍然将阿兹特克文明作为重中之重[93]。

除了查克莫天使雕像，墨西哥国家博物馆还得到了来自帕伦克十字建筑群的神殿装饰墙板。这块石板当时被分割成三个独立的部分，分别收藏在三个不同的地方，所以它们的重聚也就经历了三种不同的轨迹，可谓一波三折、步步艰辛。如前所述，1842 年斯蒂芬得到的右墙板最终成了华盛顿史密森学会的藏品，中部和左墙板则继续留在原地。据历史学家克里斯蒂娜·布埃诺[1]的叙述，1884 年墨西哥国家博物馆得到了中墙板后立刻着手制作一件石膏复制品，以便在新奥尔良世博会上公开展出。20 多年以后的 1908 年，美国政府归还了右墙板。这件事促使莱奥波尔多·巴特雷斯在 1909 年成立了一支探险队，前往帕伦克寻找左墙板。于是，散落各地将近 70 年后，三块墙板于 1910 年在墨西哥国家博物馆破镜重圆，这年恰逢墨西哥独立 100 周年。"巨石画廊"集中展出墨西哥境内不同文化区域的多种文物，展示了这个国家政治权力的高度集中，同时也象征了联邦政府对各个地区的绝对权威[94]。

---

[1] Christina Bueno，美国东北伊利诺伊大学教授。

图 43　1910 年前后，奥古斯丁·维克多·卡萨索拉
（Agustín Víctor Casasola）和波菲里奥·迪亚斯总统在刚刚归还给
墨西哥城墨西哥国家博物馆的十字建筑群墙壁面板前留影

在国际化舞台上，"前西班牙时代"的历史同样是墨西哥得以立足的基点。就拿 1889 年的巴黎世博会来说，当时的墨西哥政府出资，授权本国建筑师安东尼奥·安扎[1]和考古学家安东尼奥·佩纳菲利[2]布设了一个展厅，这两位学者都是迪亚斯总统"进步

---

[1]　Antonio Anza，1847—1925 年。
[2]　Antonio Peñafiel，1839—1922 年。

奇才"[1]计划的成员。他们打造的那座展厅屹立在埃菲尔铁塔脚下,名为"阿兹特克宫",展厅的外观总体上模仿借鉴了羽蛇神庙,以及1867年费城世博会的墨西哥厅。与此同时,"前西班牙时代"文化的兼收并蓄让展厅在设计细节方面显得更具多元性:来自墨西哥中部,还有迪亚斯总统故乡瓦哈卡的特奥蒂瓦坎、阿兹特克、萨波特克和托尔特克的文化元素充斥其间。阿兹特克皇帝的形象以浮雕形式点缀在展厅的外墙上,强调了当代墨西哥共和国与古代阿兹特克帝国一脉相承的正统关系。相比外部装饰,钢铁楼梯、玻璃天窗和大理石配件的使用,让展厅内部更加现代[95]。展厅内部的陈列品涉及考古学、人类学、自然历史等多方面内容,同时也凸显了墨西哥对现代科学的热情参与。

按照历史学家毛里西奥·特诺里奥-特里洛[2]的观点,展厅的设计者意在通过这样的布局,向世人展现"前西班牙时代"墨西哥文明的先进和辉煌,同时将墨西哥发达的经济、丰富的资源,以及这个国家对全球化和现代化热切期盼作为吸引外国投资者和欧洲移民的重要筹码[96]。值得注意的是,巴黎世博会阿兹特克宫设计者对"前西班牙时代"光辉历史的念念不忘,与他们对当代墨西哥土著

---

[1] wizards of progress,19世纪末墨西哥施行的一个吸引人才、提升国力的计划,入选者都是各个行业的顶尖人士。
[2] Mauricio Tenorio-Trillo,芝加哥大学教授。

族群的态度在布展过程中形成了鲜明对比。展厅中的部分展区被称为"民族学村庄",这个展区的内容就是让参观者以最直观的形式看到那个时代世界各地土著族群的日常生活图景,从而让"观者"和"被观者"间的差异性得到凸显[97]。用毛里西奥·特诺里奥-特里洛的话说,这样做是为了让以土著族群为代表的"过去"与现代工业和科学为代表的"现在"形成对照,将前者视为"落后"的象征,任凭他们沉沦在人类进化框架的底层[98]。

为了纪念哥伦布发现美洲400周年,墨西哥参加过1892年在马德里召开的美洲历史博览会(Historic-American Exhibition)。负责参展的组织机构,也就是墨西哥哥伦比亚委员会(Junta Colombina de México),有意挑选了几件能够代表"前西班牙时代"墨西哥文化的东西作为展品。这个委员会的成员包括墨西哥考古学家和诗人阿尔弗雷多·查韦罗[1]、时任国家博物馆馆长弗朗西斯科·德尔·帕索-特龙科索[2],还有历史学家华金·加西亚·伊卡斯巴尔切塔[3],随同他们来到马德里的展品包括古代文物、石碑的石膏复制品、古迹照片,以及手抄本的复制品。为了这次展会,委员会面向墨西哥全境发起了展品征集活动,据他们说,这么做是为了综

---

[1] Alfredo Chavero, 1841—1906 年。
[2] Francisco del Paso y Troncoso, 1842—1916 年。
[3] Joaquín García Icazbalceta, 1825—1894 年。

合展现由阿兹特克、萨波特克、米斯特克[1]和玛雅等多种土著文明融合而成的墨西哥多元文化[99]。墨西哥国家博物馆收藏的帕伦克十字建筑群的中墙板，还有所谓的"恰帕斯浮雕"（Chiapas Reliefs）都位列其中。值得注意的是，"恰帕斯浮雕"其实是一件将来自玛雅、阿兹特克和米斯特克文化的浮雕图案重新裁剪拼贴而成的赝品，甚至还可能纯粹是凭空臆造的产物。委员会之所以要拿赝品充数，部分原因在于当时很少有人真正了解古玛雅的艺术风格，甚至像洪堡那样的学者从根本上就否定玛雅艺术的存在。尽管存在鱼目混珠的情况，能在国际化舞台上集中展示墨西哥多元性的地域文化，确实也在一定程度上彰显了那个时代墨西哥的综合国力。

与此同时，与墨西哥山水相连的危地马拉也在致力于文物古迹的考古发掘和国家博物馆的规划建设工作。正如历史学家奥斯瓦尔多·钦奇利亚所说，危地马拉政治家曼努埃尔·加西亚·埃尔格塔[2]曾在19世纪80—90年代的20年间，非常不明智地对西部高地的古代遗址采取了发掘行动。他搜集到的查尔奇坦[3]文物曾在1893年的芝加哥哥伦比亚世博会[4]上公开亮相，随后却没能返回

---

[1] Mixtec，墨西哥土著族群。
[2] Manuel García Elgueta，危地马拉政治家、诗人、语言学家和考古学家。
[3] Chalchitan，危地马拉的一个小村庄，其具体位置今天已无从查考。
[4] World's Columbian Exposition in Chicago，这次展会的目的同样是为了纪念哥伦布发现美洲400周年。

危地马拉,而是转手成了包括加利福尼亚州科学院在内的多家机构的藏品。学术界将以伊克辛切为代表的危地马拉高地西部视为玛雅族群发源地的观点明显具有其合理性,因为当西班牙征服者踏足那片土地时,当地早已被其他土著族群占据,不过包括加西亚·埃尔格塔在内的某些学者却认为造成西部高地玛雅族群日渐式微的真正原因应该是西班牙人的征服行动。在他的那些考古学和语言学专著中,加西亚·埃尔格塔声称,为了激励当代玛雅族群自强不息,应该努力研究古代玛雅人的历史,并且对其价值做出正确评价[100]。

为了应对外国势力针对国内文物的大肆掠夺,1893 年,危地马拉同样颁布法律规定"政府要承担保护文物古迹的义务"[101]。1866 年,以历史学、民族学、考古学、动物学和矿物学藏品为主要展出内容的危地马拉国家博物馆正式开馆,经历过 1881 年的闭馆危机后,又在 1898 年恢复开放。正如之前谈到的那些地区的博物馆一样,这座博物馆的发展也不稳定。

19 世纪末期,探险家开始逐步探索南方低地玛雅文明覆盖区域,他们找到了一些有助于破解玛雅文字和图像符号的古代文献。从 1881 年开始,英国外交官兼摄影师阿尔弗雷德·珀西瓦尔·莫斯莱(Alfred Percival Maudslay)先后造访科潘、基里瓜、蒂卡、亚斯奇兰等多处玛雅遗址,为它们绘制了地图,撰写了考察现场记录,拍摄了干版照片，还制作了石膏和纸质的模型。这些东西随后被送往英国，交到艺术家和绘图师安妮·亨特[1]以及她的姐妹们手中，准备为卷帙浩繁的丛书《中美洲生物志》（Biologia Centrali-Americana）绘制插图[102]。19世纪末，莫斯莱频繁现身的各大国际展会。与此同时，在危地马拉政府允许的前提下，这位外交官还将亚斯奇兰遗址出土的一组被他命名为"门切·蒂纳米特"[2]的雕像送到大英博物馆[103]。后来，奥地利探险家特奥贝托·马勒[3]又给这些雕像重新起了名字。考察包括奇琴伊察古城在内的玛雅遗址期间，英国艺术家阿德拉·布雷顿[4]曾在莫斯莱麾下任考古绘图师。前者在奇琴伊察协助后者研究了当地古迹中的壁画，并且为"大球场"中的雕塑和浮雕制作了复制品[104]。绘图过程中，布雷顿尽其所能地体现实物原有的比例和色彩，鉴于某些玛雅古迹目前已经遭到毁坏，她绘制的图画也就成了它们留存世间的唯一证明。

马勒起初以普通士兵的身份追随马西米连诺一世的大军来到墨西哥，随后便在墨西哥和中美洲各地游历，造访那些古玛雅遗址，拍摄了很多照片，同时还发明了人工补光的摄影技术[105]。这项技术

[1] Annie Hunter，1860—1927年，主要成就是制作各类玛雅文物的模型和复制品。
[2] Menché Tinamit，当地玛雅人告诉阿尔弗雷德·珀西瓦尔·莫斯莱说雕像出土的那片遗址叫门切·蒂纳米特，所以他就用这个地名给雕像起了名字。
[3] Teobert Maler，1842—1917年。
[4] Adela Breton，指 Adela Catherine Breton，1849—1923年。

的采用赋予了照片光影对照的纵深感，更容易表现物体表面的细节，拍摄彼德拉斯内格拉斯遗址中那些雕刻图案复杂精细的纪念碑时格外有效。哈佛大学皮博迪博物馆随后结集出版了这些以雕塑、建筑物和遗址全景为主要内容的高清照片和配套的说明文字，它们成了后世学者研究玛雅文明不可或缺的重要资源[106]。

付出上述努力的同时，学术界针对玛雅文字和图像符号的破译工作也取得了重大进展。对这项工作而言，莫斯莱的照片，现存的玛雅手抄本，还有1864年出版的《兰达全集》都属于重要的研究资料。1832年，康斯坦丁·萨米埃尔·拉菲内克-施马尔茨[1]对来自帕伦克遗址的铭文和《德累斯顿手抄本》的相关内容进行了对比分析，读懂了玛雅数字体系中那些"杠"和"点"的含义，同时提出观点认为当代玛雅语言可能是破解古代玛雅铭文的重要线索。19世纪80年代晚期，供职于德累斯顿皇家图书馆的恩斯特·福斯特曼[2]通过研究《德累斯顿手抄本》，掌握了玛雅历法的基本计算方法，理解了他们所说的那些"天""月"和"20进制计数体系"（vigesimal），以及长历和以260天为一个周期的卓尔金历的基本规律。那之后，美国考古学家和记者约瑟夫·古德曼[3]识别

---

[1] Constantine Samuel Rafinesque-Smaltz，1783—1840年，法国百科全书式的学者。
[2] Ernst Förstemann，1822—1906年，德国历史、数学和语言学家。
[3] Joseph Goodman，1838—1917年。

图44 阿德拉·布雷顿临摹的墨西哥尤卡坦州奇琴伊察遗址美洲豹神庙顶部结构西墙彩色壁画,绘制于公元1907年前后,纸张和水彩

出玛雅日历中各数字所对应的符号[1]，并提出玛雅历法与基督教历法之间有一定的关联[107]。1872年，民族学家赛勒斯·托马斯[2]以《兰达全集》为依据，断定古玛雅文字是一种表音文字，然而另一位重量级的德国人类学家爱德华·塞勒[3]（虽然他并非研究玛雅文明的专家），可能是在探险家菲利普·瓦伦蒂尼[4]看法的影响下，于1880年指出兰达编纂的玛雅字母表其实是凭空捏造的。赛勒斯·托马斯的观点无疑是正确的，然而面对来自他人的批评意见，他却发生了动摇，不再认为玛雅文字是一种表音文字，最终导致相关破译工作延后了半个世纪[108]。

德国律师和学者保罗·舍尔哈斯[5]的研究思路是集中梳理《德累斯顿手抄本》《马德里手抄本》和《巴黎手抄本》中的那些古玛雅神祇，依据形象特征让这些神祇与他们在玛雅文字中的名字一一对应起来，例如神祇A、B、C等[109]。这些名字进而成为破译玛雅文字的线索。这样的研究方法与爱德华·塞勒的想法可谓不谋而

---

[1] head-variants，在历法中，玛雅数字可以用复杂的符号来表示，包括一些动物、神祇的形象等。
[2] Cyrus Thomas，1825—1910年，美国人类学家和植物学家。
[3] Eduard Seler，指 Eduard Georg Seler，1849—1922年，他的主要研究方向是阿兹特克文明。
[4] Philipp Valentini，指 Philipp Johann Joseph Valentini，1828—1899年，德国考古学家和探险家，主要成就是破译阿兹特克历法石上的铭文。
[5] Paul Schellhas，1859—1945年。

合，后者的主要兴趣是研究来自墨西哥中部和瓦哈卡地区的古代文献，他的辛苦付出给未来的图像学研究（iconographic studies）打下了基础，还对当代考古学家卡尔·陶布[1]产生了深刻影响，使其得以在前辈学者的研究基础上实现创新和突破。

公元18—19世纪欧洲学者以各处玛雅遗址为目的地的一次次远行，让遗址的知名度远远超过了那些始终生活在遗址附近的玛雅土著。不虚此行的学者们借助文艺报刊、通俗读物和学术论文，将自己的所见所闻公之于众。不仅如此，这些学者还在古玛雅文明的研究方面取得了巨大进步，也为学术界传播了大量研究资料。那个时代刚刚独立的墨西哥和中美洲其他国家政府为某些特定的研究项目提供了支持，致力于保护各地的古迹和文物，同时也为了争夺馆藏，跟那些外国博物馆竞争激烈。恰恰是在这个过程中，古代玛雅人创造的文明在国际舞台上大放异彩，与此同时，作为他们后裔的玛雅族群却在遭受压迫和剥削，层出不穷的"跨洋传播说"不遗余力地要将他们与祖先的成就剥离开来。即便如此，到了19世纪末期，当代玛雅人与那些古代遗迹存在渊源已经成了不争的事实。在这方面，20世纪日新月异的古文字破译技术发挥了重要作用，正是这个领域的研究成果不容置疑地确定了当代玛雅人与那些古代遗迹间的紧密关联。

---

[1] Karl Taube，美国加州河畔大学人类学系教授。

# 第 5 章

20—21 世纪的玛雅历史再发现

在 19 世纪针对古玛雅遗址的探险活动为 20 世纪以玛雅文明为对象的图像学、铭刻学和考古学研究铺平了道路，人类学和语言学领域取得的全新成果则为上述研究提供了辅助。这些全新成果与玛雅墓葬和古代铭文方面的考古发现互为依托，激发了 20 世纪末的学者从生理特征、历史背景、政治氛围等角度关注玛雅城主和夫人们的高度热情。在经历了 100 多年的众说纷纭、无功而返和误入歧途之后，学者们已经意识到古玛雅人有他们自己书写历史、政治博弈和参与战争的独特方式，他们的成就与其他文明相比毫不逊色。与此同时，也有一些学者开始对过分关注古玛雅重要建筑和核心遗址的研究思路提出质疑，呼吁进一步拓宽视野，调整思路，对古玛雅社会的各个层面进行全方位考量。

为了在研究过程中实现古今对照，烛照历史，考古学家还跟民族史学家和民族学家通力合作，将源自古代的铭刻学、考古学资料与基于当代玛雅社会文化的相关学术成果互相结合、互相印证。这种贯通古今的研究方法注意到了古往今来玛雅文明的延续性，同时也认识到与延续性相生相伴的变化性，彻底摒弃了那种从世界其他地方寻找玛雅之根的"跨洋传播说"。与此同时，不断增加的拉美裔学者，也为这项研究带来了许多全新的课题和认知。另外，玛雅遗址附近的土著社区正在更积极地参与到考古活动中来，并提供各类合作，以期促进当地可持续发展的旅游经济及其他类型的经济增长。在此基础上，在线出版物的普及进一步促进了相关知识的传播，提升了玛雅文明探索的民主化和国际化程度，打破了曾经以知识精英为主导的研究模式。

20 世纪早期玛雅世界的考古活动

20 世纪初，一些新的考古理念和技术逐渐被引入到玛雅研究领域。虽然当时的考古探险仍然比较业余，不过到了 20 世纪上半叶，这门学科却在朝着科学考古、专业化发掘和文献研究的方向逐步迈进。此外，人类学日趋完善的理论体系也在为考古学领域不断提出新的研究课题，包括 1939 年成立的墨西哥国家人类学和历史学研究所在内的众多美、墨两国学术机构纷纷支持将考古学、民族学和语言学结合起来，实现跨学科研究。事实上，作为国家战略目标的一部分，取得独立后的墨西哥始终致力于考古学和人类学的学科体系建设，意在充分发掘"前西班牙时代"的历史资源，推动当代国家发展。20 世纪上半叶在墨西哥从事研究活动的海内外考古学家经常会通力合作。北美洲的各大高校和其他学术机构会经常性地在洪都拉斯和危地马拉开展各类考古工作，英、美两国的学者偶尔也会现身伯利兹，也就是当年的英属洪都拉斯的考古现场。

图 45　洪都拉斯政府代表唐卡洛斯·马德里（Don Carlos Madrid）
在洪都拉斯"科潘遗址象形文字石阶"城主雕像旁留影，
拍摄于 1900 年前后

这些考古活动的目的之一与曾经的探险如出一辙，是为了替博物馆搜集各类手工艺品和雕像复制品之类的馆藏文物。1891年，哈佛大学皮博迪博物馆牵头在科潘遗址开展考古发掘，他们成立的考古团队力邀阿尔弗雷德·珀西瓦尔·莫斯莱重返科潘，搜寻更多的古玛雅文献资料，后者则敦促前者加强对"科潘象形文字石阶"的研究工作，那是目前已知篇幅最长的古玛雅铭文。出土时，石阶最下面的15级台阶仍然留在原位，其余部分却已发生移位，变得凌乱不堪。研究人员对石阶进行了清理和拍照，并逐级制作了石膏模型。然而由于他们并未真正理解铭文的内涵，整座石阶的排位错误百出。尽管如此，以它为模板拍摄、制作的细节清晰的照片和模型还是在随后的时间里为学者了解玛雅文字和雕塑艺术的总体风格提供了宝贵的参照[1]。

那个时代以古玛雅为对象的考古成果还包括许多被发掘出土而重见天日的建筑物和纪念碑。1896—1936年，爱尔兰医生托马斯·甘恩[1]扎根英属洪都拉斯，先后在桑塔丽塔、诺莫（Nohmul）和野藤岛[2]等多处古迹进行发掘，找到了大量文物。这些文物随后被他以捐赠或出售的名义，送到了大英博物馆。甘恩的考古活动发现了许多重要文物，例如桑塔丽塔遗址的"后古典时代"壁画。某

[1] Thomas Gann，1867—1938年。
[2] Wild Cane Cay，位于伯利兹东南海岸。

些情况下，这位爱尔兰医生还会使用炸药在遗址的土堆上爆破洞口，这明显与现代考古学的专业要求不符，并且经常会造成一定程度的破坏[2]。

考古学家爱德华·赫伯特·汤普森[1]虽然受"失落大陆亚特兰蒂斯"之类故事传说的影响不浅，却仍旧愿意与包括莫斯莱在内的同行携手，踏踏实实地开展各项工作。1893年芝加哥哥伦比亚世博会上，他参与制作的建筑模型蜚声海内外。来到奇琴伊察古城后，爱德华·赫伯特·汤普森以当时刚被重新发现的"兰达手稿"为依据，尝试寻找历史上的"圣坑"，那是一处灌满水的天然洞穴，奇琴伊察鼎盛时期，乃至随后的很长时间里，它都是一处重要的献祭场所。正如迭戈·兰达主教所说："他们也会将宝石和其他价值不菲的祭品扔进'圣坑'，这些印第安人如此虔诚，如果他们的国度盛产黄金的话，那么大多数的金子恐怕都在这个坑里。"[3]

得益于查尔斯·皮克林·鲍迪奇[2]通过哈佛大学皮博迪博物馆提供的资助，1904—1910年之间，爱德华·赫伯特·汤普森获得了一台专用设备对"圣坑"进行挖掘，找到了海量的文物，却并没能同时详细记录文物出土时的地层沉积情况。那之后，他又违背墨

---

[1] Edward Herbert Thompson，1856—1935年，曾任美国驻墨西哥尤卡坦州副领事。
[2] Charles Pickering Bowditch，1842—1921年，业余爱好考古的美国金融家。

西哥政府的规定，将这些文物藏在同事身上和随身携带的手提箱里，偷偷带出墨西哥，送往剑桥[1]，哈佛大学教授阿尔弗雷德·托泽[2]旅行公干时，就曾身穿一件缀有"圣坑"宝石的马甲⁴。

来自哈佛大学的考古学家还参与创办了位于墨西哥城的美国考古学与民族学国际学校（International School of American Archaeology and Ethnology），这所由墨西哥、普鲁士和美国学者携手建立的学校成立于1910年，来自不同国家和其他研究机构的学者轮流担任学校领导层，其中就包括爱德华·塞勒、弗朗茨·博厄斯[3]、乔治·恩格朗[4]和曼纽尔·加米奥[5]等人。用弗朗茨·博厄斯的话说，这所国际学校必须选址在墨西哥，与那些现实生活中的土著族群休戚与共，在墨西哥境内展出并收藏文物，为墨西哥的学生提供帮助，派遣他们去海外学习。只可惜由于墨西哥在1914年爆发革命，国际学校被迫关闭，至今也没能恢复⁵。以今天的眼光来看，相比爱德华·赫伯特·汤普森那种"耍无赖"式的合作，墨西哥城的国际学校无疑代表了未来的一种发展趋势，然而它在那个时代并没有造成太大的影响。

---

[1] Cambridge，哈佛大学所在地也叫剑桥，与英国剑桥大学无关。
[2] Alfred Tozzer，1877—1954年，奥地利裔美国人类学家。
[3] Franz Boas，1858—1942年，德裔美国人，现代人类学的先驱。
[4] Jorge Engerrand，1877—1961年，美国得克萨斯州大学教授，地理和考古学家。
[5] Manuel Gamio，1883—1960年，墨西哥人类学家。

哈佛大学考古学家、语言学家和人类学家阿尔弗雷德·托泽是国际学校的领导者之一，他为美洲的人类学领域带来了许多全新的理念和方法。这位学者精心钻研古玛雅语，致力于对殖民时代和当代玛雅族群进行比较研究，在兰卡多玛雅族群和《兰达全集》的研究方面独具慧眼。他曾以考古学家的身份在尤卡坦和佩藤两地工作，促进了人类学、考古学和语言学的相互融合[6]。作为哈佛大学教授，出自托泽门下的阿尔弗雷德·基德尔[1]和西尔韦纳斯·格里斯沃尔德·莫利[2]立足玛雅遗址考古进一步发展了现代考古学的技术和方法。1911年，受教于托泽的另一位研究生雷蒙德·默温[3]，完成了以霍穆尔遗址一处古代建筑为对象的首次地层勘察[7]。在名为B建筑群2号建筑（B Group 2）的遗迹中，默温发现了一片墓葬群，其年代跨度为"前古典时代"至"古典时代"晚期或末期，并通过详细的地层勘察，找到了大量精美陶器。默温还没来得及撰写完成此次考古行动的报告便撒手人寰，所幸另一位哈佛毕业生乔治·瓦扬[4]继往开来，为玛雅陶器考古领域制定了一套影响深远的研究规范[8]。

---

[1] Alfred Kidder, 1885—1963年，现代考古学规范体系的开创者。
[2] Sylvanus Griswold Morley, 1883—1948年，美国考古学家，大规模发掘了奇琴伊察遗址。
[3] Raymond Merwin, 1881—1928年。
[4] George Vaillant, 指George Clapp Vaillant, 1901—1945年。

墨西哥考古学家曼纽尔·加米奥是国际学校项目的重要参与者之一，他曾就读于哥伦比亚大学，师从弗朗茨·博厄斯。20世纪10年代，加米奥对特奥蒂瓦坎遗址展开了长期研究，随后又相继考察了奇琴伊察和卡米纳胡尤两座古城。加米奥的学术研究以人类学理论为基本框架，他同时还将自己的工作视为墨西哥革命的一部分，努力发掘古代和当代墨西哥土著族群的社会文化价值，尝试推动宪法改革，改善当代土著居民的生存处境[9]。

图像学和美学

莫斯莱和特奥贝托·马勒以玛雅文物古迹为对象的摄影和绘画作品的出版为20世纪早期的玛雅铭文和图像研究领域提供了补充材料。

1909年在哈佛大学就读时，赫伯特·斯平登[1]在他撰写的（同样由托泽指导的）论文，以及1913年出版的《玛雅艺术研究：主题与历史发展》（*A Study of Maya Art: Its Subject Matter and Historical Development*）一书中，首次关注到手抄本和文物等媒介上承载的古玛雅图像符号。书中采取了更加宽广的研究视野，与后续

---

[1] Herbert Spinden，1879—1967年，曾任美国人类学学会主席。

著作一并集中梳理了玛雅人的宗教体系,逐一确认了玛雅文化中的诸位神祇和神圣符号,乃至其他相关史料。在他看来,众多反映玛雅城主形象并配有铭文的雕像,应该是为了"纪念某场征伐的胜利"[10]。类似这样的观点无疑是正确的,然而在铭文内容没有得到准确破译的前提下,他的理论也就无法获得普遍接受[11]。话虽如此,斯平登的研究成果依然促进了古玛雅图像学和艺术史的相关研究。

英国艺术评论家罗杰·弗赖[1]曾单纯以大英博物馆收藏的照片和资料为依据,从结构学和美学的角度,衡量玛雅人的雕塑艺术。1918年,在一篇以美洲考古学为主题的杂志文章中,弗赖呼吁将美洲古代文物视为具有审美价值的"严肃艺术品"[12]。他的想法与20世纪早期那些收藏家、策展人和现代艺术家将"前哥伦布时代"研究审美化的趋势不谋而合[13]。与此同时,弗赖还认为玛雅文明和艺术颇具优越性,尤其是比阿兹特克文明更加优越,这两者的高下之别可以类比于古希腊艺术与古罗马艺术间的关系,前者明显要胜过一筹[14]。类似这样的观点,似乎是对19世纪将古玛雅艺术与古希腊艺术相提并论,同时声称两者是亚特兰蒂斯共同传人的那套说法的"回光返照"。

对古玛雅研究领域影响深远的探险家、考古学家和铭刻学家西

---

[1] Roger Fry,1866—1934年,后印象派的开创者。

尔韦纳斯·格里斯沃尔德·莫利同样热衷于从美学角度对玛雅和希腊两大文明进行类比。这位学者掷地有声地推崇玛雅文化，认为从玛雅艺术的现实主义精神和玛雅文字体系的复杂性来看，玛雅人的文化传统足以和公元前5世纪的古希腊文明并驾齐驱。由于在破解玛雅文字的过程中遭遇挫折，莫利转而将研究热情投入到对玛雅艺术的美学鉴赏，以及对玛雅文字和复杂历法体系的整体把握方面。他将玛雅雕塑师与菲狄亚斯[1]、普拉克西特利斯（Praxiteles）等名垂青史的古希腊雕塑家相提并论，声称"玛雅族群具有极高的天赋"，还恰如其分地将他们称为"新世界的希腊人"，莫利写道："'新世界'的玛雅人拥有足以和'旧世界'比肩的独一无二的文字体系。"[15]

话虽如此，莫利却并不认为玛雅人是以色列人、埃及人或其他"旧世界"文明的后裔，而是将他们看作"100%的美洲土著"，进而言之凿凿地宣称"玛雅文明和'旧世界'一点儿关系都没有"[16]。

莫利延续了莫斯莱和马勒两人在古代文献领域的研究传统，还在编年史和天文历法方面拥有自己的独到见解。在完成于1920年的《科潘铭文》（*Inscriptions at Copan*）和1937—1938年的《佩藤铭文》（*Inscriptions of Peten*）中，他整理、翻译了大量古玛雅历法

---

[1] Phidias，公元前480—前430年。

铭文，为世人解读玛雅人的编年史做出了重要贡献。由于过分关注玛雅人的天文历法，这两本书甚至在一定程度上忽略了其他内容的铭文。这样的背景下，莫利大胆猜测那些被忽略的铭文同样与时间有关，甚至由此得出结论，认为古玛雅世界是一个内部波澜不兴的神权国家，他们留下的铭文除了时间，再没有其他值得记载的东西。1915年，尚处于职业生涯早期的莫利曾断言玛雅人的铭文总体上属于历史类的文献，经过一段时间对天文历法类铭文的持续破译以后，他又在1922年这样写道："玛雅人的铭文跟历史基本或根本就没有关系。"[17]

这样的结论与曾在莫利手下考察过奇琴伊察遗址，后来又就职于芝加哥自然历史博物馆、华盛顿卡内基研究所（Carnegie Institution of Washington）和大英博物馆的埃里克·汤普森[1]的想法如出一辙。1932年，汤普森曾撰文声称"我相信玛雅人的石碑上没有记载任何世俗的事情"，数十年以后，他依然坚持认为玛雅雕塑上的那些文字纯粹就是为了记载时间，玛雅人中的职业祭司则长年累月专心观察各类天文现象，将它们记载下来，作为那套处处流露出"以和为贵"文化底蕴的玛雅历法的一部分[18]。

相比之下，莫利倒没有那么固执己见，尽管在没有任何石刻铭

---

[1] Eric Thompson，指 Sir John Eric Sidney Thompson，1898—1975年，英国考古学、民族学和铭刻学家。

文材料支持的情况下，他也曾认为玛雅人的历史应该是被记载在诸如书本的其他媒介上。只是由于材质本身的易腐性，这些诞生自"古典时代"的文献资料最终没能流传开来。数十年以来，这些德高望重、在学术机构内备受支持的学者们凭借自身权威对玛雅文明研究产生了极大的影响，将对玛雅历史内容的解读局限在了古玛雅铭文和图像之内[19]。

机构时代

1925—1960年或1925—1970年期间被考古学家称为"机构时代"。当时，北美大陆的众多学术机构纷纷慷慨解囊，资助以玛雅文明覆盖区为研究对象的长期考古项目。莫利在这个阶段获得了大显身手的机会。同样是在这个时期，玛雅文明覆盖区的那些当代国家，例如墨西哥（1939）、危地马拉（1946）和伯利兹（1955），也就是曾经的英属洪都拉斯，都在争先恐后地成立科研机构，保护、管理他们自己的考古学、民族学和历史文化资源[20]。与此同时，考古研究活动愈发成体系，学者们热衷采用全新技术，以人类学为基础，融合语言学和民族学的相关理论，绘制古代遗址的地形图，进行相关的地层探查。据考古学家杰森·耶格[1]和格雷格·博格斯特德[2]观察，与此形成鲜明对比的是，除了在发掘现场充当劳动力，或者作为以考古数据为基础进行类比推理的对象，当代的玛雅土著在很大程度上被排除在各类考古实践活动的多数环节以外[21]。

1926—1930年大英博物馆通过为专业人员提供培训的方式，支持伯利兹南部地区的考古发掘活动。他们如此大方的目的之一，也是为自己搜罗馆藏文物。由于这个原因，大英博物馆的培训项目在运作过程中始终争议不断。事实上，在1932年被考古学家阿尔弗雷德·基德尔不指名批评为"因贪图藏品而支持考古发掘"的众多机构当中可能就包括大英博物馆，他认为这些机构纯属"收藏机构，而非科研机构"，同时对他们的抢劫和破坏行为嗤之以鼻[22]。

在考古学和人类学领域最有影响力的美国机构非卡内基研究所莫属，尤其是研究所下属的历史研究处。1930—1950年，基德尔曾担任研究处的处长，莫利则是这个处最多产的研究人员之一。当时，卡内基研究所资助了大量玛雅考古项目，其中又以针对奇琴伊察遗址、墨西哥的图卢姆和玛雅潘遗址，还有危地马拉的瓦夏克吞

---

[1] Jason Yaeger，美国得克萨斯大学教授。
[2] Greg Borgstede，美国宾夕法尼亚大学教授。

和卡米纳胡尤遗址的几次考察活动最具知名度。此外，他们还资助了莫利的铭文记录研究工作。虽然在文物搜集的问题上同样饱受批评，卡内基研究所牵头发起的这些项目还是在推动考古学、语言学、民族学和民族史研究相互融合的基础上，让学者们认识到进行地层学和类型学分析，以及对玛雅文明同时进行总体性把控和内部不同地域文化比较分析的重要性[23]。

20世纪二三十年代，卡内基研究所委派莫利领衔的考古队与墨西哥政府组织的，先后由何塞·雷加达斯·韦尔蒂兹[1]和爱德华多·马丁内斯·坎顿[2]领导的考古队在奇琴伊察遗址通力合作。莫利团队的工作重点是对遗址内重要建筑的发掘和复原，尤其是战士神庙（Temple of the Warriors），以及卡拉科尔古城和大市场遗址[3]，这么做是为了了解奇琴伊察与南方低地玛雅城邦究竟有何不同。墨西哥团队的主要精力则集中在清理、加固和复原卡斯蒂略金字塔和大球场，以及位于金字塔[4]顶部的其他建筑。加米奥在这支团队中扮演了主要角色，他将考古学家和艺术家米格尔·安赫尔·费尔南德斯[5]招入麾下，后者用心测量了各处古迹的尺寸，

---

[1] José Reygadas Vértiz, 1861—1931年。
[2] Eduardo Martínez Cantón, 1926—1932年间主导卡斯蒂略金字塔的发掘工作。
[3] Mercado, 奇琴伊察城邦境内的一处大型建筑，当年的西班牙征服者将它命名为"市场"，不过这座建筑的实际用途至今还存在争议。
[4] 原文为Great Terrace, 指的还是卡斯蒂略金字塔。
[5] Miguel Ángel Fernández, 1890—1945年。

为各建筑物，特别是大球场绘制了原始图样，作为加固和复原前的准备工作[24]。

为了支持当地旅游业，两支团队出于各自的目的，不谋而合地对古代建筑进行了重建。正如艺术史学家詹姆斯·奥列西[1]所说，早在20世纪20年代初期，尤卡坦地方政府就曾设想通过修复古代建筑，发展旅游业的方式，造福当地玛雅土著族群，同时还认为旅游业对经济的拉动作用也将在更广阔的范围内惠及整个尤卡坦半岛。有别于上述观点，民族学家奎齐尔·卡斯塔涅达[2]则认为卡内基研究所修复古代建筑是为了在振兴旅游业的基础上，唤起公众对考古事业的热情[25]。无论出于何种目的，20世纪的两支考古队不约而同地对古玛雅建筑进行了整体性的重建。他们的所作所为构建了我们今天对这些建筑物的基本印象，同时也阻碍了后人进一步深入研究它们的原始风貌。

在奇琴伊察工作期间，莫利与玛雅起义军首领们进行了会面，后者自"卡斯特战争"以后，在当地拥有极大的权威。人类学家保罗·沙利文[3]这样描述1935年一支玛雅官方代表团对他们的访问。访问的"前奏"是佩德罗·帕斯夸尔·巴雷拉（Pedro Pascual

---

[1] James Oles，美国韦尔斯利学院教授。
[2] Quetzil Castañeda，美国印第安纳大学伯明顿分校教授。
[3] Paul Sullivan，美国学者，代表作 *Unfinished Conversations*: *Mayas and Foreigners Between Two Wars*。

Barrera），也就是在科斯卡尔-嘎达[1]拥有众多信众的"说话十字架"[2]的守护者发出了一封信，宣布重要人士将要到访。那之后，玛雅代表团由卡内基研究所考古学家陪同，在奇琴伊察遗址四处参观。后者留下的谈话记录显示了玛雅首领们对古城的重要性做出的评价。例如，他们曾亲身体验过整修一新的大球场的声学效果。当一个人站在球场内说话或叫喊时，就会回声四起，让人感觉仿佛是那些已经逝去的土著居民，也就是这些首领的先辈们重返人间，与自己的后辈儿孙沟通交流。土著首领们还告诉卡内基研究所的专家，这些古建筑遗迹与他们的自由抵抗运动之间存在某种神秘的联系，如果他们依靠自己的力量无法保护当地居民免遭异族荼毒，遗址中那些巨大的羽蛇神和其他石刻雕像便会奋起反抗[26]。了解玛雅人对古代雕塑神力和生命力的崇拜信仰，梳理他们将古代遗址与自己的社会文化和政治理念相互关联的思维方式，对我们认识奇琴伊察古城在玛雅文化中的地位具有至关重要的意义。

---

［1］　Tixcacal Guardia，位于今伯利兹。
［2］　the Cross of Xcacal Guardia，又称 talking cross，19 世纪中后期，某些玛雅地方领袖说自己在雨林中遇到了"会说话的十字架"，十字架告诉他们要坚持不懈地反抗殖民者的统治，曾经的玛雅文明覆盖区由此兴起了很多打着"说话十字架"名号的起义据点，这场运动的实质就是玛雅人利用西方宗教凝聚人心，反抗西方人的殖民统治。

赫尔曼·拜尔[1]在卡内基研究所团队中的主要工作是研究玛雅铭文，不同于紧盯天文历法铭文的研究思路，他的做法是先对一座遗址中出现的铭文进行集中分析，然后重点关注那些在不同遗址中反复出现的符号，这其中就包括奇琴伊察和它周边的几座古城经常能看到的一个图形符号。虽然拜尔无法准确解读这个符号的含义，却凭直觉坚信它包含某种历史信息。遗憾的是，这位人类学家随后加入德国军队，他的命运由此急转直下。1942 年，拜尔在俄克拉荷马州的美军战俘营离开人世[27]。后世学者继承了他开创的整体化破解铭文的研究思路，最终认定他发现的那个符号指的其实是历史上一位玛雅城主的名字。

推动奇琴伊察项目的同时，1924—1937 年间，卡内基研究所还向远离这处遗址的瓦夏克吞古城派驻了考古队。1916 年，研究所的考古学家首次发现这座古城时，将它命名为"Uaxactun"，"Uaxac"在玛雅语中的意思是"8"，"tun"则兼指"石头"和"年"。之所以起这个名字，是因为他们当年在古城找到了一块刻有长达 8 个历法周期的长历铭文石碑。再者说，"瓦夏克吞"与"华盛顿"谐音，采用这个地名还可以一语双关地指代卡内基研究所所在的那座城市[28]。

---

[1] Hermann Beyer, 1880—1942 年，美国人类学家。

卡内基团队针对瓦夏克吞古代建筑出色的研究工作，不光揭示了玛雅建筑模式从"前古典时代"普通房屋到"古典时代"晚期大型建筑的演变历程，以及陶器演变的年代学序列，这两种类型的研究都为其他遗址的对比提供了基础。为了研究埋藏在地层深处，年代更久远的建筑遗迹，卡内基团队不得不将覆盖在它们上面的那些年代相对较晚的建筑遗迹彻底清除，这样的做法无疑造成了很多破坏，例如编号从 A—V 的那组建筑群（A—V complex），所幸这样的研究方法今天已被禁止使用。

哈佛毕业生在瓦夏克吞考古项目中的大行其道对玛雅考古领域产生了深远的影响，因为这些专家都是完全相同的学术体制培养出来的，而且他们认为自己的那套办法绝对正确[29]。与此同时，也有一些比较"另类"的学者参与到他们的团队当中。1937 年，危地马拉艺术家安东尼奥·特杰达（Antonio Tejeda）为 B-13 号建筑（Structure B-XIII）中的壁画制作了复制品，由于那座建筑在随后的考古发掘行动中遭到破坏，这件复制品也就成了壁画硕果仅存的重要孤本。那之后，安东尼奥·特杰达随同卡内基研究所团队转战墨西哥。1946 年，博南帕克遗址被发现后，他又替当地的壁画绘制了副本。

那个时期，还有很多以危地马拉高地为对象的考古活动，增进了人们对中美地区历史年代的了解。当时，来自美国的团队虽然充当了危地马拉考古的"主力军"[30]，1925 年针对卡米纳胡尤遗址米拉弗洛雷斯庄园[1]地段的地层发掘任务却落到了墨西哥人类学家加米奥领导的团队手中。加米奥关注这处古迹的目的，是为了将危地马拉的古代和"前古典时代"文物与墨西哥河谷地区出土的同时期物品进行比较研究。这种超越国界的研究视野，对更加深入地了解美洲土著族群的迁徙史和文化传播史具有重要意义。

那之后的 10 年间，基德尔和奥利弗·里克森[2]在卡米纳胡尤遗址继续发掘，潜心研究"前古典时代"和"古典时代"早期的玛雅建筑。当地古代墓穴中埋藏的大量特奥蒂瓦坎风格的瓷罐让他们意识到两地文化在"古典时代"早期应该存在某种渊源。不仅如此，类似这样的跨国研究视野让他们开始重新思考中美地区的年代学，在放射性碳元素年代测定法得到普遍采用以前，人们对这段历史的掌握其实非常有限。恰恰是基于上述考古发现，加米奥才能断言特奥蒂瓦坎文明历史要比我们之前认为的更加悠久，在卡米纳胡尤的研究成果证明，"古典时代"早期的玛雅文明与特奥蒂瓦坎文明是同一时代的产物，因此历史上的托尔特克人也就不可能是特奥

---

[1] Finca Miraflores，位于今危地马拉城西部。
[2] Oliver Ricketson，1894—1952 年，美国考古学家。

蒂瓦坎古城的最早奠基者。如此一来，前者与图拉和伊达尔戈[1]存在联系的假说便有了证据支持，在阿兹特克人口口相传的那些故事传说中，这两座古城始终是具有传奇色彩的托尔特克人的中心聚落[31]。

在考察、发掘尤卡坦半岛"后古典时代"遗址的同时，无论墨西哥，还是美国的科研院所也对金塔纳·罗奥地区给予了同等程度的关注。之前几十年因政局的动荡，当地的考古活动受到极大限制。20世纪30年代，墨西哥考古队在塞萨尔·利扎迪·拉莫斯[2]的带领下开始了对金塔纳·罗奥"后古典时代"遗址的考察发掘工作。他们的关注重点是沿海地区遗址中的古代建筑，同时对图卢姆古城的建筑物也进行了发掘和重建。这座古城由此成了能够和坎昆[3]比肩的旅游胜地[32]。来自卡内基研究所团队和杜兰大学中美洲研究所的人类学家还将关注的目光投向了危地马拉北方的高地地区，相关研究的一个重要方面是以民族学和考古学相互融合的跨学科视角考察当地玛雅文明。值得注意的是，研究过程中，他们也把在奇琴伊察等古代遗址形成的那套考古技术规范带到了其他地方[33]。

---

[1] Hidalgo，位于墨西哥中部。
[2] César Lizardi Ramos，1878—1954年。
[3] Cancun，位于尤卡坦半岛东北部。

同样是在这个时期，北美洲的各大高校纷纷出资，资助危地马拉和伯利兹各地的考古项目。例如，20世纪30年代，当时的宾夕法尼亚大学考古学和人类学博物馆，也就是现在的宾夕法尼亚大学博物馆（Penn Museum）曾在彼德拉斯内格拉斯古城开展过考古发掘，20世纪五六十年代，他们又先后转战卡拉科尔和蒂卡尔两地。彼德拉斯内格拉斯考古项目的主要任务是绘制遗址地图，收集、整理雕塑和建筑物上的古代铭文，发掘以古代陵墓为核心的大型建筑。宾夕法尼亚大学博物馆随后在卡拉科尔主持的考古研究活动则专注于研究遗址内留存的石质雕像，对外发布它们的照片和写真图片，从而为研究其图像和铭刻领域提供了重要的资料。基于展出的需要，宾夕法尼亚大学博物馆将出土自彼德拉斯内格拉斯和卡拉科尔两处遗址的某些雕像收入自己囊中，也有一些雕像被送到了危地马拉国家博物馆（Guatemala's National Museum）。前者所得的文物后来多数又被归还危地马拉，不过也有一些彼德拉斯内格拉斯和卡拉科尔的古代雕像至今仍然留在费城[1]。

---

[1] Philadelphia，宾夕法尼亚大学所在地。

推翻"和平玛雅"理论

20世纪中期,来自恰帕斯的两项令人震惊的发现在颠覆我们对于玛雅文明的固有认知方面起到了重要作用。其中一项就是隐藏在拉坎顿森林(Selva Lacandona)中的博南帕克古城壁画得以重见天日。1946年,拉坎顿当地一位名叫仓波(Chan Bor)的土著首领带领美国探险家约翰·伯恩[1]和卡洛斯·弗雷[2]来到森林中的一座小城。那年的晚些时候,仓波又带着两人故地重游,为了追赶一只鹿,他们与一座矗立在山丘坡地上的小型建筑不期而遇,发现了大量令人叹为观止的壁画。得知这个消息的危地马拉艺术家特杰达在1946年以这些壁画为蓝本简单绘制了一组素描,那之后,他和墨西哥艺术家奥古斯丁·维拉格拉[3]又相继按原有尺寸和色彩临摹了整套壁画。1966年,墨西哥—危地马拉画家丽娜·拉索·瓦森[4]与迭戈·里维拉[5]合作,也绘制了一套壁画的复制品,他们的作品至今还在墨西哥国家人类学博物馆(Mexico's National Museum of

---

[1] John Bourne,指 John G. Bourne,此人的主要成就是收藏了大量美洲文物。
[2] Carlos Frey,1915—1949年,Carlos是西班牙语的名字,他在英文资料中一般被称为 Charles Frey。
[3] Agustín Villagra,1907—1985年。
[4] Rina Lazo Wasem,1923—2019年。
[5] Diego Rivera,1886—1957年,墨西哥艺术家。

Anthropology）博南帕克 1 号建筑的模型中公开展出。2002 年，希瑟·赫斯特[1]和伦纳德·阿什比[2]根据最新研究成果，第三次绘制了壁画的复制品[34]。壁画刚被发现时，考古学家虽然对它所描绘的与公元 8 世纪博南帕克城主雅豪·产·穆万有关的历史信息一无所知，不过正如迭戈·里维拉在他 1949 年出版的专著中所说，画面本身反映的那些活灵活现的战争场景和献俘仪式，还是彻底颠覆了人们对玛雅人"热爱和平"的固有印象[35]。

1949 年初，阿尔贝托·鲁斯·吕利耶[3]受墨西哥国家人类学和历史学研究所委托，主持以帕伦克遗址玛雅铭文为对象的研究项目，随即取得惊人发现。他领导的团队搬开了帕伦克神庙后殿地面上的一块大石头，找到了一座深入金字塔[4]内部，总长为 23 米的下沉式阶梯，阶梯连接的地下空间位于金字塔所在的广场地面 1.8 米以下。为了清理阶梯上的碎石瓦砾，吕利耶团队整整花了四个季度的时间。1952 年，他们终于沿着阶梯来到了地下房间，房间内安放着一副刻满纪念性铭文和图案的石棺。安葬在石棺内的逝者，全身覆盖着翡翠制成的各类饰品，脸上戴着翡翠马赛克镶嵌而成的面具[36]。这个房间的主人就是公元 7 世纪的帕伦克城主巴加尔二世，

---

[1]　Heather Hurst，美国耶鲁大学教授。
[2]　Leonard Ashby，美国耶鲁大学教授。
[3]　Alberto Ruz Lhuillier，1906—1979 年，墨西哥考古学家。
[4]　玛雅城主以金字塔为陵墓，配套的神殿通常修建在塔顶平台上。

只不过他的名字连同与之相关的历史信息在 20 年之后才大白于天下。

帕伦克金字塔中发现的这座名副其实的王室陵墓为考古学家做出了重要提示，也就是说，许多大型玛雅建筑本质上或许都是那些德高望重的城主们的长眠之所。考古学家迈克尔·科[1]据此提出假设，认为玛雅文明并不存在政教合一的祭司阶层，而是一个由代代相传的世俗统治者把持的世界，后者传递权力的方式类似历史上的埃及法老37。若干年以后，古玛雅铭文破译方面的研究成果证实了这个猜想无可辩驳的正确性。

拓宽的视野和随之而来的问题

上述研究成果问世后没多长时间，古玛雅考古领域拓展自身研究视野的呼声愈发强烈。考古学家希望将关注的目光从玛雅社会的精英阶层向更广泛的普罗大众转移，意在发现更多的疑点，解决更多的问题。任教于哈佛大学的考古学家戈登·威利[2]是这场转型的主要推动者，1953—1956 年，他在伯利兹的巴顿-拉玫（Barton

---

[1] Michael Coe，指 Michael Douglas Coe，1929—2019 年，美国哈佛大学教授，也是本书作者的老师。
[2] Gordon Willey，1913—2002 年，20 世纪美国最重要的考古学家之一，聚落形态理论的开创者。

Ramie）潜心从事普通民居的发掘工作，还撰写了名为《伯利兹河谷调查》（*Belize Valley Survey*）的论文，这篇文章的主题就是对那些玛雅定居点的聚落形态[1]进行全面梳理，尝试了解精英群体以外的普通玛雅居民区，以及它们的整体构造[38]。

还有一些考古项目秉持着与戈登·威利相同的理念，对古玛雅的重要建筑和普通居民区给予同等重视。例如 1956—1969 年，宾夕法尼亚大学博物馆对蒂卡尔古城开展的多角度研究。他们的考古团队测绘了古城的整体布局，重点关注了一处普通居民区，绘制了以这个居民区为中心，涵盖周围区域的地图，考察了一个远离城市中心的定居点，研究了古城的水库及其他有关环境的课题。除此之外，他们还考察了古城遗址中的玛雅雕塑，对蒂卡尔北卫城和其他几个地方古建筑遗址的地层堆积情况进行了勘探。

正是在蒂卡尔的北卫城，考古团队找到了几座大型墓葬。墓葬中的出土文物让当地漫长的物质史得以重建，进而与古玛雅铭文记载中的那些历史人物相互印证。宾夕法尼亚大学博物馆曾计划以古城的几个特定区域为对象，创办长期性的刊物，专门用于发布与它们有关的详细信息[39]。项目运行过程中，由于打算拆除修建于公元 8 世纪的编号为"5D-33-1st"的 33 号建筑（Structure 33），仅让

---

[1] 聚落形态理论的基本含义就是从生物、考古、历史、地理、民俗等多个角度，对某个自然、人文相互融合的特定空间，例如一个村子，进行整体性的研究。

规模较小，编号为"5D-33-2nd"的"古典时代"早期小型神庙[1]重见天日，北卫城的隧道式发掘工作面临被破坏的挑战。更有甚者，考古队还将发掘过的地层中的出土物品集中堆放到他们在北卫城开挖的一条大沟里。这些做法既破坏了重要建筑遗迹，还扰乱了考古资料的记录，因而饱受质疑[40]。

玛雅艺术、文字和历史

对玛雅艺术、文字和历史研究而言，20世纪下半叶是一个各领域研究突飞猛进的时代。1952年，俄罗斯语言学家尤里·克诺罗佐夫[2]发表了一篇颇具见地的论文，论证玛雅文字应该是由音节和语音构成的表音文字体系。利用供职于俄罗斯某图书馆的机会，克诺罗佐夫将《德累斯顿手抄本》的摹本，还有加斯帕·安东尼奥·池和迭戈·德·兰达的字母表作为自己破解古玛雅铭文的"钥匙"[41]。破解过程中，克诺罗佐夫的研究方法遭到埃里克·汤普森的严厉批判，险些因此无疾而终，所幸还有其他很多学者，尤其是迈克尔·科对前者的工作表示支持。不仅如此，迈克尔·科的妻子索菲

---

[1] 按编号来看，神庙应该被掩埋在33号建筑的下面。
[2] Yuri Knorozov，1922—1999年，代表作 *Maya Hieroglyphic Codices*。

亚还将这位俄国学者的论文翻译成英文，以便它在更广的范围内得到传播。平心而论，克诺罗佐夫的论文虽有讹误，但颇具革命性，也为其他同行从表音文字角度破解玛雅文字提供了有益的借鉴。

也有一些学者试图从结构分析的角度摸索玛雅文字的字形规律。出生在德国的海因里希·贝尔林[1]于1935年流亡墨西哥，随后就读于墨西哥国立自治大学，专攻人类学。毕业后的他先后以考古学家的身份供职于危地马拉人类学和历史学研究所（Guatemala's Institute of Anthropology and History）和卡内基科学研究所，考察过帕伦克和蒂卡尔两处古玛雅遗址[42]。作为考古学家，贝尔林的主要成就其实是在铭刻学领域，尤其是他在1958年以玛雅大小政治实体和城邦为对象进行的"纹章铭文"（Emblem Glyphs）专项研究。虽然无法准确识别这些符号代表的到底是个人、城邦、某个地方政权或者某位守护神，贝尔林在这方面的孜孜以求还是加深了人们对古玛雅铭文所承载历史信息的了解程度。这位德裔墨西哥学者自己也充分认识到此项发现的重要程度："破解这些符号有利于打破将玛雅铭文仅仅看作天文历法文献的思维定式，全面开启了，或者至少是初步引发了世人全面考察古玛雅世界地理格局的热情。"[43]

---

[1] Heinrich Berlin，1915—1988年。

艺术家兼建筑师塔季扬娜·普洛斯库里亚科夫[1]出生在俄国，她一生中的绝大多数时间却都生活在美国宾夕法尼亚州，她在古玛雅建筑和雕塑研究领域成果卓著，随后便以此为基础，尝试采用结构分析的方法破解玛雅铭文，并做出了重要贡献。1946年，她受卡内基科学研究所委派，先后考察了科潘、奇琴伊察、瓦夏克吞等地古代建筑遗迹，出版了名为《玛雅建筑大全》（*An Album of Maya Architecture*）的专著，书中收录了大量美轮美奂的建筑效果图和全景鸟瞰图，都基于真实的考古数据，同时加以适当的想象发挥绘制而成，意在充分还原玛雅古城的原有风貌。这些图片摒弃了枯燥的数据罗列，将那个时代考古学者对玛雅古城的认识以可视化的方式直接呈现在世人面前。在他们看来，散落各地的玛雅古城其实就是一座座遭到遗弃的宗教中心，这样的观点当今无疑已经站不住脚了。

1950年，普洛斯库里亚科夫的《"古典时代"玛雅雕塑研究》（*A Study of Classic Maya Sculpture*）一书首次系统梳理了古玛雅石刻雕塑造型中所蕴含的宗教和世俗寓意。那之后，她又陆续发表了一系列以玛雅铭文为题的重量级论文。1960年，在一篇详细阐释彼德拉斯内格拉斯遗址玛雅铭文的专题论文中，普洛斯库里亚科夫以雕

---

[1] Tatiana Proskouriakoff，1909—1985年，俄裔美国考古学家。

图46　危地马拉佩藤省彼德拉斯内格拉斯 K-51 号建筑复原图，1950 年前后由塔季扬娜·普洛斯库里亚科夫绘制，纸张和水彩

塑的造型和所在位置为入手点，分析了这些雕塑上雕刻的文字含义。普洛斯库里亚科夫猜测它们记载的可能是某些历史人物的生平事迹，特别是"王朝存续"[1] 期间传承有序的那七位城主[44]，驳斥了早期学者认为玛雅铭文只记载天文历法、各路神祇和观星祭司的传统观点，进而提出这些铭文实际应该是一种历史文献。

---

[1]　dynastic succession，指公元 297—808 年前后，该城邦第一任至第七任城主权力平稳过渡的年代。

这一颇具开创性的见解对玛雅研究领域产生了直接而深远的影响，引发了学术界对玛雅世界的诸多历史细节和政治环境的关注，提示他们将考古发掘获得的文物与古代文献中的记载联系起来，进行对照研究。例如，那些古代墓葬中长眠的逝者很可能就跟文献记载中的城主、王室家族或者朝廷大臣存在千丝万缕的联系。总而言之，普洛斯库里亚科夫凭借自己的努力为玛雅文明研究领域指明了基本方向，这个方向确定以后，就再没变过。

20世纪下半叶玛雅文明研究领域另一项激动人心的成就是将克诺罗佐夫将玛雅文字的视为表音文字的观点与普洛斯库里亚科夫认为玛雅铭文是历史记录的看法相互结合。1962年，美国铭刻学家大卫·凯利[1]将关注的目光聚焦到拜尔发现的那个在奇琴伊察遗址反复出现的符号身上，借助加斯帕·安东尼奥·池和迭戈·德·兰达的字母表，他觉得这个符号指的应该是殖民时代文献中经常被提及的"卡库帕卡尔"[2]45。卡库帕卡尔是几个世纪以来，首位被考古学家从古代铭文中识别出来的玛雅城主，这对玛雅文明研究领域而言，无疑是一项惊人的成就。这项成就进一步证实了此前的一个观点，也就是说，古代玛雅铭文和城邦与今天濒临绝迹的玛雅语和土著玛雅人存在血脉渊源，当代玛雅语和玛雅人是那个在墨西哥

---

[1] David Kelley，指 David Humiston Kelley，1924—2011年，考古学家和史诗学家。
[2] Kakupacal，公元869—890年前后在位的奇琴伊察城主，也可能是高级官员。

和中美洲四处兴建伟大城市的古代族群留下的孑遗。

跨学科的考古项目

20世纪六七十年代,新兴的过程考古学[1]强调更多以发展、动态的眼光审视由经济基础、农业耕作、自然环境,以及社会各阶层等元素组合而成的文化空间[46]。有感于戈登·威利以居民区考察为依托建立的聚落形态研究,越来越多的考古发掘项目在关注古代遗址核心区重要建筑物的同时,也在将更多的精力向聚落考察和普通民居研究方向倾斜。这其中比较重要的几个考古项目都集中在尤卡坦半岛的齐比沙尔敦(Dzibilchaltun),还有危地马拉的献祭者祭坛[2]和塞巴尔等古代遗址,前者的目的是研究"前古典时代"到殖民时代当地的居住情况[47]。与此同时,大量学者开始对各类玛雅文物和艺术品展开深入研究。安娜·谢泼德[3]是一位富有创新精神的研究人员,她运用了包括显微镜和岩象学在内的现代科技研究玛雅陶器的材质和生产,并将自己的成果与来自民族学和考古学领域的信

---

[1] Processual Archaeology,又名新考古学(New Archaeology)。
[2] Altar de Sacrificios,位于佩藤省。
[3] Anna Shepard,指 Anna Osler Shepard,1903—1973年,美国考古学家,主要成就是美国西部及中美洲地区古代陶器研究。

息相互融合。对石器，尤其是出土自伯利兹的石器，还有燧石刀[1]和燧石箭头[2]等物品的补充调查也能为我们提供与玛雅社会经济活动，以及中美地区原材料和成品"跨国贸易"的相关数据[48]。有赖于当代社会对热带雨林的直接勘探和持续开发，洞穴考古成了考古领域的前沿学科。目前，针对伯利兹、墨西哥和危地马拉洞穴、天然井和地下含水层的考古行动如火如荼，除了这些场所本身的自然属性，学者们更感兴趣的其实还是它们在玛雅文化中作为某种圣地，或者大地上某个生命力蓬勃而出的喷口所具有的宗教属性[49]。

考古学家大卫·彭德加斯特[3]将20世纪70年代初考古学的兴旺发达称为"伯利兹繁荣"（Blossoming of Belize）时期。那个时候，伯利兹还未完全脱离英国殖民，当地的考古项目主要由外国团队把持，伯利兹考古部（Belize Department of Archaeology）也部分参与其中，他们考察的对象包括库埃罗（Cuello）、安伯格里斯岛（Ambergris Caye）和拉马奈（Lamanai）等在殖民时代很久之前就始终有人居住的地区。还有几支考古队的目的地是古城塞罗思，他们的工作为学术界了解"前古典时代"晚期玛雅文明提供了大量实

---

[1] obsidian blade 这个名称可以翻译为"黑曜石刀"或"燧石刀"，因为《"世界"之战：墨西哥的阿兹特克往事》一书已统一翻译为"燧石刀"，本书遵循前译。
[2] 原文为 obsidian cores，参考实物图片，作者指的是燧石磨制的箭头。
[3] David Pendergast，美国加州大学教授。

物材料。针对卡拉科尔遗址的考古发掘则充分揭示了这座重量级玛雅古城内部环境的复杂性,以及当地城主与其他城邦统治者间的互动关系[50]。另外,那个时代的伯利兹还创办了许多以田野实习为特色的考古学校,意在向外国学生普及考古技术,介绍玛雅文明。

图47　危地马拉佩藤省纳图尼奇遗址编号为 21 的球员形象壁画,绘制于公元 8 世纪,木炭壁画

20世纪下半叶的墨西哥，墨西哥国家人类学和历史学研究所培养的新一代考古学家开始游走四方，发掘玛雅古迹。20世纪六七十年代，乔治·阿科斯塔（Jorge Acosta）相继考察了帕伦克和中美地区的其他几处古代遗址。20世纪90年代，阿诺尔多·冈萨雷斯·克鲁兹[1]针对帕伦克遗址的发掘行动在"铭文神庙"附近找到了一座城主夫人的墓葬，还在十字建筑群所在地发现了许多遭到掩埋的香炉。20世纪70年代早期，德国考古学家于尔根·布吕格曼[2]领导了亚斯奇兰遗址的地层试掘行动^{51}，20世纪80年代，罗伯托·加西亚·莫尔[3]又在这处遗址主持过一项重大的项目，还发现了几座墓葬，只不过此次发掘的成果并未全部对外公布。

在墨西哥坎佩切州，考古学家拉蒙·卡拉斯科·巴尔加斯[4]领导的团队扎根卡拉克穆尔遗址多年，他们在2号建筑（Structure Ⅱ）内部找到了一座带有彩色灰泥雕塑装饰的"前古典时代"建筑遗迹[5]，还在遗址内的"希克·纳赫区"[6]与一座满是壁画的小型

---

[1] Arnoldo González Cruz，墨西哥国立自治大学教授。
[2] Jürgen K. Brüggemann，代表作 *Guia oficial*：*Tajin*。
[3] Roberto García Moll，代表作 *Mayas*：*Southeastern Mexico*：*Yucatán*。
[4] Ramón Carrasco Vargas，代表作 *Maya Archaeology*。
[5] 前文已经提到，玛雅人会用年代较新的建筑覆盖旧有建筑。
[6] Chiik Nahb sector，参考其他英文资料，这个区域位于一座大型金字塔陵墓的内部，希克·纳赫可能是墓主人的名字或荣誉称号，墓室内的壁画主要以玛雅人的日常生活为题。

建筑不期而遇[52]。另外，曾被考古学家恩里克·纳尔达[1]给予颇多关注的墨西哥金塔纳·罗奥州的济班切遗址如今已被确认为"古典时代"早期蛇王朝的都城[53]。在尤卡坦奇琴伊察遗址，彼得·施密特[2]和拉斐尔·科沃斯[3]主持了一项重要的长期项目，他们研究重点是当地那些普克风格的玛雅建筑，以及奇琴伊察城邦的年代学。

20世纪下半叶，玛雅文明研究领域的一项重大转变就是危地马拉、洪都拉斯、伯利兹等国考古学家的不断加入，他们要么在自己国家的土地上直接领导考古团队从事发掘工作，要么就是以政府官员的身份管理那些古代遗址。里卡多·阿古尔西亚·法斯凯勒[4]曾是洪都拉斯人类学和历史学研究所的负责人，领导过以科潘遗址为对象的多个考古项目。其中的一次考古行动发现了前文提到的罗莎莉拉神庙，神庙内部色彩缤纷的灰泥雕塑描绘了第一王雅什库克莫的丰功伟绩。赫尔豪·拉莫斯[5]也曾在科潘遗址从事考古发掘，随后又转战邻近的拉斯特罗洪[6]。

---

[1] Enrique Nalda, 1936—2010年，墨西哥国立自治大学教授，玛雅文化研究领域公认的权威。
[2] Peter Schmid, 代表作 *I Maya*。
[3] Rafael Cobos, 墨西哥国立自治大学教授。
[4] Ricardo Agurcia Fasquelle, 洪都拉斯考古学家。
[5] Jorge Ramos, 洪都拉斯考古学家，目前正与中国社会科学院考古研究所合作从事科潘 8N-11 院落的发掘。
[6] El Rastrojón, 位于洪都拉斯西部，曾是科潘城邦的管辖范围。

同样是在20世纪下半叶，哈里奥特·托普西（Harriot Topsey）被任命为伯利兹的考古专员，杰米·阿韦[1]和约翰·莫里斯（John Morris）分别是伯利兹国家历史文化研究所下属的考古研究所的前任和现任所长。另外，阿韦还是伯利兹境内多处古迹，例如卡拉科尔、卡哈帕奇（Cahal Pech）和苏南图尼奇（Xunantunich）考古项目的负责人，他的团队在苏南图尼奇发现了一座大型墓葬和若干带有浮雕纹饰的石板，浮雕内容反映了蛇王朝的丰功伟绩，以及他们与其他城邦钩心斗角的政治博弈场景[54]。

那个时期，针对危地马拉考古学家的专业培训如火如荼，很多人获得了学士，乃至硕士、博士学位。这些考古学家后来以主要负责人或合作负责人的身份参与到国内外的各项考古活动当中。例如，从20世纪70年代晚期到整个20世纪80年代，危地马拉以蒂卡尔和瓦夏克吞两处遗址为对象的考古活动全部由本国考古学家负责领导，这些项目又为该国新一代考古学家的成长提供了契机。他们当中的佼佼者是胡安·佩德罗·拉波特[2]和胡安·安东尼奥·巴尔德斯[3]，前者和他的同仁在蒂卡尔古城发现了前文提到的"失落的世界"建筑群，还有6c-16号建筑群（Group 6c-XVI）。这

---

[1] Jaime Awe，伯利兹考古学家，美国北亚利桑那州立大学人类学教授。
[2] Juan Pedro Laporte，1945—2010年，被称为"危地马拉考古学之父"。
[3] Juan Antonio Valdés，曾任危地马拉人类学和历史学研究所所长。

图 48　危地马拉佩藤省蒂卡尔遗址 6c-16 号建筑群出土的球场标志，制作于公元 4 世纪，石灰岩

两处遗迹均被证明与特奥蒂瓦坎文化存在重要联系，是当地"古典时代"早期玛雅文明的代表。巴尔德斯也在蒂卡尔、卡米纳胡尤、瓦夏克吞等地从事过考古发掘工作，还曾撰文以当地建筑遗迹和古代墓葬为切入点，阐释瓦夏克吞城邦的历史。1978年立项的蒂卡尔国家考古项目（The Tikal National Project）同样是培养新一代考古学家的"摇篮"，这些人随后又在其他古代遗址上建功立业，一举扭转了数十年以来外国考古队主导危地马拉玛雅考古领域的尴尬局面。拉波特和巴尔德斯在危地马拉城的危地马拉圣卡洛斯大学和狄瓦耶大学担任教授期间，培养了许多其他类型的考古学家[55]。此外，两位考古学家还跟威尔玛·费阿尔科（Vilma Fialko）通力合作，领导延续至今的纳兰霍[1]考古项目，该遗址曾被严重盗掘。

  危地马拉的新生代考古学家已经挖遍了这个国家的全境。20世纪90年代，芭芭拉·阿罗约[2]、奥斯瓦尔多·钦奇利亚·马萨列戈斯[3]、赫克托·埃斯科贝多·阿亚拉[4]等危地马拉学者齐心协力，联手那些美国名校毕业生，参与了由美国田纳西州纳什维尔范

---

[1] Naranjo，位于危地马拉北部。
[2] Bárbara Arroyo，危地马拉马洛京大学教授。
[3] Oswaldo Chinchilla Mazariegos，耶鲁大学教授。
[4] Héctor Escobedo Ayala，危地马拉圣卡洛斯大学教授。

德堡大学阿瑟·德马雷斯特[1]教授牵头的特克斯巴吞[2]地区考古项目，先后考察了道斯-皮拉斯、塔马林迪托[3]、阿瓜泰卡[4]等古代遗迹[56]。与此同时，他们还在彼德拉斯内格拉斯、埃尔佩鲁-瓦卡、卡米纳胡尤，还有地处太平洋沿岸、之前始终被学术界忽视的埃尔包尔[5]等地，以独立或合作的方式从事考古发掘。此外，上述所有考古学家都在危地马拉人类和历史学研究所和波波尔·乌博物馆[6]的相关项目中发挥过重要作用。另有许多考古学家在危地马拉原有的考古地图基础上不断添砖加瓦，清理该国的古代遗产，同时还以考古学家、政府官员和实验室主任等身份为这个国家服务[57]。另外，拥有玛雅族裔背景的考古学家，例如先后在危地马拉国内和美国范德堡大学受训的基切族学者伊亚克塞尔·科赫蒂·任[7]已在尝试推动自己主导的全新考古项目[58]。

20世纪下半叶玛雅文明研究领域的另一个发展热点是探索、发现，进而更完美地阐释玛雅世界"前古典时代"晚期的图景。以塞罗思、埃尔米拉多尔为代表的古城在"前古典时代"末期曾遭到主

---

[1] Arthur Demarest，美国杜兰大学教授。
[2] Petexbatun，位于危地马拉，佩藤省南部。
[3] Tamarindito，位于萨尔瓦多，拉乌尼翁省。
[4] Aguateca，位于危地马拉，佩藤省。
[5] El Baúl，位于危地马拉，埃斯昆特拉省。
[6] Museo Popol Vuh，位于危地马拉城。
[7] Iyaxel Cojti Ren，范德堡大学教授。

动遗弃,当地保存状况良好的建筑无疑更有利于后世学者的研究活动。隧道式发掘技术的提升也让学者们有可能在那些"前古典时代"建筑遭到掩埋、覆盖的古代遗址中搜寻年代更早的艺术品和建筑遗迹。针对塞罗思的考古发掘就已让建成年代最早可以追溯到公元前 1000 年,能够证明玛雅和奥尔梅克[1]两大文明存在关联的大型建筑遗迹重见天日。这样的发现又激发了考古学者对其他古代遗址的研究兴趣,例如能够体现"前古典时代"中期玛雅物质文化水平的西瓦尔[2]古城。机载激光雷达探测设备的应用也在一定程度上加深了人们对"前古典时代"玛雅文明的了解,对于伊萨这样的已知遗址来说,使用雷达设备可以让考古学家对它们的认识更进一步,对于某些此前处于未知状态的玛雅定居点遗存来说,例如阿瓜达·菲尼克斯遗址那些不同凡响的"古典时代"中期大型建筑,雷达设备的使用则具有开拓性的意义[59]。

为了研究科潘卫城的大型建筑,洪都拉斯人类学和历史学研究所、哈佛大学、宾夕法尼亚大学和宾夕法尼亚州立大学[3]也在尝试采用隧道式发掘技术。他们的工作发现了年代跨度从"古典时代"早期至晚期的一系列建筑遗迹堆积层,根据出土文物的铭刻学

---

[1] Olmec,目前已知最古老的美洲印第安文明,主要分布在墨西哥湾沿岸。
[2] Cival,位于佩藤省。
[3] Pennsylvania State University,位于宾夕法尼亚州的美国公立大学,宾夕法尼亚大学则属于私立大学。

信息、陶器铭文和建筑风格,考古学家认定这些建筑的埋藏情况可以和史料文献中记载的科潘历代城主形成一一对应的关系。进一步的研究发现,此次隧道挖掘获得的那些来自公元 8 世纪的玛雅铭文,与年代更早的铭文在内容方面基本一致,这说明当时的玛雅人已经构建了一套传承有序的历史叙事体系,意在为城主的统治提供合法性的证明。另外,以科潘河谷流域大型聚落和环境状况为对象的考古调查,还解决了"环境压力导致'古典时代'玛雅文明大崩溃"这一假说所引发的诸多疑问。

20 世纪末至 21 世纪初,发生在佩藤省境内的多次考古发掘行动拓展了我们对玛雅世界历史和政治生态方面的认知。1960—1996 年的危地马拉内战期间,佩藤省的很多地区都属于考古学家无法踏足的禁地。内战结束后,佩藤省的各处遗址相继迎来了若干考古项目,其中,某些遗址此前已经遭到盗掘。在圣巴特洛,某位盗墓贼开挖的盗洞无意当中让一组令人叹为观止的"前古典时代"壁画重见天日。随后的抢救性发掘找到了两面满是壁画的墙壁,壁画的内容讲述了玉米神的一生,同时还发现了无数古时候被人为从墙上铲下来的壁画碎片[60]。为了用水彩颜料精确复原这两幅壁画,考古学家兼艺术家希瑟·赫斯特[1]像她此前在博南帕克遗址所做的那样

---

[1] Heather Hurst,耶鲁大学教授。

小心翼翼地记录了它们的比例、线条走向和结构布局。为了分辨每位古玛雅艺术家的独特技艺，她还查验了壁画颜料的配方，了解了很多与"前古典时代"玛雅艺术创作相关的重要信息[61]。值得一提的是，这些近期上马的考古发掘项目还有一个突出特点，那就是都有危地马拉本国考古学家的广泛参与。

基于上述考古发现，学者们可以对玛雅世界的政治格局做出全新评估，例如许多"古典时代"晚期城市在蛇王朝统治范围内所扮演的各不相同，却又至关重要的角色。一支起初由戴维·弗雷德尔[1]和赫克托·埃斯科贝多·阿亚拉领导的团队考察了埃尔佩鲁-瓦卡古城，当地的石质雕像曾在20世纪60年代遭到大规模盗掘[62]。他们的发掘行动找到了几座高等级墓葬，其中包括一座王后墓。墓主人名叫伊希克·卡贝尔（Ixik K'abel），她是一位下嫁给埃尔佩鲁-瓦卡城主家族的蛇王朝公主[2][63]。针对拉-科罗娜[3]遗址的考古发掘让我们对蛇王朝及其附属城邦的了解更进一步。20世纪60年代，一些风格独特的雕刻石板出现在艺术品市场上，其中部分石板的纹饰内容刻画了足球运动员的形象。考古学家彼得·马修

---

[1] David Freidel，华盛顿大学教授。
[2] 蛇王朝的政治结构与阿兹特克帝国类似，是由一位相当于皇帝的大城主统治若干依附于他的小城主。
[3] La Corona，位于危地马拉佩藤省。

斯[1]推测这些石板中的绝大多数很可能来自同一座宫殿,这座宫殿的绰号是 Q 遗址(Site Q)。"Q"代表的是西班牙语"qué",也就是"哪"(which)的意思,因为当时没人知道它的具体位置。这座宫殿的所在地后来被命名为"拉-科罗娜",随后的考古行动又找到了更多的石板和原位铭文[2]。由此而来的研究成果为我们掌握蛇王朝历史上的纵横捭阖和对外扩张情况提供了关键信息[64]。

20 世纪下半叶,考古学家在北方低地的研究活动愈发频繁,发现当地在不同历史时期,以及文明演化总体过程中与"古典时代"南方各玛雅城邦间的存在交流互动。他们的研究课题包括"前古典时代"和"古典时代"早期,奥金托克(Oxkintok)和亚述那两座古城的居住史,为学术界考量尤卡坦半岛的历史年代提供了一个全新视角。此项研究的成果至关重要,因为 20 世纪很多学者对尤卡坦半岛历史的关注点主要集中在"后古典时代"[65]。针对埃克巴拉姆卫城的考古发掘找到了一处配有颇具视觉冲击力的兽形大门的建筑遗迹,乌科特-甘-勒克托克[3]的陵墓隐匿其中,遗迹各处的铭文则记载了他的生平事迹[66]。

---

[1] Peter Mathews,澳大利亚考古学家,乐卓博大学教授。
[2] inscriptions *in situ*,*in situ* 是个拉丁文词组,它在考古学领域可以被理解为"原位的"或"静止的",这里的意思是说带有铭文的器物自它们被修建或安放之日起,从未被人为移动和破坏过。
[3] Ukit Kan Le'k Tok',埃克巴拉姆城邦历史上最著名的城主。

第 5 章 20—21 世纪的玛雅历史再发现 | 249

图 49 危地马拉佩藤省拉-科罗娜遗址 2 号象形文字石阶面板细节图，
完工于公元 677 年，石灰岩

普克和里奥贝克风格的玛雅建筑群落在 20 世纪下半叶也得到了更深层次的研究，这两种建筑风格间的相似之处，还有南方和北方低地玛雅文明城市建筑风格所体现的共同特征，说明玛雅文明在演化过程中并没有像早年学者认为的那样出现过突然的断裂或迁徙。玛雅潘在这个时期依然受到各支考古队的关注[67]，以尤卡坦半岛为对象的考古活动则在方向上发生了重要转折，从内陆向沿海和岛屿扩展，研究内容包括吉安娜岛的地方史，以及尤卡坦半岛周边的古代海上贸易史[68]。

20 世纪末与 21 世纪初的清查造册和文字破译

亦如此前数十年一样，针对玛雅文物古迹的清查造册工作仍在继续，人们希望赶在那些遗址和铭文被新的房屋掩埋覆盖，遭到人为盗掘或自然侵蚀以前，找到它们，将其记录在案。1968 年由伊恩·格雷厄姆[1]创立 "玛雅象形文字铭文语料库"（Corpus of Maya Hieroglyphic Inscriptions, CMHI）的工作重心就是抢在玛雅石碑遭到自然风化或盗掘破坏以前，整理、记录上面的铭文。出于铭刻学研究的需要，记录过程必须精益求精。他本人退休后，考古学

---

[1] Ian Graham，1923—2017 年，英国考古学家。

家兼插图画家芭芭拉·法什[1]成了这个项目的负责人。

"玛雅象形文字铭文语料库"的另一项工作是发现那些考古和铭刻学资源的富集地,唤醒社会对它们进行保护和研究的热情。众多铭刻学家和艺术家曾与格雷厄姆联手创作过很多绘画作品,这些图画随后通过书刊和网络渠道被公之于众。艺术家兼教师梅尔勒·格林·罗伯森[2]牵头上马了一个项目,以古玛雅雕塑上的铭文为母版制作拓片,同时对帕伦克遗址彩色灰泥浮雕的现状进行整理记录。这些工作非常重要,因为上述文物的保存状况正在持续恶化[69]。琳达·舍勒[3]的"老本行"是艺术创作,由于常年在帕伦克和科潘从事图像和铭文的整理工作,最终蜕变成了一位重量级的铭刻学家和玛雅文明研究领域的佼佼者。经她出面组织的美国得克萨斯州奥斯汀玛雅年会吸引了大批拥趸,很多来自危地马拉、墨西哥两国的玛雅语言学家和专业导游都是年会的参与者。

危地马拉和墨西哥的考古项目同样包含大规模的文物古迹清查造册计划。编订《危地马拉考古地图集》(*The Archaeological Atlas of Guatemala*)就是为了让这个国家境内的文物古迹做到有据可查,

---

[1] Barbara Fash,代表作 *The Copan Sculpture Museum*:*Ancient Maya Artistry in Stucco and Stone*。
[2] Merle Greene Robertson,1913—2011 年,美国考古学和艺术史学家。
[3] Linda Schele,1942—1998 年,美国得克萨斯大学教授。

同时为危地马拉考古学家的培养工作提供不可或缺的教学资料。墨西哥国立自治大学美学研究所（UNAM's Institute of Aesthetic Investigations）的比阿特丽斯·德拉·富恩特[1]开创了"'前西班牙时代'墨西哥彩绘壁画项目"（The Prehispanic Mexican Painted Mural Project），意在将墨西哥境内，包括尤卡坦和恰帕斯那些玛雅遗址中的"前西班牙时代"壁画全部记录下来。他们的工作兼具对壁画进行客观记录和内容阐释的双重意义，具体流程包括图像研究、文本分析，以及材料和技术细节方面的科学研究[70]。

玛雅文化遗产的清查造册和宣传推广让玛雅文字破译工作在语音解读和文本历史内涵阐释方面突飞猛进。自从1952年克诺罗佐夫以从语音学角度研究玛雅文字的论文，1960年普洛斯库里亚科夫以彼德拉斯内格拉斯城邦历代城主为题的论文相继发表，铭刻学家已经成功破译了玛雅文字的许多音节和符号，还找到了理解"古典时代"玛雅世界地缘政治复杂性的更多线索[71]。破译玛雅文字是一项国际化的工程，需要来自墨西哥、危地马拉、美国和众多欧洲国家学者的勠力同心，相关的铭文发现五花八门，可能出自古代遗址，可能出自高等院校，还可能出自帕伦克圆桌会议、奥斯汀玛雅年会，甚至老百姓的私宅[72]。琳达·舍勒还联手建筑师兼危地马拉

---

[1] Beatriz de la Fuente，1929—2005年，墨西哥艺术史学家。

驻美国大使费德里科·法森（Federico Fahsen）在危地马拉成立了旨在向玛雅语群体传授象形文字的讲习所。讲习所的参与者包括玛雅语言学家和其他学者，以及来自玛雅语联合会[1]和"萨克楚文"[2]的学生。后者在玛雅语词汇、语法研究和文字破译等领域功勋卓著。相关内容，在本书第8章还有介绍。

20世纪末21世纪初的学者就玛雅文字破译问题提出了几种思路。其中之一是在普洛斯库里亚科夫研究方法的基础上，通过进一步梳理玛雅世界王朝历史的方式寻找线索。1974年的帕伦克圆桌会议上，铭刻学家开始尝试借助自己手中掌握的信息复原这座古城的王朝历史[73]。随后的若干年中，又有一些学者继续破译帕伦克遗址的玛雅铭文，不仅如此，他们还为破译还原亚斯奇兰、道斯-皮拉斯、坎关[3]和蒂卡尔，乃至北方低地地区的埃克巴拉姆和奇琴伊察等玛雅城邦的王朝历史做出了贡献[74]。近年来，铭刻学领域的成果对研究"古典时代"早期蛇王朝在发祥地济班切，以及定都卡拉克穆尔后的历史文化和政治生态起到了重要作用。学者们由此意识

---

[1] 原文为 Asociación Oxlajuuj Keej Maya Ajtziib，缩写为 OKMA，其中有三个单词为玛雅语，具体含义不明，不过根据其他英文材料的介绍，这个组织大概可以理解为"玛雅语联合会"，总部设在危地马拉，是管理、教授和研究玛雅语的权威机构。
[2] 原文为 Sak Chuwen，全称为 Sak Chuwen Group，是危地马拉一个专门研究玛雅象形文字的学术团体。
[3] Cancuen，位于危地马拉。

到,所谓的"纹章铭文"并非特指某个地方,而是某个政治实体或王朝的代称,它可以追随人口的迁徙"随遇而安"[75]。

同样是在这个时代,学术界在玛雅历史、宗教和哲学研究领域取得了重大突破[76]。学者们立足克诺罗佐夫和大卫·凯利打下的基础,在破解玛雅象形文字的道路上更上一层楼。大卫·斯图尔特出版于1987年的《十个象形字母》(*Ten Phonetic Syllables*)是一部利用"替代法"处理玛雅想象文字,从而破译十个字母的典范之作。这部篇幅简短的学术专著的意义不仅局限于破译了十个字母,更重要的是,它提供了一种可行的研究思路[77]。除此之外,斯图尔特还在玛雅文字、历法和政治历史研究领域建树颇丰。

玛雅语言的语音和语法是这个领域研究的重中之重,吸引了包括铭刻学家、语言学家,乃至土著玛雅语群体在内的各色人等参与其中。语言学家目前已经确定,古代玛雅语是当代玛雅语的源头之一。今天的"普通玛雅语"(Common Mayan),实际是一种与奇奥蒂玛雅语[1]和古典玛雅语[2]存在关联的重要语言[78]。当代玛雅语的词典编纂和语言学研究工作眼下也在危地马拉佛朗西斯科·马罗金语言学校[3]和玛雅语联合会的组织协调下稳步推进。以洛梅·

---

[1] Ch'orti',玛雅语的一个分支,使用者目前主要集中在危地马拉。
[2] Ch'olti',目前已知最古老的玛雅语分支,主要用来书写铭文。
[3] Proyecto Lingüístico Francisco Marroquín,位于危地马拉古城安提瓜,1969年创办,是当地成立时间最长的一所西班牙语学校。

加西亚·马扎[1]为代表的很多语言学家,都来自这两家机构[79],他们经常性地奔赴世界各地,参加不同层次的玛雅象形文字讲习活动,同时也是"萨克楚文"这类危地马拉为国外玛雅语学习者举办的培训项目的参与者。

除了上述学者,还有很多人为玛雅语音节的破解和训诂,玛雅王朝历史知识的传播,以及古代玛雅语书写规则的阐释做出了自己的贡献[80]。

艺术史和图像学

艺术史领域的研究成果也在一定程度上提高了我们对玛雅艺术、艺术家个人,以及玛雅文化其他层面的认知。受惠于普洛斯库里亚科夫对玛雅雕塑作品的广泛研究,以保罗·谢尔哈斯研究成果为基础的图像学的建立,还有材料学理论的日益完善,研究对象的不断丰富,艺术史学家最终得以对玛雅艺术的风格流派进行系统的探讨和划分。例如,克勒门希·柯金斯[2]就撰写了一篇以蒂卡尔遗址各类绘画和图像为研究对象的专题论文,还关注了那些出现在

---

[1] Lolmay García Matzar,任职于玛雅语联合会。
[2] Clemency Coggins,美国波士顿大学考古学和艺术史教授。

陶器上的纹饰，以及骨头和石头上的浮雕图案[81]。她的工作卓有见地，尤为可贵的是她能够以发展的眼光审视玛雅艺术风格的流变，同时还注意到了蒂卡尔城邦与特奥蒂瓦坎和卡米纳胡尤两大城邦在艺术风格和艺术实物方面的沟通互动。

多数艺术史研究者的思路都是将目光聚焦于某个特定遗址或时代的一类艺术品，尝试通过这种方式，解决与图像学、艺术风格和政治背景相关的各类问题，或者努力再现古代玛雅人眼中的那些建筑、场所、艺术品和景观风貌。大量艺术史类书籍都曾谈及玛雅绘画、雕塑或建筑，包括"古典时代"早期雕塑，博南帕克遗址的绘画，纳图尼奇[1]岩洞的壁画，科潘、伊萨帕、彼德拉斯内格拉斯、基里瓜、亚斯奇兰等遗址的雕塑，还有乌斯马尔的古代建筑，针对它们的研究涉及艺术风格、图像学和材料学等不同领域[82]。其中的某些研究课题，例如博南帕克数字文物项目[2]，甚至使用光谱成像技术，用以复原那些业已消失的填充颜色和线条轮廓[83]。目前同样受到普遍关注的还有那些以图像学的某些特定主题或方面，例如玛雅舞蹈、玛雅人的各路神祇、玛雅神话故事以及玉之类的材质在玛雅文化中的象征意义为研究范围的论文和书籍[84]。

---

[1] Naj Tunich，危地马拉的一个天然洞穴，内部保留有大量玛雅壁画。
[2] Bonampak Documentation Project，这个项目的主要任务是对壁画、铭文等文物古迹进行扫描拍照，以数字化的方式保存、展示它们。

艺术史学家和考古学家始终致力于策划博物馆的专题展览，出版各类玛雅艺术品的名册目录。他们对玛雅艺术的介绍可能是全面性的，也可能专注于某个特定的地域，例如奇琴伊察，或者某些特定的主题，例如玛雅王权的诞生、玛雅祭祀仪式的仪轨、玛雅宫廷艺术、玛雅文明与海洋的关系等[85]。

玛雅彩陶是研究者眼中的另一大热门，这方面的代表有《玛雅陶器集录》[1]，还有贾斯廷·克尔（Justin Kerr）日臻完善的网上数据库。数据库公布了近 2000 张玛雅陶器图片，让更多的人，包括来自墨西哥和危地马拉的研究者有机会欣赏、研究它们，从而加深了玛雅文明研究的国际化背景。由于各种各样的原因，很多彩陶都缺乏必要的考古信息[2]，这无疑削弱了它们的科研价值，不过研究者还是通过它们获得了重要的图像学和铭刻学发现，进而意识到这些彩陶应该是现存已知的最丰富的玛雅神话故事宝库。

将这些陶器与考古学家新近发掘出土的同类物品进行比较研究同样能够获得丰富的历史信息。例如，来自卡拉克穆尔遗址的大量"手抄本风格"陶器碎片上就发现了与博物馆馆藏陶器纹饰一模一样的残缺图案[86]。这样一来，考古学家便可以参照那些完整器皿推

---

[1] *Maya Vase books*，分上下两册，作者就是后面提到的贾斯廷·克尔。
[2] 意思是说这些物品属于被盗掘文物，因此无法追寻明确的出土地点和相关情况。

测碎片图案的内容，发掘出土的碎片则为学者们提供了对比研究不同材料工匠艺术风格机会，他们甚至可以借助这些图片追溯那些被盗掘陶器的原始出土地点。

材料学和生物学

材料学和生物学的发展拓宽了考古学和艺术史的研究空间，让学者们将目光聚焦于玛雅遗址、人工制品、人类遗骸，以及新近出土或博物馆收藏的动植物标本。追寻着安娜·谢泼德的足迹，众多学者致力于玛雅陶器的研究，深入探讨包括这些器皿的制作技术在内的各类话题[87]。史密森学会牵头的"玛雅陶器计划"借助中子活化分析（Instrumental Neutron Activation Analysis）技术探查不同地域风格玛雅陶器的化学成分，同时还可以利用这项技术追溯那些被赠送和盗掘的陶器可能的产地[88]。还有一些学者独具慧眼地关注器皿中的残留物，其中最知名的案例当属对奥阿苏尔遗址一处古墓出土的一件器皿中可可残留物的分析研究[89]。

针对古玛雅彩陶，各大博物馆也组织了很多重量级的陶器研究项目，他们的研究对象包括考古发掘过程中最新出土的陶器，以及在艺术品和古玩市场上流通的陶器[90]。近期开展的一些玛雅陶器研究工作试图突破过程考古学的研究范式，就拿曾对危地马拉莫图尔-德-圣何塞遗址陶器生产历史进行过全面考察的安东尼娅·福伊亚斯[1]来说，这位学者在研究过程特别关注一个个具体的人，以及这些人制作的产品，而非简单地收集处理一些枯燥的数据。她的研究思路充分体现出 21 世纪玛雅陶器研究与此前数十年间传统过程考古学研究的区别[91]。

生物考古学是另一个新兴的研究领域，通过研究古代人类遗骸，借助光学和显微分析技术以及其他技术手段，例如测量氧和锶稳定同位素比例等。这门学科旨在探查古代世界的饮食习惯、病理学状况、疾病瘟疫、暴力活动，乃至人口迁徙历史等多样化的信息[92]。某些研究项目的起因可能是考古发掘中找到的古代文献，也可能是铭刻学方面的研究成果。例如，参照蒂卡尔和科潘两处遗址的玛雅铭文和图像符号，某些学者提出假设认为蒂卡尔城主雅什·努恩·阿因一世[2]和科潘城主雅什库克莫或许都来自墨西哥中部，然而由此发起的同位素测量却发现他们其实都是传统玛雅文明覆盖区的地道土著[93]。

另一些生物考古学的相关成果还解决了铭刻学和早期体质人类学（physical anthropological）领域存在的一个争议性课题，最终认

---

[1] Antonia Foias，美国威廉姆斯学院教授，代表作 Ceramics, production, and exchange in the petexbatun region: the economic parameters of the classic maya collapse。
[2] Yax Nuun Ahiin，于公元 404 年前后逝世。

定长眠在帕伦克的巴加尔二世是一位上了岁数的老人，让学者们摆脱了早些时候将他视为年轻小伙子的错误观点，进而意识到玛雅铭文中关于这位城主形象的某些记载可能只是为了宣扬皇威。不仅如此，生物考古学领域的研究还发现济班切和卡拉克穆尔两地居民在基因图谱方面存在一定程度的相似性，这样的发现从侧面佐证了玛雅铭文中蛇王朝曾分别在两座古城建立统治中心的记载[94]。

动物考古学和植物考古学是生物考古学在玛雅文明研究过程中派生出的两大分支。前者研究的主要课题是玛雅人如何畜养各类动物，最终又如何将它们用于食用、祭祀或其他目的。基蒂·埃默里[1]是古玛雅动物考古研究的一位领军人物，她的工作不光局限于研究出土的动物骨骸，同时还需要将来自动物学领域的相关信息与宗教文化、经济活动、政治环境等多重背景相互结合，综合考量玛雅世界不同社会群体对这些动物的实际使用情况[95]。时至今日，新生代的动物考古学家依然奔走在各处玛雅遗址，发挥着自己的重要作用。

被称为"archaeobotany"或"paleoethnobotany"的植物考古学，主要目的是探究古代世界人与植物的关系，关注他们的农作物和食物生产消费情况，以及宗教仪式中对各类植物的使用。这个领域的研究在考虑人与植物关系的同时，还可能牵扯到政治环境、思想文

---

[1] Kitty Emery，美国佛罗里达自然历史博物馆研究员。

化、人际关系、社会性别等诸多层面，因而超越了传统过程考古学过分执着于人与自然环境关系研究的简单思维模式[96]。

新技术和数字化考古

20世纪末以来，各类新技术被投入到玛雅文物、建筑物和定居点的数字化工程当中。位于坦帕的南佛罗里达大学融空间技术联盟（Alliance for Integrated Spatial Technologies）始终致力于利用三维激光扫描技术实现国家馆藏及私人收藏玛雅文物的数字化存档。与此同时，"玛雅象形文字铭文语料库"也在采用相同的技术作为除照相和绘图方式外，保留、记录玛雅铭文的补充手段。就拿"科潘象形文字石阶"来说，"玛雅象形文字铭文语料库"首先通过激光扫描了它的每级台阶，随后在电脑中按照正确的阶梯顺序构建了石阶的三维立体模型。这样一来，学者们就可以在不破坏实物的前提下，重现这件一个世纪前由于人为失误被打乱顺序的重要古迹[97]。

借助三维扫描技术复原的数字化玛雅文物古迹还可以在公共教育领域发挥作用。图形遗产技术研究和整合研究所[1]与位于加州

---

[1] The Institute for the Study and Integration of Graphical Heritage Techniques，INSIGHT，位于美国加州伯克利的一家计算机实验室，致力于世界各地文物古迹的数字化可视工程，他们利用这些数字化模型制作了很多在全球范围传播的历史类题材的纪录片。

图50 墨西哥尤卡坦州奇琴伊察遗址美洲豹神庙顶部结构,
由图形遗产技术研究和整合研究所数字化复原

奥克兰的谢博特太空与科学馆[1]联手,在全方位扫描奇琴伊察遗

---

[1] Chabot Space and Science Center,是一家以天文科普为主要特色的文教机构。

址建筑物和雕塑的基础上,制作了面向公众集中介绍古代玛雅天文知识体系的《玛雅天空传说》(Tales of the Maya Skies)球幕电影。制作数字化模型的过程中,图形遗产技术研究和整合研究所需要在考古学家和收藏家的帮助下了解建筑物的整体结构,以及各处的细节和颜色特征。借助电影拍摄和视频游戏制作的相关技术,图形遗产技术研究和整合研究所成功复原了能够体现奇琴伊察城邦鼎盛和衰落时代不同历史风貌的全彩数字建筑模型。扫描得来的数据也能被放在网上提供下载服务,其他人利用这些数据就可以通过数字建模技术,复原自己希望重现的建筑[98]。

三维激光扫描设备还可以通过机载的方式,融合美国航空航天局的图像技术,以及地理信息系统(Geographic Information System),对古代玛雅聚落进行深入研究。如前所述,考古学家目前已经使用机载激光雷达探测设备调查过卡拉科尔和伊萨等相对独立的古玛雅遗址,进而意识到这些古代玛雅城市的实际规模大大超出之前的想象[99]。最近,针对佩藤省玛雅生物圈保护区(Maya Biosphere Reserve)的大规模激光雷达探查,不仅彻底颠覆了学者们对玛雅城市规模和居住模式的传统看法,还发现了大量过去被长期忽视的古代农业设施。除此之外,机载激光雷达在墨西哥南部地区也找到了很多修建于"前古典时代"前中期的巨型人造平台,"前古典时代"玛雅世界的历史由此遭到改写[100]。

公共传播和玛雅族群的参与

过去的一个世纪，几份刊物相继成为向公众普及考古发现的论坛。《国家地理》杂志始终对古玛雅考古领域的相关成果保持高度关注，特别是在 1960 年以后，乔治·斯图尔特[1]担任这份刊物的考古顾问和编辑的数十年间。20 世纪中期，美国考古学会（Archaeological Institute of America）创办了以发布、报道世界范围内考古发现为主要内容的《考古》（Archaeology）杂志。《墨西哥考古》（Arqueología Mexicana）则是一份专注于墨西哥境内考古研究活动的西班牙语刊物，创刊于 1993 年。另外，《纽约时报》还有墨西哥和危地马拉的各大报刊媒体也会不定期地发表关于玛雅考古的文章。这些报刊的出版发行传播了与玛雅文明有关的各类信息，显著激发了公众对玛雅文明的兴趣，刺激了旅游产业的发展，为学术研究提供了有力支持。不仅如此，向公众普及这些知识，还能有效打击"失落大陆""跨洋传播说""外星后裔"之类的歪理邪说。

20 世纪末玛雅考古领域的另一项重大转变就是玛雅族群和社

---

[1] George Stuart，1960—1998 年在《国家地理》任职。

区的参与度显著提高。某些考古项目，例如罗伯特·卡马克[1]领导的以基切城邦首都库马尔卡赫为对象的考古活动就吸收了许多玛雅族裔人士参与，他们的工作范围包括项目计划制定、田野考古发掘、对外消息发布等各个环节。今天的考古学家在玛雅世界故地从事考古活动时，也会有意向当地土著族群传播相关信息，意在让他们能够及时获得新发现遗址的所有权。不仅如此，考古学家还会通过参与当地的学校教学和旅游产业的方式，进一步向公众普及自己掌握的信息。有时他们也会选择和当地社区共同管理新发现的古代遗址[101]。这样的做法能够为遗址所在地创造提升经济的机会，土著社区也可以从借考古发现的热度趋势而起的旅游产业中受益。

另外，类似"传承至今的土著遗产"[2]这样的组织机构也在与土著社群积极合作，酝酿与考古学和文化遗产相关的科研项目，搜集各类可用于教育的历史素材。与此同时，"可持续保护促进会"[3]还在竭尽所能地帮助那些土著社群，包括生活在危地马拉城附近的卡米纳胡尤遗址周边的土著社群，利用当地文物古迹发展

---

[1]　Robert Carmack，纽约州立大学教授。
[2]　Indigenous Heritage Passed to Present（INHERIT），美国北加州大学组织的一个文化产业项目。
[3]　Sustainable Preservation Initiative，主要工作是通过提供直接或间接经济帮助的方式促进文化遗产保护。

自身经济。总而言之，针对玛雅文明的考古活动非常需要土著玛雅社群的持续参与，他们对自身命运以及社群拥有的文化遗产的决策权应该得到重视。

20—21世纪，我们对古玛雅文明的认识发生了天翻地覆的变化。由于相关研究成果的汗牛充栋，本书对它们的介绍不可避免地存在挂一漏万的缺憾，很难面面俱到。作者的意图也只能是向读者展现这个领域研究的总体趋势，而非为大家构建一个特别详尽的玛雅考古资料库。众所周知，古代玛雅世界拥有异常复杂的政治权力和历史文化背景，那些与古玛雅地缘政治和个人经历有关的叙述始终处在"建构—解构、再建构—再解构"的历史循环当中，而且无疑还将继续循环下去。

今天的学者正在努力通过多元化的研究视角，全面了解玛雅世界的各个社会阶层。此外，大到全方位大规模扫描聚落的机载激光雷达，小到追踪蛛丝马迹的孢粉分析技术，形形色色的创新科技正在被不同程度地应用于玛雅考古领域。这些技术手段能够让我们更深入地知晓古玛雅人的生活方式，体悟他们经历过的那些风霜雨雪。时至今日，古玛雅文明领域的研究愈发民主化和国际化，已不再是少数知识精英的专利，越来越多的玛雅族裔人士参与其中，成为与很多文物古迹和考古项目有关的共同决策者或具体的管理者、执行者，还有一些玛雅土著成了考古学家、语言学家、铭刻学家，乃至替博物馆效力的专业人员。即便如此，这个领域的研究工作依然需要持续主张并恢复玛雅族群对其祖先遗产的决定权和其他各项正当权利，本书第 8 章会展开有关论述。

第 6 章

20—21 世纪的玛雅文物收集与展出

亦如此前的几个世纪，20—21世纪的人们出于各式各样的目的，通过花样百出的手段搜罗古玛雅人留存的文物。拉美国家通常在其境内的不同地域文化中寻找文物，在这些国家以外，全球各地的博物馆和收藏家搜集玛雅文物的同时也把手伸向其他文化的文物。20世纪以来，考古和收藏这两个领域发生明显分化。处于不断变化调整中的各国文物法主要针对专业考古发掘，要求发掘者具备相应的许可，同时严格限制文物出境。那些在墨西哥和中美洲国家的玛雅文明覆盖区通过合法发掘，重见天日的文物一般很快就会被上交到官方机构和博物馆手中，不过这些国家级文物通常又会被租借给外国博物馆用于研究和展出。即便出台了相关政策法规，文物盗掘现象仍旧屡禁不绝，尤其是在20世纪50—80年代的40年间，数千件玛雅文物因盗掘而离开它们原属的考古遗址，被卖给私人收藏家和博物馆。这样的行为对古玛雅遗址和建筑物造成了严重破坏。20世纪末至21世纪，各国政府和国际组织纷纷立法，竭尽全力阻止文物盗掘，同时也从源头上打击为这种行为提供市场的非法收藏者。多数情况下，从走私者手中缴获的文物都会被没收充公，成为国有财产。

20 世纪上半叶博物馆中的玛雅藏品

　　大概是在 1950 年以前，玛雅文物主要集中在以墨西哥为代表的拉美国家博物馆和其他国家的自然历史或人类学博物馆中公开展出。出于简化行文的需要，本书姑且将后者称为"外国博物馆"。拉美国家博物馆起初都是综合性的博物馆，馆藏内容涉及包含考古学在内的人文历史、自然历史和地质学等方方面面。正如本书第 4 章所说，这些博物馆依靠总督时代[1]或共和国时代搜集的文物起家，随后在大学、历史学会、政府机构和世博会组委会的共同努力下日臻完善，将自己的工作重点逐渐调整为了解、记载、介绍这些国家的历史、文化和自然资源。墨西哥革命前，位于墨西哥城的墨西哥国家博物馆收藏有一定数量的玛雅文物，其中就包括奥古斯塔斯·勒普朗根发现的奇琴伊察查克莫天使雕像，还有一分为三先后在 1884 年、1908 年和 1909 年被博物馆收入囊中的帕伦克十字建筑群墙板。即便如此，墨西哥城各大博物馆的关注重点仍然是那些来自本国中部的文物，玛雅文明覆盖区和墨西哥其他地区则处于次要地位。

---

[1] viceregal，指西班牙殖民时代。

时光流逝，20世纪上半叶以老造币厂为基础的墨西哥国家博物馆的馆藏越来越丰富，收藏工作也越来越专业化。随着思想观念的转变，博物馆先是被拆分为几个大的部门，然后又逐渐自立门户，虽然从墨西哥以外的角度来看，它们还是"一家人"。其中，专注自然历史的部门后来演化为墨西哥国家自然历史博物馆（National Museum of Natural History），并于1913年搬迁到埃尔·乔波（El Chopo）一栋原先就被用于举办展览的大楼，坚守老造币厂的部门则被重新命名为墨西哥国家考古学、历史学和民族学博物馆（National Museum of Archaeology, History and Ethnography）[1]。1939年，专门负责人文历史的部门更名为墨西哥国家历史博物馆（National Museum of History），迁入查普特佩克城堡（Chapultepec Castle），留在老造币厂的博物馆只保留考古学和民族学两大门类，再次更名为墨西哥国家人类学博物馆（National Museum of Anthropology）。同年，墨西哥国家人类学和历史学研究所成立，这对墨西哥人类学研究的专门化和专业化起到了重要的推动作用[2]。

20世纪二三十年代，大革命结束后，墨西哥的考古学和人类学事业突飞猛进，博物馆的藏品数量也有大幅度增加，基于曼纽尔·加米奥提出的"人类学和民族学是革命运动的一部分"的理论，各大博物馆开始将更多精力投入到与人类学相关的语境化素材[1]的搜集整理当中。为了让自己的工作更充分地体现墨西哥丰富多彩的地域文化，墨西哥国家人类学和历史学研究所及国家博物馆的学者和工作人员努力追求学术研究和馆藏文物的多样化。20世纪二三十年代，墨西哥政府立项对尤卡坦和金塔纳·罗奥两地展开考古活动，那之后的数十年间，考古队又将工作重心转移到恰帕斯，发掘所得文物全部收归国有。耐人寻味的是，这一时期国家博物馆的内部档案显示，当时的他们还曾试图解决馆藏玛雅文物相对贫乏的缺憾。1936年，国家博物馆的考古学家和人类学家致信时任墨西哥教育部部长，呼吁聘请一位称职的考古学家，以便"体面"地开展玛雅文物的搜集工作："我们原本可以拥有全世界独一无二的顶级藏品，然而玛雅文明的价值却非常遗憾地被我们低估了。"³

那个时代的危地马拉也在不遗余力地扩充国家馆藏文物的规模。20世纪30年代，全面更新换代的危地马拉国家博物馆重新开放。这所博物馆的考古学文物以外国考古队的发掘成果为基础，卡内基研究所在瓦夏克吞遗址，还有宾夕法尼亚大学博物馆在彼德拉斯内格拉斯遗址找到的那些文物最终都成了危地马拉国家博物馆的

---

[1] contextualizing material，这里的语境化指的是博物馆布展时借助各种手段和技术让观展人获得一种身历其境的互动体验感，语境化素材就是用于布展的文物、图片、视频、音频等元素。

财产。1946 年，危地马拉国家人类学和历史学研究所（Institute of Anthropology and History，IDAEH）正式成立，这家机构某种程度上其实是墨西哥国家人类学和历史学研究所的"翻版"，它的主要工作是研究、保护那些考古学遗迹和文物，发布与之相关的各类消息[4]。

同一时期的美国，负责搜集美洲各地玛雅及其他人类文明文物的机构通常是各大自然历史和人类学博物馆。1869 年，美国自然历史博物馆（American Museum of Natural History）于纽约成立，虽然打着"自然历史博物馆"的名号，它却在先后担任人类学部策展人的弗雷德里克·沃德·普特南[1]和弗朗茨·博厄斯领导下搜集了大量美洲土著文物，其中当然也包括玛雅文物。美国自然历史博物馆始终将主要精力集中在自然历史领域，然而这并不妨碍他们向公众展示那些来自美国和拉美国家各地的土著族群文物。

有些美国博物馆的崛起是受各类国际展会的推动。例如，芝加哥菲尔德哥伦比亚博物馆（Field Columbian Museum）就是以 1893 年的哥伦比亚世博会展品为家底逐步建立起来的，展览内容涵盖艺术、考古、科技和历史等方面[5]。这家博物馆始终致力于丰富自己的自然历史和人类学馆藏资源，多位馆长曾数次远征尤卡坦等地，征集古代玛雅及其他土著文明文物。对于这些自 19 世纪以来就

---

[1] Frederic Ward Putnam，1839—1915 年，美国人类学家和生物学家。

将古代人工制品和其他民族学素材与昆虫、矿石等自然历史标本合并展出的博物馆而言,上述做法很容易给参观者造成某种错觉,那就是土著族群和他们创造的文化同样是一种可供开采或派上别的用途的资源,而非广受敬仰、源远流长的悠久文化传统的代表。

也有部分玛雅文物收藏在以人类学或美洲土著族群为特色的博物馆中。例如,20世纪10年代乔治·古斯塔夫·海耶[1]在纽约创办的美洲印第安人博物馆(Museum of the American Indian),1907年查尔斯·卢米斯[2]在洛杉矶创办的西南博物馆[3],就通过考古发掘、接受捐赠,从其他博物馆手中交换或购买文物等手段,积累了从古至今与美洲土著族群有关的大量藏品。包括巴黎特罗卡德罗博物馆在内的欧洲各大人类学博物馆通过不同渠道将夏内的私人藏品收入囊中,前文提到的莱顿国家民族学博物馆[4]则凭借馆藏的玛雅"莱顿版"闻名于世。欧文·保罗·迪塞尔多夫[5]是一位活跃在危地马拉的科巴(Coba)、上维拉帕斯省(Alta Verapaz)等地的德裔咖啡种植园主兼销售商,他从各地收集了很多玛雅文物,还

---

[1] George Gustav Heye,1874—1957年,美洲印第安人手工艺品的顶级收藏家。
[2] Charles Lummis,1859—1928年,美国记者和历史学家,印第安人权运动的积极倡导者。
[3] Southwest Museum,全称应为"美国印第安人西南博物馆"。
[4] Leiden National Museum of Ethnology,位于荷兰。
[5] Erwin Paul Dieseldorff,1848—1940年。

亲自发掘过查马[1]遗址，获取了更多文物。部分文物被他捐赠给了柏林的皇家民族学博物馆（Royal Museum for Ethnology），也就是现在的民族学博物馆。迪塞尔多夫去世后，他的儿子又将一部分文物送到了危地马拉城的危地马拉国家考古学和民族学博物馆（National Museum of Archaeology and Ethnology）[6]。

对玛雅文物觊觎已久的大学博物馆，以哈佛大学皮博迪博物馆和宾夕法尼亚大学博物馆为代表，他们获取藏品的主要途径包括直接派遣考古队去遗址发掘，接受捐赠，以及与其他博物馆交换。例如，在洪都拉斯政府准许的前提下，考古学家就曾将科潘遗址出土的文物直接装船合法送往皮博迪博物馆，与此同时，他们还在未经准许的情况下，非法接收了1904—1910年奇琴伊察圣坑疏浚期间发现的很多文物。由于墨西哥政府[2]随后声称对这些东西拥有主权，皮博迪博物馆只得将部分文物归还给了墨西哥，但至今仍有一些文物被留在他们手中[7]。

欧洲和美国的综合性博物馆和艺术博物馆当年也通过发掘、捐赠和购买等途径，获得了一定数量的玛雅和其他"前西班牙时代"美洲文物。大英博物馆从阿尔弗雷德·莫兹利[3]手中得到了亚斯

---

[1] Chamá，位于上维拉帕斯省。
[2] 洪都拉斯等国家当时是墨西哥联邦的一部分。
[3] Alfred Maudslay，1850—1931年，英国外交家、探险家和考古学家。

奇兰遗址的过梁石板[1]，还经由托马斯·江恩在伯利兹的考古发掘到了大批文物。20世纪上半叶，在艺术类博物馆中玛雅文物的收藏相对只占很小的份额。1912年，波士顿美术馆（Boston Museum of Fine Arts）从哈佛大学皮博迪博物馆挑选了一批"对艺术博物馆的参观者具有一定的吸引力""艺术价值名副其实"，来自科潘、彼德拉斯内格拉斯等古代遗址的玛雅文物公开展出[8]。1933年，纽约现代艺术馆（Museum of Modern Art，MOMA）举办的"现代艺术的美洲之源"主题展览为了通过古代和现代美洲艺术品混合布展的方式，营造古今交融的氛围，特意从美国其他博物馆，欧洲、墨西哥和中、南美洲地区国家的博物馆借来了很多文物，从而让这场展览体现出多元化的地域特色。策展人兼纽约现代艺术馆执行总监的霍尔格·卡希尔[2]盛赞玛雅艺术品的精美造型和美学气质，认为它们不该被视为"原始粗野的产物"，而应被看作"高级人类文明的艺术创造"[9]。

1940年，在纽约现代艺术馆和墨西哥国家人类学和历史学研究所合作组织的"20世纪墨西哥艺术展"（Twenty Centuries of Mexican Art）的背景下，出自古代玛雅及其他美洲土著文明的文物再次

---

[1] 原文为Yaxchilan lintels，考古学界正式的名称为Yaxchilan Lintel 24，实际是过梁上的三块石刻装饰面板。
[2] Holger Cahill，1887—1960年，冰岛裔美国人，博物馆策展人和作家。

齐聚纽约现代艺术馆，以"艺术品"的名义公开展出[10]。作为时任总统富兰克林·罗斯福睦邻政策的重要一环，此次展会增进了美国与墨西哥及其他拉美国家的友好关系。墨西哥方面为此次展览派出的策展人包括墨西哥国家人类学和历史学研究所负责人、考古学家阿方索·卡索[1]和艺术家米格尔·瓦卢比亚斯[2]，纽约现代艺术馆总裁纳尔逊·洛克菲勒[3]也在展览举办过程中发挥了重要作用。展品的来源主要是墨西哥的国家馆藏文物，时间跨度从古至今，其中甚至包括墨西哥的当代和民间艺术品。这样一来，以奥古斯塔斯·勒普朗根发现的查克莫天使雕像为代表的古代玛雅文物也就和迭戈·里维拉的临摹复制玛雅壁画笼统地打着"墨西哥艺术"的旗号，共处同一展厅面向公众，而且被认为颇具美学价值。

1940年的艺术展确立的这种墨西哥艺术品古今交融的展出模式随后被沿用了数十年。20世纪中期，墨西哥著名博物馆设计师费尔南多·甘博亚[4]策划的若干场在欧洲各大城市和美国洛杉矶举办的国际展览[11]，设计思路都跟这场艺术展如出一辙。不仅如此，它

---

[1] Alfonso Caso, 1896—1970年。
[2] Miguel Covarrubias, 1904—1957年，墨西哥画家、民族学家和艺术史学家。
[3] Nelson Rockefeller, 1908—1979年，美国商人和政治家，他是这家博物馆的资助者。
[4] Fernando Gamboa, 1909—1990年。

还为美国艺术博物馆搜集和展览"前西班牙时代"文物提供了一个成功范式,或者也可以说是灵感。有别于早期的国际博览会,20世纪墨西哥艺术展以及随后的其他展会陈列展品时,都会尽量减少背景板的使用,不再搭配背景图像、照片或模型,意在让观众集中精力欣赏艺术品的视觉之美。

20世纪30年代晚期至20世纪40年代早期的美国大学和城市里的博物馆热衷打着艺术品的幌子公开展出古玛雅和其他"前西班牙时代"美洲文物。1937年的巴尔的摩艺术博物馆,1940年的哈佛大学福格艺术博物馆和洛杉矶郡立博物馆,还有1942年的圣巴巴拉艺术博物馆先后举办过同类性质的展会[12]。巴尔的摩艺术博物馆布展用的文物几乎都是从美国其他博物馆借来的,还有一部分来自皮耶·马蒂斯画廊[1]。哈佛大学福格艺术博物馆的展品出自墨西哥国家博物馆和美国其他几家博物馆,还包括以米尔德里德·巴恩斯·布利斯[2]、罗伯特·伍兹·布利斯[3]兄弟为代表的收藏家和艺术品经销商们的个人收藏,参观者因此可以在此次展会上一睹墨西哥国家文物和海外收藏家私人藏品的风采。有别于哈佛大学福格艺术博物馆的做法,同样在1940年举办展会的洛杉矶郡立博物

---

[1] Pierre Matisse Gallery,位于纽约。
[2] Mildred Woods Bliss,1879—1969年,美国收藏家和慈善家。
[3] Robert Woods Bliss,1875—1962年,曾任美国驻阿根廷大使。

馆将展品来源锁定在美国国内收藏家和机构的身上,例如厄尔·斯特丹达尔[1]和约瑟夫·布鲁默[2]、欧内斯特·布鲁默[3]兄弟那样的艺术品经销商,罗伯特·伍兹·布利斯和沃尔特·阿伦伯格[4]、路易斯·阿伦伯格[5]夫妇那样的收藏家,以及新奥尔良杜兰大学中美洲研究所、克利夫兰艺术博物馆等部门。1942年圣巴巴拉艺术博物馆展会的套路大同小异,也是从美国收藏家、艺术品经销商和博物馆手中筹借展品[13]。

此类展会的层出不穷是美国国内古代美洲艺术品收藏市场不断增长的结果,在这个市场中呼风唤雨的则是约瑟夫·布鲁默、厄尔·斯特丹达尔等欧美艺术品经销商。就拿厄尔·斯特丹达尔来说,1911年,他凭借出售欧洲本土艺术品起家,随后在20世纪30年代晚期改行经销"前西班牙时代"美洲本土文物[14]。经销商主导的艺术品市场是很多私人收藏家,以及艺术、人类学和自然历史博物馆获得"前西班牙时代"美洲文物的重要渠道。米尔德里德·巴恩斯·布利斯是一位外交官,出任过美国驻阿根廷大使,他购买、收藏的文物来自拉美各地。1935年,他和康涅狄格州参议员、卡内

---

[1] Earl Stendahl, 1888—1966 年。
[2] Joseph Brummer, 1887—1947 年。
[3] Ernest Brummer, 1891—1964 年。
[4] Walter Arensberg, 1878—1954 年。
[5] Louise Arensberg, 1879—1953 年。

基公司董事会成员弗雷德里克·沃尔科特[1]外出游览,考察古玛雅古迹。参观奇琴伊察遗址考古项目期间,他们与莫利和基德尔不期而遇。两年后,米尔德里德·巴恩斯·布利斯得到了他的第一件玛雅藏品。由此一发不可收拾,他开始跟斯特丹达尔等交易商打交道,同时也和一些机构互通有无。正是通过这样的方式,1952年,他从哈佛大学皮博迪博物馆得到了一具来自科潘遗址的石像头部[15]。1947—1962年,米尔德里德·巴恩斯·布利斯在华盛顿国家美术馆连续举办收藏展,后来又将自己的藏品捐赠给哈佛大学用于在敦巴顿橡树园[2]举办的展出活动。正如艺术史学家兼策展人乔安妮·皮尔斯伯瑞[3]所说:"他[4]坚持认为自己收藏的美洲古代文物应该被视为杰出的艺术品。"[16]

收藏范围涵盖美洲、非洲、澳大利亚等多种人类文明的洛克菲勒[5]同样建议将他收藏的那些东西视为"极具美学特征的艺术品,而不是应该被放在自然历史博物馆的标本。"[17]

洛克菲勒生前曾表达过要将自己的藏品捐献给纽约大都会艺

---

[1] Frederic Walcott,1869—1949年。
[2] Dumbarton Oaks,位于美国华盛顿。
[3] Joanne Pillsbury,纽约大都会艺术博物馆策展人,敦巴顿橡树园艺术展的组织者之一。
[4] 指米尔德里德·巴恩斯·布利斯。
[5] Rockefeller,指美国石油大亨约翰·洛克菲勒。

博物馆的意愿，对方却并不领情。无奈之下，这些文物最终只得在1954年被送到了刚成立不久的原始艺术博物馆[1]。1969年，纽约大都会艺术博物馆终于同意接收洛克菲勒的藏品，1981年，他们为这些藏品举办了专题展览。

上述重量级的收藏家和展会在潜移默化中改变了公众对古玛雅艺术品的态度。某些人可能认为这样的势头是积极的，因为这些艺术品本身以及它们所蕴含的价值由此受到了应有的重视。然而从另一个方面来看，当我们过分强调这些文物作为艺术品的美学价值时，它们所承载的文化内涵往往就会被忽略掉，进而与创造它们的工匠和文化环境脱节。不仅如此，那些流落到私人收藏家和外国博物馆手中的拉美文物往往缺乏相应的考古信息，这也就意味着它们当初可能并没有得到科学的发掘处理，最终流入艺术品和古董市场的渠道也非常暧昧。艺术品经销商出售这些文物是为了获利，也是为了开辟新的市场，他们的苦心经营带火了这门生意。20世纪下半叶，各类艺术品的成交量出现了大幅增长[18]。斯特丹达尔通过自己的画廊将这些艺术品卖给欧美各地的私人收藏家，以及大学和政府主办的博物馆，同时也将它们卖给那些寻找新下家的其他经销商。

---

[1] Museum of Primitive Art，位于纽约，目前已停止开放。

这些个人和机构为什么要收藏玛雅文物呢？某些可能是出于对艺术品本身的美感或古代工匠高超技艺的欣赏，某些则可能是希望以此为媒介跟土著艺术家，乃至墨西哥和其他拉美国家搭上关系。斯特丹达尔夫妇就曾表达过自己对墨西哥艺术传统的倾慕之情，以及研究学习"我们自己大陆的伟大文化遗产"的强烈渴望[19]。厄尔·斯特丹达尔的下属兼代理人文森特·普莱斯对土著艺术家的活力和创造力赞不绝口：

> 早在哥伦布诞生以前，直到现在，欧洲始终是世界精神文化的哺育者。如今，我们终于有机会借助一支艺术的"生力军"偿还这笔债务。对当代人而言，这支"生力军"的横空出世甚至比文艺复兴时代对古希腊、古罗马的重新发现还要举足轻重，还要息息相关。美洲印第安人的艺术和工艺是新颖的，他们和我们心有灵犀，因为他们和我们扎根于同一片土地[20]。

文森特·普莱斯和斯特丹达尔夫妇被那些玛雅文物深深折服，但是他们的痴情其实也在一定程度上助长了针对墨西哥和其他美洲国家古代遗址的盗掘罪行。

欧美收藏界追捧美洲文物的同时，20世纪中期的墨西哥私人收藏家同样对玛雅艺术青睐有加。事实上,当时的很多墨西哥收藏家已经拥有数十年购买"前西班牙时代"艺术品的记录。20世纪三四十年代,迭戈·里维拉和弗里达·卡罗[1]曾专注购买墨西哥中部和西部地区出土的陶器,以及其他阿兹特克文物,前者还收藏了不少吉安娜岛风格的小型雕像,这些东西目前保存在墨西哥城的迭戈·里维拉-阿纳瓦克之家博物馆[2]。德裔收藏家库尔特·斯塔文哈根[3]同样对吉安娜岛小雕像等各类文物视若珍宝,他后来将藏品捐给了墨西哥国立自治大学。墨西哥经济学家约书亚·萨恩斯和他的妻子杰奎琳在1944年涉足"前西班牙时代"艺术品收藏,逐渐在随后的半个世纪中成长为该领域的重量级人物。为了搜罗藏品,他们的足迹遍布墨西哥国内外,最终在慕尼黑等远离故土的地方与包括玛雅石刻雕像在内的一批重要文物发生交集。1972年,由于墨西哥政府立法将所有"前西班牙时代"艺术品收归国有,他们的收藏生涯戛然而止。目前,约书亚·萨恩斯夫妇的藏品已经成了墨西哥普埃布拉(Puebla)安帕罗博物馆(Amparo Museum)的馆藏文物[21]。

---

[1] Frida Kahlo,1907—1954年,墨西哥画家。
[2] 原文为 Anahuacalli Museum,全称为 Diego Rivera-Anahuacalli Museum。
[3] Kurt Stavenhagen,1884—1951年。

图51 墨西哥城墨西哥国家人类学博物馆专门陈列
古玛雅文物的展厅之一

20世纪下半叶博物馆收藏的玛雅文物

外国博物馆和收藏者争相购买古玛雅和其他"前西班牙时代"

美洲文物的年代，墨西哥也在努力扩充自己的国家馆藏文物数量，筹建位于墨西哥城查普特佩克公园的国家人类学博物馆新馆。扩充文物数量的途径之一是获得批准的考古发掘。20世纪中期，墨西哥国家人类学和历史学研究所主持的一项最重要的考古行动，目标锁定为帕伦克遗址的巴加尔二世陵墓。这次行动让我们对玛雅世界的王权统治模式和丧葬礼仪有了全新的认识，陵墓中的文物随后被送到国家人类学博物馆。20世纪中期，大约在1940—1960年间，雨果·莫达诺·科尔[1]、米开朗琪罗·费尔南德斯、罗曼·皮纳·查恩[2]集中精力清理吉安娜岛上的古代遗迹，他们的目的首先是全面了解这座小岛所承载的历史，同时也是为了替国家人类学博物馆搜寻当地风格独特的小雕像[22]。为了扩充文物数量，墨西哥政府还曾以征用、购买或无偿捐赠的名义，从科瓦鲁维亚斯、威廉·斯普拉特林等墨西哥国内外收藏家和经销商手中得到过文物[23]。

为了丰富国家人类学博物馆的馆藏，墨西哥各地源源不断地向这家博物馆"输血"，其中当然也包括来自恰帕斯和尤卡坦两地的玛雅文物，这样的做法引起了非常大的争议，出生在尤卡坦半岛的医生兼当代艺术品收藏家阿尔瓦·卡里略·吉尔[3]就曾极力谴责

---

[1] Hugo Moedano Koer，美国杜兰大学教授。
[2] Román Piña Chan，1920—2001年，墨西哥考古学家和人类学家。
[3] Álvar Carrillo Gil，1898—1974年。

墨西哥政府将尤卡坦的土著文物送往墨西哥城的新博物馆[24]。与此同时,一份报纸也在 1964 年刊文,批评墨西哥联邦政府从下属各州征集文物的政策,甚至还直言不讳地将迁移尤卡坦文物的做法定性为"盗掘"[25]。另外,阿尔瓦·卡里略·吉尔还指责墨西哥政府疏于文物保护,只知道盲目搜刮掠夺那些玛雅古代遗址,恰恰是为了阻止文物被卖到国外,特别是阻止那些玛雅文物外流,他本人才不得不自掏腰包[26]。此类针对墨西哥政府征集玛雅文物政策的反对声音在某种程度上其实具有一定的合理性,特别是诸如古城梅里达的博物馆已经拥有相当长的玛雅文物收藏和展览的历史。然而,官方要求它们必须要为墨西哥城查普特佩克公园的墨西哥国家人类学博物馆新馆提供更多的全新展品。

墨西哥政府准备在 1964 年同时创办三家博物馆,馆藏主题分别为人类学、殖民时代艺术品和当代艺术品。三家博物馆正式开放前,墨西哥还曾为数百件上述三类藏品举办过巡回展览。1958 年,这些藏品在布鲁塞尔世博会公开亮相,1959—1964 年,它们先后造访了超过 12 座欧洲城市,还有美国洛杉矶。费尔南多·甘博亚盛赞这些藏品是"墨西哥艺术宝库的杰作",还说:"此次巡展继'20 世纪墨西哥艺术展'成功举办后,向世人全方位地呈现了墨西哥古今艺术的流变,仿佛让人看到了一种纵贯时空的文化传统的演化历程。"

参展藏品有些是墨西哥的国家文物,有些是收藏家的私人财产,有些是土著工匠的杰作,有些则属于殖民者后裔的劳动成果,无论实际出处如何,包括那些帕伦克遗址巴加尔二世陵墓的出土文物在内,所有藏品最终呈现在世人面前时,都被一股脑地冠之以"墨西哥艺术品"的名号。巡展结束后,所有"前西班牙时代"文物连同那些与人类学沾边儿的物品,都被送到了查普特佩克公园的人类学博物馆。与殖民时代和当代艺术相关的东西,则分别被殖民时代艺术馆和当代艺术馆收入囊中。同一时期,斯特丹达尔的画廊也在欧洲各大城市和美国洛杉矶举办了内容相似的展会,两大展会在某些欧洲城市不期而遇时,还可能合二为一。只不过斯特丹达尔手中的多数藏品最终都会被别人买走,从而造成永远无法弥补的缺憾[27]。

无论是墨西哥官方组织的展览,还是经销商为了获取利益而举办的展销会,都在潜移默化中提升了美洲文物的知名度,吊起了公众对它们的胃口。20世纪下半叶,世界各地私人和公立艺术博物馆对古玛雅和其他"前西班牙时代"文物的兴趣有了显著提升。某些收藏者会通过捐赠的方式将自己的藏品送给博物馆,博物馆还可能花钱直接从经销商手中购买此类物品。除此之外,苏富比、佳士得等欧美拍卖行也是博物馆和私人收藏家获取文物的重要渠道。与这股收藏风相生相伴的是人们对古玛雅文物认知方式的改变,各大艺术博物馆不约而同地希望扩大对"艺术"的传统定义,以便让这个概念的涵盖范围更加全面而普遍,进一步体现全球化的色彩。

20 世纪中期的文物盗掘和相关立法

世人对古玛雅艺术品的渴望,很大程度上需要依靠盗掘和走私等非法途径得到满足。19 世纪和 20 世纪的不同时期,那些拥有古玛雅遗迹的国家先后颁布法律禁止文物出口,走私行为却屡禁不止。作为反制措施,这些国家进一步加强执法力度,同时联合其他国家掐断文物进出口的非法渠道。尽管如此,针对盗掘行为的拉锯战仍然持续了数十年的时间,因为违法者总能找到绕开相关法律或协议的机会,他们可以借助飞机、船只或骡子将文物带出丛林地区,可以不择手段地贿赂海关人员,还可能让专门负责跨境运送走私物品的"带货者"以现代工艺品的名义将文物偷运出境。

20 世纪 60 年代,伴随着玛雅石雕的支离破碎声,文物走私犯罪达到了登峰造极的地步。受害最为严重的是佩藤和坎佩切两地,彼德拉斯内格拉斯、埃尔佩鲁-瓦卡、马查基拉(Machaquila)、卡拉克穆尔等古玛雅遗址留存至今的石雕,它们被切割成小块,然后偷偷运出危地马拉和墨西哥。还有一些受害石雕来自当年某些还未得到正式确认的古代遗址,例如"Q 遗址"(Site Q),也就是今天众所周知的拉-科罗娜古城。盗掘者把文物分割为若干块,每块的

图 52　1946 年 4 月，吉尔斯·希利（Giles G. Healey）、何塞·佩佩（Jose Pepe）、劳尔·帕文（Raul Pavón）和纳博尔（Nabor）与墨西哥恰帕斯州拉坎加·钱萨亚布地区出土的 1 号石碑合影，《考古》(*Archaeology*) 1950 年第 3 期

体积和重量刚好能够由骡子驮载，或者装进飞机机舱乃至旅客的手提箱。这样的做法势必会对文物上的铭文和图案造成严重破坏。更有甚者，他们还可能通过人为方式为文物"减重"，那些被打磨切割下来的碎片，无论是从雕像身上切下来的整块"肥肉"，还是"减重"过程中产生的细小碎片，最终都被当作残渣随意丢弃[28]。正如伊恩·格雷厄姆在他的自传中回忆的那样："1965 年初，返回

危地马拉以前，我就已经对佩藤省甚嚣尘上的盗掘行动感到忧心忡忡。我在很多遗址都发现了从原本完好的文物身上切割下来的碎片，后来，某些艺术品期刊上就出现了大量来历不明的玛雅文物的广告。"[29]

墨西哥、中美洲和其他地区的经销商、私人收藏家和博物馆是这些文物的主要买主。例如，伊恩·格雷厄姆在一份报告中就曾提到，1966年自己在洛杉矶郡立艺术博物馆旁边，威尔夏大道的五月百货公司[1]看到了来自纳兰霍遗址的8号石碑（Stela 8）[30]。1905年，探险家特奥贝托·马勒曾将这件文物登记在案，然而沦落为文物贩子的飞行员埃弗雷特·拉西加（Everett Rassiga）却在20世纪60年代与盗掘者合谋将8号石碑非法偷运出了危地马拉。埃弗雷特·拉西加将8号石碑卖给了莫顿·梅[2]，后者把这件文物放在自己的商店里公开展示，不久后又将它租借给了圣路易斯艺术博物馆（Saint Louis Art Museum，SLAM）。虽然莫顿·梅在2015年将石碑的合法所有权归还给了危地马拉国家考古学和民族学博物馆，不过这件文物至今却仍然以租借物的名义滞留在圣路易斯艺术博物馆[31]。同样是在1966年，大量来自佩藤和恰帕斯的玛雅雕

---

[1] May's Department Store，1877年由戴维·梅（David May）在科罗拉多州莱德维尔创立，1905年迁至圣路易斯。
[2] Morton D. May，美国慈善家和收藏家。

塑出现在珍妮·布彻画廊。这家位于法国巴黎的画廊原本专门经营当代绘画作品，现在却突然涉足玛雅文物领域，所幸那些雕塑最终并没有被完全售出，它们中的一部分至今仍然保存在画廊的仓库里[32]。

差不多是在同一时期，某些德高望重的美国政治家和外交官也开始对玛雅文物垂涎三尺。1960 年，米尔德里德·巴恩斯·布利斯通过经销商约翰·斯托克之手，买到了一块出自拉康哈[1]地区的石刻墙板，这件文物后来被命名为"库娜-拉康哈墙板"（Kuna-Lacanha panel）。1962 年，纳尔逊·洛克菲勒从埃弗雷特·拉西加手里买到了来自拉帕萨迪卡[2]的一根过梁。此外，纳尔逊·洛克菲勒、纽约布鲁克林艺术博物馆（Brooklyn Museum）、明尼阿波利斯艺术博物馆（Minneapolis Institute of Arts）等个人和机构也在 20 世纪 60 年代从不同渠道购进了原属彼德拉斯内格拉斯遗址的完整石碑或残件[33]。

参与掳掠玛雅雕塑的还有诸如达娜·兰博（Dana Lamb）和金杰·兰博（Ginger Lamb）夫妇之流的流氓冒险家，这对夫妇热衷向别人讲述他们丛林探险的各种疯狂经历，虽然故事的真实性实在令人怀疑，他们在被自己命名为拉克斯杜尼茨（Laxtunich）的"失落

---

[1] Lacanha，位于墨西哥恰帕斯州。
[2] La Pasadita，位于危地马拉彼德拉斯内格拉斯遗址附近。

之城"中为两根玛雅过梁拍摄了照片,却无法说明这处遗迹的具体位置(可能在佩藤省)。两根过梁后来被从当地偷运出来,最终成了缅因州收藏家威廉·帕默三世(William Palmer Ⅲ)的藏品。现在,它们应该又被转卖给了别人[34]。

上述文物外流事件在墨西哥和危地马拉国内的各派势力间引发了唇枪舌剑。1963年,随着《罗伯特·伍兹·布利斯"前西班牙时代"艺术品收藏手册中的库娜-拉康哈墙板》(*Kuna-Lacanha panel in Handbook of the Robert Woods Bliss Collection of Pre-Columbian Art*)一文的发表,墨西哥知识界掀起轩然大波。1965年6月,塞萨尔·利扎尔迪·拉莫斯[1]对外声称墙板属于墨西哥文化遗产的一部分,它们是被偷走的[35]。同年见诸报端的另一篇文章同样对米尔德里德·巴恩斯·布利斯的收赃行为予以谴责,认为将它们归还墨西哥是一种"道德义务"[36]。只可惜,墙板最终并没能回归故里。

1966年,危地马拉历史学家豪尔赫·卢詹·穆尼奥斯(Jorge Luján Muñoz)强烈谴责纽约市的博物馆非法收藏两尊彼德拉斯内格拉斯遗址石碑的行为,坚称它们应该被返还给危地马拉[37]。作为回应,纳尔逊·洛克菲勒将其中的5号石碑(Stela 5)名义上还给了

---

[1] César Lizardi Ramos,1895—1971年,墨西哥考古学家。

危地马拉，同时却跟原始艺术博物馆和大都会艺术博物馆先后签订协议，把它租借了出去。讨还被盗文物的同时，危地马拉"前西班牙时代"文物保护组织（Guatemala's Pre-Hispanic Monuments）的拉斐尔·莫拉莱斯（Rafael Morales）和同事们齐心协力发起了一项拯救运动，搜寻那些被"减重"扔掉的石碑残片。1971年，他们在危地马拉国家博物馆举办专题展览，意在唤醒公众对此类掠夺行为的重视[38]。

这个时期遭到盗掘的玛雅文物还包括那些出土自吉安娜岛和其他地区的小雕像。1962年以前，米尔德里德·巴恩斯·布利斯一口气买了不少玛雅小雕像、陶器和玉石制品[39]。1973年，纽约格罗利尔俱乐部（Grolier Club）举办的"玛雅书写者和他的世界"（The Maya Scribe and His World）主题展览公开展出了很多来历不明的古玛雅陶器，其中一只陶瓶的纹饰图案详尽表现了玛雅神话中的地狱审判场景，这只"手抄本式"陶瓶如今被保存在普林斯顿大学。同样借这次展会登台亮相的还有据说是在一处天然洞穴中发现的"格罗利尔手抄本"（Grolier Codex），也就是现在所说的《墨西哥玛雅手抄本》（Maya Codex of Mexico）。1966年，约书亚·萨恩斯购得了这件文物，随后将它捐赠给墨西哥国家人类学博物馆[40]。前文提到的拉西加还曾联手李·摩尔等美国经销商将一座巨大的灰泥外墙从坎佩切州的普拉塞雷斯（Placeres）遗址偷走，打算将其卖给纽约大都会艺术博物馆，后者却将这件事报告给了墨西哥政府。迫于墨西哥的官方压力，拉西加等人归还了赃物，这件文物随后被送往墨西哥国家人类学博物馆保存至今[41]。

在那个时代的美国，伊恩·格雷厄姆和克勒门希·柯金斯成了反文物盗掘运动的领军人物，他们揭露从事此类活动的组织和个人，批评收藏、展出这些赃物的博物馆和学者[42]。为了抢在某些古代遗迹和铭文消失之前将它们整理、保存在案，伊恩·格雷厄姆成立了"玛雅象形文字铭文语料库"，还奔走呼吁加强文物立法。当时的很多国家虽然已经明确立法禁止"前西班牙时代"文物外流，却没有禁止此类文物进口的相关规定，于是，很多文物从原生地被偷运到这些国家以后就很难再被索回。1970年，联合国教科文组织制订了《关于禁止和防止非法进出口文化财产和非法转让其所有权的方法的公约》。草创这项国际条约是希望通过阻断非法文物进口的方式，从源头上根除盗掘活动。遗憾的是，某些国家耗费了数年时间才批准条约生效，1983年，美国正式立法加入此项条约。1972年，墨西哥联邦政府颁布了若干旨在管理境内考古、艺术和历史文物古迹的法律条文，从而为本国文物防范境内外风险提供了有效保护，1970年，为了阻止美洲古代大型雕塑、壁画和其他建筑构件非法流入国内，美国制定了《"前哥伦布时代"艺术品法案》（Pre-Columbian Art Act）。值得注意的是，这项法案的管辖权限并不包括那些小件文物。为了规范管理国内经销商，美国政府也采取了许多措施。由于将两尊原属马查基拉遗址的石碑非法运进美国，美国联邦调查局对经销商克莱夫·霍林海德展开调查，最终依据《联邦盗窃财产法》（Federal Stolen Property Law）指控他犯有非法进口和转移文物罪[43]。被盗石碑后来回到了危地马拉，不过仍有很多没有在被发现的第一时间得到整理造册的文物至今仍然滞留美国。

法律条文的完善有效制约了针对大型玛雅雕塑的盗掘活动，可是犯罪分子很快又将黑手伸向了那些方便携带的小件文物，尤其是来自佩藤省的古代陶器。哥伦比亚内战期间，这些文物遭受了严重损失。早在内战爆发以前，某些收藏者其实就已经开始购买古玛雅陶器制品，20世纪七八十年代，此类文物的成交量出现迅猛增长，越来越多的经销商和收藏家以拥有这些文物为荣，或者希望通过出售它们获利。1976—1981年，针对里奥阿苏尔遗址的盗掘活动愈演愈烈，大量"古典时代"早期的古代墓葬遭到破坏。按照考古学家理查德·亚当斯[1]的说法，此类犯罪活动的幕后黑手是一位富有的危地马拉收藏家，他每次一般都会雇佣8名盗掘者组成一个团队，通过在古代建筑遗迹附近挖沟或打洞的方式寻找文物，落入他们手中的文物随后由小型飞机运出丛林。根据理查德·亚当斯统

---

［1］ Richard Adams，1931—2015年，美国得克萨斯大学教授。

计,他们总共挖了最少 125 条深沟和盗洞,还破坏了 28 座此前已经被其他盗掘者"光顾"过的陵墓。也有一些陵墓在被这支盗掘团队染指前从未遭到破坏,后者在墓中找到了大量精美绝伦的"古典时代"早期陶器,它们后来都被送到了危地马拉国家博物馆,但是也有一些出自里奥阿苏尔遗址的陶器、玉器和其他文物至今依然留在外国收藏者手中[44]。

这个时期,很多私人收藏家涉足玛雅彩陶收藏领域,其中就包括危地马拉的乔治·卡斯蒂略（Jorge Castillo）,他后来将自己的藏品捐赠给了危地马拉城的马洛京大学[1],1977—1978 年,后者把这些藏品当作家底,创办了波波尔·乌博物馆。玛雅文物只是吉列·格里芬[2]海量中美洲藏品中的一部分,担任普林斯顿大学艺术博物馆（Princeton University Art Museum）馆长期间,他把这些文物捐给了自己的工作单位。约翰·富林（John Fulling）拥有的藏品数量同样惊人,这些被统称为"11 月藏品"（November Collection）的文物后来被他卖给了兰顿·克莱[3],1988 年,它们被新主人捐给了波士顿美术馆。弗朗西斯·罗比切克[4]的主要关注点是那些"手抄本风格"的陶器,这些藏品中的大多数如今都被保存在北卡

---

[1] Universidad Francisco Marroquin,创办于 1971 年,危地马拉四大名校之一。
[2] Gillett Griffin,1928—2016 年。
[3] Landon Clay,1926—2017 年,美国商人,克莱数学研究所的创始人。
[4] Francis Robicsek,1925—2020 年,美国外科医生。

罗来纳州夏洛特的敏特博物馆。同样热爱收藏的杰伊·基斯拉克[1]则将自己的藏品，其中不乏精美的玛雅陶器和美洲早期地图，送到了美国国会图书馆。玛雅文物收藏领域还有一位重量级的收藏家名叫刘易斯·拉涅里[2]，他的藏品包括美轮美奂的彩陶等多种门类，2010年这些东西全部成了洛杉矶郡立艺术博物馆的财产。这批彩陶中的多数很可能来自佩藤省，根据它们表面的铭文和图案风格，考古学家甚至能将它们的产地精确到具体的遗址或地区[45]。位于危地马拉太平洋沿岸的埃斯昆特拉省（Escuintla）同样饱受盗掘之苦，当地流散出去的很多造型繁复的陶制香炉目前都保存在美国的各大博物馆中[46]。

新设立的法规，再加上社会舆论对博物馆收赃行为的谴责，一定程度上让各类破坏性盗掘和毁坏古代遗址的行为有所收敛。1991年，应来自危地马拉方面的要求，美国政府采取紧急行动阻止一批来自佩藤省的玛雅文物入境。1997年，两国政府还就此事达成了一份谅解备忘录[47]。为了顺应社会环境的变化，特别是在2008年《艺术博物馆馆长联合会行动指南》（Association of Art Museum Directors guidelines）正式出台后，各大博物馆也纷纷调整了自己的藏品征集

---

[1] Jay Kislak, 1922—2018年，美国商人。
[2] Lewis Ranieri，美国金融大亨。

政策。行动指南的主要内容是号召博物馆拒绝接受 1970 年以后，也就是联合国教科文组织国际公约生效后，那些通过不明途径流散到所有国以外的文物。这项新政策极大制约了博物馆的藏品征集行为，对私人收购藏家的买卖活动也有一定的约束力，美国古董市场上的"前西班牙时代"文物成交量由此锐减。

时间进入 21 世纪，世界各地的博物馆有必要更加客观地面对自己曾经的所作所为，认真考量是否需要对自己的行为做出补偿，以及应该如何做出补偿。例如，它们可以将那些来历不明的藏品的所有权或占有权归还真正的主人，也可以采取别的补偿措施，包括为这些国家的考古项目提供支持，帮助它们建立博物馆，以及合作开展某些研究和展会等。

对于数千件非法流出墨西哥、危地马拉、伯利兹和洪都拉斯的玛雅石雕、陶器和小塑像来说，它们的回家之路必然充满艰辛和挑战。事实上，这些被盗文物的原始出土地点多数已经无从查证。即使可以依据铭文、图案或化学成分特征将某些文物的出土地点确定到具体的遗址或国家，由于交换礼物的行为在玛雅世界的社交网络和外交领域具有特别重要的意义，这些文物当年也有可能通过贸易或收藏等途径从一个地方转移到另一个地方，而这两个地方如今则可能分属不同的国家。布埃纳维斯塔陶瓶（Buenavista Vase）就是一个典型案例。参照表面的装饰图案，这件文物的原产地应该是今天的危地马拉，然而它的出土地点却是伯利兹的一处古墓[48]。如此之多的不确定因素为玛雅文物的回家之路蒙上了一层阴影，不过如今那些地处玛雅文明覆盖区的国家也可以通过达成相关协议的方式解决这样的问题。再或者，这些文物可以被统一归还给一个受到由今天分散在各个国家的玛雅族群组成，并能够为他们谋求福利的跨国组织或基金会。

各大博物馆或许也能转换角色，以组织者而非收藏者的身份发动那些拥有出土文物的国家合作办展。2017—2019 年，由旧金山笛洋美术馆、洛杉矶郡立艺术博物馆和菲尼克斯艺术博物馆主办并轰动一时，意在展示墨西哥及其他国家考古队最新发现的"特奥蒂瓦坎：水火之城"（Teotihuacan：City of Water，City of Fire）主题展览，还有 2017—2018 年，保罗·盖蒂博物馆[1]和纽约大都会美术馆主办，同时集中了来自超过 12 个拉美国家最新出土文物的"黄金之国：古代美洲的财富和遗产"（Golden Kingdoms：Luxury and Legacy in the Ancient Americas）主题展览，都是这方面的成功范例。值得一提的是，出现在这两次展会上的部分文物并非是考古学家的发掘成果[49]。未来的博物馆应该用好手中的资金，为合法发掘、科研贷款、展会和合作研究提供支持，并促进当代社会与土著社群间

---

[1] 原文为 Getty Museum，全称为 J. Paul Getty Museum。

的关系,而非花大价钱购买那些来历不明的文物。

古玛雅文物保护和展览方面的另一个重大变化是墨西哥等中美洲国家开始针对某个特定遗址或地区组建博物馆,这样一来,出土文物便可以就地保存和展览。类似这样的机构包括帕伦克、托尼纳、蒂卡尔、科潘等多处古代遗址的附属博物馆,地处危地马拉城、主要收藏出土自卡米纳胡尤遗址南部地区的文物的米拉弗洛雷斯博物馆,以及危地马拉佛洛雷斯省的玛雅世界地区博物馆和墨西哥尤卡坦州的坎昆玛雅博物馆。这些博物馆星散在玛雅世界故地的各处,无论当地居民还是外来游客,都有机会一睹当地特色文物的风采。

有别于上述地方性博物馆,传统欧美风格的博物馆通常集中收藏、展示来自不同地域的文明成果,设立它们的初衷是当年的殖民政府希望详细了解自己掌握的殖民统治资源。从某种意义上来说,墨西哥国家博物馆沿用的就是这样的风格,它的藏品来自这个国家领土的每个角落。一直以来,类似这样的国家文化构建方式始终饱受争议,不过也有人认为,它有助于体现一个国家对多元文化的认同[50]。地区性、地方性和遗址附属博物馆的日益增多在一定程度上解决了这个问题,同时也能够为当地居民提供感受地方特色文化,通过旅游业的持续增长不断获利的机会。

总而言之,1950—1975 年,由于艺术品市场的牵动,针对玛雅遗址的盗掘和破坏行为大幅增加，不过随着相关政策法规和国际条约的日趋完善和严格落实，随着博物馆文物征集政策的调整改变，随着古代遗址周边社区支持和参与文物保护工作力度的不断提升，盗掘、破坏分子的行为已经有所收敛，虽然这个领域的工作依然任重而道远。不管现在还是将来，世界各地的博物馆都必须直面自己在文物征集过程中出现的诸多问题，虽然迈出这一步并非易事，然而能够像现在这样与文物原属国政府和地方社团展开积极对话、交流，就不失为一个良好的开端。我们目前应该做的是顺应时代潮流，及时调整"航向"，与那些玛雅后裔携手守护、珍惜他们祖先留下的遗产。

第 7 章

流行文化、建筑与视觉艺术中的古玛雅

过去的几个世纪当中,数不清的玛雅文化元素通过各种各样的方式融入当代社会的建筑设计、流行文化和视觉艺术领域。促使建筑师和艺术家吸收借鉴玛雅元素的诱因千变万化,可能来自个人喜好、城市规划、宗教信仰等多种因素。例如说利用这些元素打造某种全国性或地区性的文化认同,再例如通过这些元素让自己跟某段亦真亦幻的历史搭上关系[1],出于后一种目的,尤卡坦土著、墨西哥人、危地马拉人经常将古玛雅人奉为自己的祖先。不仅如此,某些美国人偶尔也会声称自己和古玛雅人关系密切,因为从广义上说,两者毕竟同处一个美洲,都怀揣着创建一种"真正的美洲"文化的美好愿景。兴起于美国加州的建筑领域"玛雅复兴"[2] 运动是这方面的典型代表,就像艺术史学家詹姆斯·奥列西所说的那样,发起这场运动是为了打造一种能够和尤卡坦半岛建筑风格相提并论的"独一无二的地域文化认同",即便那些玛雅古代建筑遗迹跟加利福尼亚一点关系也没有¹。某些美国艺术家和建筑师还可能利用古玛雅视觉符号在国内推广墨西哥文化,也可能会将这些文化元素用于商业、娱乐业和旅游业。如果他们在利用这些古玛雅文化遗产的同时,故意对当代玛雅族群采取视而不见的态

---

[1] 即通常所说的"一切历史都是当代史",通过讲述"过去"为"现在"提供一个立足的基点。
[2] Maya Revival,肇始于20世纪20年代,是一种从"前哥伦布时代"美洲土著文化中汲取灵感的现代建筑流派。

度，那么这样的做法就可能引发别的社会问题。与此相反，也有一些艺术家借助玛雅文化元素对更早些时候人们对这种文化的随意挪用进行批判，通过自己的作品呼吁当代社会改变在文化、政治领域对玛雅族群的不公正立场。

新玛雅（Neo-Maya）建筑

19世纪末至20世纪初，墨西哥、中美洲、美国和欧洲的建筑师、政治家和考古学家们不约而同地将目光投向古玛雅建筑，为自己的设计规划找寻灵感。这些全新建筑当中，有些是为国际展会准备的临时性设施，有些则属永久性的公共建筑或影剧院，也有某些展会建筑会在活动结束后得到长期保留，以它们为代表的建筑风格被称为"玛雅复兴"或"新玛雅"（Neo-Maya），这个概念被用来泛指那些吸收借鉴古玛雅元素的现代建筑，最早出现在20世纪初的尤卡坦半岛和南加州。从另一个角度来看，"玛雅复兴"也可以被视为融会贯通阿兹特克、萨波特克[1]、印加（Inka）等美洲土著文明，历史更加悠久的"前西班牙复兴"（Pre-Hispanic Revival）运动的一部分[2]。通常来说，那些出现在"新玛雅"建筑中的玛雅

---

[1] Zapotec，兴盛于今墨西哥瓦哈卡州的美洲土著文明。

文化元素往往和其他美洲土著文化元素难分彼此，因为设计者自己可能就分不清它们之间的区别，也可能是因为他们本来就偏爱混搭式的风格。

  近年来，那些陈列着大量脱胎于古玛雅建筑，颇具墨西哥和美洲风范的石膏模型、文物复制品和图形符号，或者其他人类学展品的欧美国家大型国际展会通常都是古玛雅和其他"前西班牙时代"文化元素碰撞交融的舞台。对组织者而言，展厅的体验感至关重要，他们经常通过展厅本身的设计，以及雕塑、壁画、艺术品和建筑模型的陈列等多种媒介手段，使参观者身临其境地感受某种地方文化、国家文化或者个人身份认同。各大展会是当代墨西哥向全世界展现自己的舞台，而选择运用"前西班牙时代"的文化元素则讲述了其独特的历史，也有益于独立战争后国家认同的构建。与此同时，那些着重展现墨西哥中部地区文化特色的布展环节则往往更倾向于从墨西卡人，也就是阿兹特克人那里寻找灵感[3]。1867 年和 1889 年的两次巴黎世博会可以被视为墨西哥对"前西班牙时代"墨西哥中部土著建筑风格进行当代诠释的典范之作，本书第 4 章对此已有详细介绍。

第 7 章　流行文化、建筑与视觉艺术中的古玛雅　｜　307

图 53　乌斯马尔城主宫局部复制品，1893 年，芝加哥，
哥伦比亚世博会

目前已知当代社会对古玛雅建筑风格的首次"再利用"发生在1893年的芝加哥哥伦比亚世博会上，举办此次展会的目的是纪念哥伦布发现美洲大陆，不过展会上那栋颇具玛雅风格的建筑中，有一座展厅的主题却并非墨西哥风土人情，而是人类学研究成果。以拉班（Labna）和乌斯马尔两处遗址古建筑的石膏模型陈列在这座人类学展厅的外面，代表了哥伦布抵达美洲时生活在当地的土著居民[4]。如此一来，它们无疑也就成了"前西班牙时代"玛雅族群的象征，只不过这些古建筑模型都被设计为一种凄凉衰败的样子，颓墙断壁、荒草丛生，遭到人们的遗忘和忽视，等待着研究人员的探索和发现[5]。与其他展会类似，人类学展厅的内部陈列了包括手工艺品、雕塑模型在内的很多展品，以及莫兹利、马勒等人拍摄的各处玛雅遗址的照片。洪都拉斯政府，还有欧美国家的博物馆也为这次展会出借了文物。法国人类学家曾不无骄傲地写道，来自巴黎特罗卡德罗民族学博物馆的展品能够涵盖新大陆的所有区域，这充分说明了法国博物馆收藏门类的齐全和丰富[6]。

就像1889年的巴黎世博会一样，1893年芝加哥举办的这次展会在处理美洲古建筑与当代美洲土著族群关系上存在明显问题。展会发布的一份宣传册甚至声称那些古玛雅建筑"出自一个被遗忘的神秘族群之手"[7]。这样的说法，等于直接割断了，或者至少是有意忽略了它们与美洲土著族群的关系。更有甚者，展厅附近的空地上

图 54　曼努埃尔·阿马里斯·多明格斯设计的共济会会所暨尤卡坦半岛东部地区共济会博物馆，墨西哥尤卡坦州梅里达，本图来自 1915 年发行的一张明信片

还有所谓的"活人展览",遭到示众的对象包括来自不列颠哥伦比亚[1]鲁珀特堡的夸夸嘉夸人(Kwakwaka'wakw),他们通过表演的形式让观众直观感受本民族的各类祭祀仪式和日常生活。这么做的目的首先是为了刺激当地旅游业的发展,同时也是为了让土著族群的原始落后与展会上其他环节所展示的科学技术和现代文化形成鲜明对比[8]。

墨西哥建筑师后来往往习惯将设计建造"新玛雅"风格的建筑作为展现国家或地区自豪感的手段。这个国家的第一座当代"新玛雅"建筑模仿参考了奇琴伊察遗址的女修道院(Nunnery Annex),只不过前者是一座焕然一新的建筑,而非后者那样的断壁残垣。1899年,由巴特雷斯担任设计师,墨西哥城修建了一座象征尤卡坦半岛的矮拱门,它是当时墨西哥各州为纪念国家独立,同时向迪亚斯总统表达敬意而出资兴建的众多同类建筑物中的一座。1906年,为了纪念迪亚斯总统莅临访问,古城梅里达的广场上矗立起一座类似的拱门[9],它以奇琴伊察女修道院为模板,但是顶部却添加了传达进步和现代理念的寓言性雕塑。与此同时,这座矮拱门在设计方面还参考了古罗马和中世纪欧洲为庆贺远征归来而修建的凯旋门,这在当时还被称为"新西班牙"(New Spain)的墨西哥是一种获得普遍接受的做法。

---

[1] British Columbia,今加拿大不列颠哥伦比亚省。

图55　曼努埃尔·阿马里斯·多明格斯、利奥波多·托马西·洛佩斯和维克多·雷耶斯设计的伊比利亚—美洲博览会墨西哥馆，1929年建于西班牙塞维利亚

　　某些年代更早的矮拱门往往倾向以欧洲和"前西班牙时代"墨西哥中部地区[1]设计模式为主体，同时适量采用玛雅文化元素体现尤卡坦半岛的独特历史文化。耐人寻味的是，这些矮拱门大多完工于"卡斯特战争"期间或结束后不久，也就是受到残酷压迫的玛雅族群拼死反抗殖民统治的那个时期。建筑师兼考古学家胡安·安

---

[1]　即阿兹特克文化。

东尼奥·塞勒[1]认为,这种出于政治目的在建筑设计中套用玛雅文化元素的做法,与当代玛雅族群遭受的漠视和偏见形成了巨大反差,那个时代的他们有很多人在"卡斯特战争"中丧生,还有很多人在龙舌兰种植园里做苦工[10]。那些当权者在为古玛雅建筑所倾倒的同时,却在为玛雅族群受到的长期压迫高唱赞歌。这样的错位,在于殖民者通过自己构建的那套话语割断了玛雅人与玛雅文化遗产的现实关联,将后者打造为某个地区、国家或全世界的共有财产。

第一座永久性"新玛雅"建筑同样出现在梅里达,不过问世时间却是反对迪亚斯总统的国内革命期间。来自这座古城的建筑师曼努埃尔·阿马里斯·多明格斯[2]曾远赴巴黎求学,1915—1918年,他为完工于公元17世纪的耶稣会圣名殿教堂[3]设计、改建了新的外立面,将其转化为一座共济会会所[11]。这种功能性的转化象征了大革命时代的墨西哥摆脱旧有的天主教和殖民化历史,继往开来的蜕变历程。改建后的玛雅风格外立面,正中入口处采用了牛腿造型的拱顶,壁柱底部安装了奇琴伊察风格的蛇头造型底座,再加上若干普克式的浮雕、十字架和兽脸造型的面具,处处应和着那个风云变幻的时代。

曼努埃尔·阿马里斯·多明格斯曾与雕塑家利奥波多·托马

---

[1] Juan Antonio Siller,墨西哥国立自治大学教授。
[2] Manuel Amábilis Domínguez,1883—1966年。
[3] Templo del Dulce Nombre de Jesús church,位于墨西哥坎佩切州。

西·洛佩斯[1]、画家维克多·雷耶斯（Victor M. Reyes）联手，为1929年在西班牙塞维利亚开幕的伊比利亚—美洲博览会（Ibero-American Exposition）设计过一座玛雅风格的展厅[12]。展厅外立面装饰了普克风格的圆形立柱和斗拱飞檐，中央入口的设计同时参考了奇琴伊察的蛇形门柱和女修道院，不过大门正中的纹章却是一只站在仙人掌上，爪子里擒着一条蛇的老鹰，这个图形符号源自古代阿兹特克文明，放在这里则是当代墨西哥国旗和国家的象征[2]。奇琴伊察查克莫天使雕像的复制品雄踞在展厅的屋顶，天使两侧装饰有讲述寓言故事的箴言带，箴言带的纹饰图案中既有赤身裸体的人物，也有身穿墨西哥传统服饰的女性形象。展厅正前方立有两块"托尔特克风格"的石碑，这两块石碑可以被视为彼德拉斯内格拉斯遗址14号石碑（Stela 14）的创新性复制，石碑上有关古玛雅城主和他母亲生平事迹的记载被改造为一个以男性形象为中心，与劳动和活力有关的寓言故事[13]。虽然曼努埃尔·阿马里斯·多明格斯将这两块石碑称为"托尔特克式"的，而非"玛雅式"的，不过它们的某些设计灵感实际却来自共济会惯用的图形符号。

正如曼努埃尔·阿马里斯·多明格斯所说，沿用源自"我们祖

---

[1] Leopoldo Tommasi López, 1899—1976年。
[2] 鹰—蛇—仙人掌符号是阿兹特克王权的象征，也是当代墨西哥的国徽。

父母"的艺术和建筑元素，是尤卡坦土著利用自己的独特身份，参与构建后革命时代墨西哥国家文化的一种方式，这种设计风格与欧式风格针锋相对，复兴了殖民时代和迪亚斯总统独裁统治时期遭到压制的某些艺术形式。此外，这座展厅的设计还可以被视为对世博会构建的那套殖民话语的有力回击，后者声称墨西哥艺术、文化的诞生和进步全部是西班牙人的功劳[14]。与此相反，曼努埃尔·阿马里斯·多明格斯对"前西班牙时代"建筑艺术的出众品质推崇有加，还认为它们的存在给欧洲传统建筑、艺术的创新提供了机会。这位建筑师的观点与大革命后墨西哥其他先驱人物利用土著文化打造国家认同的想法不谋而合。那个时代，社会党人占优势的尤卡坦地方州政府，特别是在萨尔瓦多·阿尔瓦拉多[1]和菲利普·卡里略·帕特[2]两位将军先后担任州长期间，曾颁布一系列政策法规，试图通过土地改革、发展教育的方式给土著居民带来福祉。为了打造本州独特的地方文化，帮助土著居民摆脱自身束缚，菲利普·卡里略·帕特任职期间还大力提倡玛雅语言和文化[15]。正如路易斯·卡兰萨[3]所说，各大国际展会的墨西哥展厅对玛雅文化元素的不断借鉴，某种意义上，是对殖民主义的谴责，是全球化语境中对多元民

---

[1] Salvador Alvarado, 1880—1924 年。
[2] Felipe Carrillo Puerto, 1874—1924 年。
[3] Luis Carranza, 哥伦比亚大学建筑和艺术史教授。

族文化进行过度物化、套路化和异化的反抗,是对阶级平等的渴望[16]。

尽管如此,曼努埃尔·阿马里斯·多明格斯却拒绝为那些经他之手登上世界舞台的雕塑和建筑贴上"玛雅"的标签,而是沿用19世纪某些学者的思路,将托尔特克人视为墨西哥及美洲各地文明火种的播撒者,认定他们才是那些古玛雅城市的真正主人。除此以外,他提倡欧洲建筑师在当代建筑中融入"前西班牙时代"墨西哥文化元素的前提也是认为欧洲和玛雅建筑同根同源,这个"根源"后来被他明确表达为失落大陆亚特兰蒂斯[17]。如此一来,虽然曼努埃尔·阿马里斯·多明格斯在全球范围内拓展了美洲土著建筑艺术的影响,表达了自己对殖民主义的反对立场,这种张冠李戴将玛雅建筑的成就算在传说中的托尔特克人头上的做法,依然延续了殖民时代肆意挪用土著文化遗产的老套路,将古玛雅文明与当代玛雅族群剥离开来。

艺术、民族主义和民族认同

20世纪二三十年代,众多墨西哥和危地马拉艺术家利用玛雅和其他"前西班牙时代"土著文化遗产凝聚人心,打造属于自己的国家或地区文化认同。1929—1935年,在墨西哥首都墨西哥城国家宫(National Palace)内部的楼梯间,艺术家迭戈·里维拉创作了一组名为《墨西哥的历史》(*The History of Mexico*)的系列壁画,为造访者讲述从西班牙征服者出现前直到今天的墨西哥国家历史。那组壁画中表现"前西班牙时代"历史的环节以羽蛇神克查尔科亚特尔（Quetzalcoatl）为核心人物，当年的阿兹特克人曾将西班牙征服者科尔特斯视为他的转世重生。

墨西哥国家宫的系列壁画随后成了危地马拉和尤卡坦艺术家竞相模仿的对象。1939—1943 年，危地马拉画家阿尔弗雷多·加尔韦斯·苏亚雷斯[1]参照迭戈·里维拉在政府建筑中利用图像符号讲述国家历史的既有范式，替危地马拉的国家宫创作了一组壁画，只不过将部分重点从阿兹特克人转到了玛雅人和他们的神话传说，其中就包括基切玛雅人的圣书《波波尔·乌》[18]。

有别于迭戈·里维拉的做法，1932 年，墨西哥画家大卫·阿尔法罗·西凯罗斯[2]在名为《热带美洲》（*América Tropical*）的壁画中，有意画上了一座玛雅金字塔。当时，他受邀为洛杉矶的旅游景点欧维拉街创作一幅展现墨西哥浪漫风情的壁画，没想到最终完成的作品非但没有任何墨西哥的浪漫意味，反倒颇具反抗精神。壁画中那座玛雅金字塔的周围丛林密布，塔身正前方是一位被钉在十字架上的土著男性，十字架的顶端矗立着老鹰的形象，它象征了帝国

---

[1] Alfredo Gálvez Suárez, 1899—1946 年。
[2] David Alfaro Siqueiros, 1896—1974 年，墨西哥现实主义画家，擅长壁画创作，是墨西哥壁画运动的发起人之一。

主义的经济侵略对土著农民的残酷压榨。不仅如此,西凯罗斯还画了秘鲁和墨西哥两国的革命者,手握钢枪瞄准这只老鹰[19]。在这样的语境中,运用玛雅文化符号就不再是为了传播推广这一古老文化,而是为了曝光土著族群受到的不公正待遇,谴责美国的倒行逆施。只可惜这位画家的赞助人还是更希望营造浪漫主义的氛围,所以壁画很快就被白颜料涂抹掉了。

图 56　罗伯托·贝尔德西奥(Roberto Berdecio)站在大卫·阿尔法罗·西凯罗斯刚完工的壁画《热带美洲》前,1932 年,洛杉矶

图 57　费德里科·马里斯卡尔为墨西哥国家美术宫创作的雨神查克浮雕，墨西哥城，1934 年，大理石和青铜

坐落在墨西哥城的国家美术宫（Palacio de Bellas Artes）或许是名气最大的融合多种玛雅文化元素的建筑之一，不过它的这种古今混搭风格并非有意为之，而是大革命胜利后对一座革命前时代建筑进行改建的结果。1934 年，建筑师费德里科·马里斯卡尔[1]在迪亚斯总统执政时期"新古典主义"[2] 风格的基础上推陈出新，

---

[1] Federico Mariscal，1881—1971 年。
[2] Neoclassical，兴起于 18 世纪晚期，强调古希腊、古罗马的自然简约之美，反对过分华丽烦琐的洛可可风格。

完成了这座建筑内部结构的重新设计[20]。他倾向使用相对中性的墨西哥文化元素和"装饰艺术"[1]的设计理念进行室内装潢,例如由青铜制成,镶嵌在粉色大理石"装饰艺术"风格框架中的"普克"式动物面具,以及表面嵌入发光装置的巨型立柱等,如此种种都可以被视为对传统石片马赛克镶嵌画艺术的重大突破。建筑物的正门入口处,马里斯卡尔还安放了几个特奥蒂瓦坎羽蛇神金字塔石雕头像的复制品。艺术史学家詹姆斯·奥列西认为,同时使用玛雅和特奥蒂瓦坎两种文化元素,是为了"在维护国家统一方面,寻求一种微妙的平衡"[2]21。迭戈·里维拉、西凯罗斯、鲁菲诺·塔马约[3]、何塞·克莱门特·奥罗斯科[4]等人创作的壁画也让这座建筑增色不少,这些作品中的一部分以墨西哥历史上的重大事件为表现题材,例如阿兹特克帝国末代皇帝考乌特莫克(Cuauhtemoc)惨遭酷刑折磨,阿兹特克皇帝率领人民英勇反抗西班牙入侵者,这些历史人物的英雄壮举让那些对迪亚斯总统领导的政府心怀不满的人找到了某种共鸣。总而言之,"后革命时代"墨西哥建筑师对这座

---

[1] Art Deco,19世纪末兴起于欧美,注重利用自然界的动植物曲线为建筑物增添美感。
[2] 墨西哥北部和中部是阿兹特克文明的传统势力范围,南部则是玛雅文明的覆盖区域。
[3] Rufino Tamayo,1899—1991年,墨西哥土著艺术家。
[4] José Clemente Orozco,1883—1949年,墨西哥壁画运动的发起人之一,主要擅长政治题材类的作品。

建筑的改造同时使用了"前西班牙时代"的文化元素和某些更现代的设计理念,最终以视觉化的方式讲述了一段由那个时代的特定语境孕育而成的墨西哥历史。

美国的玛雅建筑和设计

美国境内第一座融合了古玛雅和其他"前西班牙时代"美洲土著建筑、艺术元素的永久性大型建筑当属1910年完工于华盛顿的泛美联盟大楼(Pan-American Union Building),"泛美联盟"的主要任务是促进美洲国家的团结,由安德鲁·卡内基(Andrew Carnegie)出资兴建,保罗·菲利普·克雷特[1]和阿尔伯特·凯尔西[2]设计的联盟大楼恰恰是这一理念的完美体现。这座大楼总体上是一座欧式风格的"新古典主义"建筑,内部装修却融合了玛雅、阿兹特克、萨波特克和印加等多种文化元素,使用这种多元风格的目的,恰恰是为了具体化地彰显泛美主义,呼吁美洲国家保持内部团结[22]。然而正如建筑史学家罗伯特·亚历山大·冈萨雷斯[3]已经注意到的那样,诸多土著文化元素对于这座欧式建

---

[1] Paul Philippe Cret,1876—1945年,法裔美国建筑师。
[2] Albert Kelsey,1870—1950年,美国建筑师。
[3] Robert Alexander González,美国新墨西哥大学教授。

筑来说仅仅是一种点缀，设计者在将一部分拉美国家纳入视野的同时，也有意无意地排除掉了某些特定群体，包括美国国内的印第安人[23]。

对于玛雅文化元素更为明显的挪用出现在南加州世博会上。1915年，巴拿马加州世博会（Panama-California Exposition）在圣迭戈的巴尔博亚公园开幕。位于美国太平洋沿岸的圣迭戈在加州和拉美国家久负盛名，因为它是很多船只沿着当时刚刚完工的巴拿马运河横穿美洲的起点或终点[24]。世博会加州展厅内部陈设的策展人是人类学家埃德加·李·休伊特[1]，他选择的展品包括若干件巴拿马古代艺术品和古玛雅雕塑，以及中美洲地形图、古玛雅建筑的照片、模型和绘画作品等新媒体展示手段。艺术家卡洛斯·维埃拉[2]曾和休伊特一同前往基里瓜遗址考察，还跟莫利携手绘制那些遭到遗弃的玛雅古城的浪漫景色[25]。另一位艺术家琼·库克-史密斯（Jean Cook-Smith）则以帕伦克遗址为原型创作了一组石膏浮雕，浮雕特意采用了古希腊艺术风格，从而身体力行地将"玛雅人是新大陆的希腊人"（Maya were the Greeks of the New World）这句名言付诸实践。展会奇琴伊察风格巨蛇造型入口的大门上，则用玛雅文字铭刻着此次盛会的开幕日期——1915年1

―――――――――
[1] Edgar Lee Hewett，1865—1946年。
[2] Carlos Vierra，1876—1937年，葡萄牙裔美国画家和摄影师。

月1日[26]。

按照休伊特的说法,设计这样一座大门是为了让观众身临其境地"体验当年的欧洲探险家们第一眼看到的美洲新世界"[27]。巴拿马加州世博会的宣传册中,他还曾这样谈及玛雅文明的本土演化历程:"对于某些人异想天开的无稽之谈,例如玛雅文明起源于东方或埃及……如此种种,都应该遭到我们的扬弃。这一点说起来没有任何神秘可言,那些中美洲古代神庙的建造者就是美洲印第安人。"

在此基础上,休伊特进一步写道:"我们当中的某些人有理由大胆设想,此次展会是我们对一个伟大文明进行重新认知的开端,一座真正的知识宝库正在向我们敞开大门,这座宝库曾遭到长期抹杀,但并非命中注定将被我们永久遗忘。"[28]

世博会举办期间,那些能够让人联想起"前西班牙时代"的展品被集中陈列在一座建筑里,它的外观风格可以被视为"西班牙巴洛克式"或"墨西哥巴洛克式"[1],设计者是伯特伦·格罗夫纳·古德休[2]。如此一来,这座建筑便由内而外同时承载了加州拥有的美洲和西班牙两种文化传统。虽然展厅内部没能体现代表卡

---

[1] Mexican Baroque,又名"新西班牙巴洛克",殖民时代从欧洲传入墨西哥的巴洛克艺术流派。
[2] Bertram Grosvenor Goodhue,1869—1924年,美国建筑师。

惠拉[1]、库米亚[2]、路易塞诺[3]等土著族群的展品，来自古代危地马拉和墨西哥，以及巴拿马、加州两地的文化元素却在其中大放异彩。这样的布展思路说明，当时的加州认为自己拥有拉丁美洲的文化背景，或者也可以说加州认为自己是拉丁美洲的一员。不仅如此，休伊特还能利用展厅内的陈设自圆其说地构建出一套西班牙和美洲本土文化二元对立、此消彼长的历史，最终将美洲"黄金时代"的终结归因于西班牙人的到来：

> 理所当然，欧洲人尚未踏足美洲以前，加州拥有的那些古代建筑便已成为一个古代族群留存世间的纪念……加州世博会展厅中的那些物品，为世人重现了这个族群的黄金时代——这是人类历史上值得关注的一页，与旧世界同时期的辉煌历史同等重要[29]。

通过在这次世博会上将那些美洲土著打造为一个早在西班牙人来到当地以前便已销声匿迹的古代族群，策展人实现了西班牙和本土两大文化传统在加州的和谐共存，同时又巧妙地回避了16世纪

---

[1] Cahuilla，分布在南加州山区的土著族群。
[2] Kumeyaay，分布在美国加州和墨西哥交界地带的土著族群。
[3] Luiseño，分布在加州的土著族群。

的征服战争,以及殖民政府随后对土著族群实行的灭绝政策等不和谐因素。无论如何,1915年的世博会都为加州构建了一套游离于欧洲和美国其他地区之外的独特文化传统,从而对建筑领域的"玛雅复兴"运动产生了深远的影响,同时也为加州的建筑师和设计师提供了无穷无尽的灵感来源。

1914年,创建于1907年的西南博物馆搬迁到洛杉矶的高地公园,新馆址是一座安达卢西亚和加州传道风格混搭的建筑。1919—1920年,时任馆长赫克托·阿利奥特(Hector Alliot)聘请埃立森建筑公司出面对博物馆所在园区进行重新设计。新的设计方案融合了多种风格,例如在一座蒂卡尔风格金字塔的顶部修建西班牙和加州传道风格的建筑。这么做是为了充分体现西南博物馆的办馆理念,即集中展示美国西南部和拉丁美洲的多元文化。只可惜,这个计划最终并没能完全付诸实施,取而代之的是修建了一座以奇琴伊察女修道院为蓝本,外墙的采用玛雅风格装饰的新建筑作为旧馆的入口[30]。

弗兰克·劳埃德·赖特[1]也喜欢将玛雅元素融入自己的建筑设计。或许是因为在1893年的芝加哥哥伦比亚世博会上看到的玛雅建筑石膏模型激起了他的兴趣,他后来阅读了大量与古玛雅遗址

---

[1] Frank Lloyd Wright,1867—1959年,美国建筑师和作家。

有关的出版物[31]。1915年,他从奇琴伊察遗址和普克式建筑风格中汲取灵感,完成了威斯康星州里奇兰森特的A. D. 德国仓库(A. D. German Warehouse)外立面的设计,并于1917—1920年付诸实施[32]。按照他的设想,这座建筑的砖砌外墙和带有纹饰图案的混凝土浇筑檐口效仿却又并非完全照搬了乌斯马尔和奇琴伊察的普克式建筑。好莱坞的"蜀葵之家"[1]更充分地体现了赖特对玛雅文化元素的化用。这座建筑矗立在一座小山上,颇具四合院风格的结构布局神似帕伦克的王宫和乌斯马尔的女修道院。它的平滑外墙设计参照了帕伦克遗址和其他普克式建筑,浑圆的屋顶则效仿了帕伦克和亚斯奇兰的建筑模式[33]。此外,那些用来装饰室外台阶,被抽象为几何图案的冬青树纹饰则让人不禁联想到科潘遗址的玛雅石碑。这座建筑的设计无疑参考了某些古玛雅建筑,只不过很难说明具体参考的是哪座建筑。事实上,正如赖特坦承的那样,他对玛雅文化元素的借鉴是一种创造性的模仿,而非单纯地照搬传统[34]。这位建筑师对玛雅及其他文化建筑设计的效仿始终是宽泛而含混的,20世纪30年代,也就是在自己职业生涯的早期,赖特就曾表露过自己对美洲土著建筑的仰慕之情:"我记得自己还是一个男孩时,托尔特克、阿兹特克、玛雅和印加等美洲

---

[1] Hollyhock House,位于洛杉矶橄榄山的半山腰。

图 58　弗兰克·劳埃德·赖特,"蜀葵之家",加州好莱坞,修建于 1919—1921 年

土著文化曾经如何令我浮想联翩,如何让我一厢情愿地对它们钦慕有加。如果哪天有钱了,我希望自己能够前往墨西哥、危地马拉、秘鲁等地亲身参与考古发掘,唤醒那些沉睡已久的文化遗骸。"[35]

除了上面这段话,他还这样说过:"我们可以将这些古代文化奉为老师。"[36]

1937 年,赖特再次对玛雅建筑和装饰艺术的优点极尽溢美之

词,同时建议读者:

> 拨开笼罩在玛雅原始建筑艺术外部辉煌壮丽的层层迷雾,化繁为简,掌握其背后的基本规律,它才是玛雅文化的精华。感悟那些原始质朴的玛雅神灵所蕴含的洪荒之力……然后将这种力量与阶地形成的广阔高原,以及气势恢宏的古代石头建筑联系起来。你将从这些别具一格的景观中感受到石头蕴藏的力量,进而意识到就连玛雅建筑上那些"装饰"似乎也饱含着强大的神力[37]。

赖特欣赏玛雅等美洲土著文化,乐于从它们当中找寻灵感,同时却拒绝将自己局限于其中的某一种文化,而是希望让自己的建筑设计更具普遍性,于是他得出了这样的结论:"我的作品从未受到任何外来或本土因素的影响。"[38]

实际的情况是,赖特设计的建筑确实化用了来自其他文化的元素,只不过他会对这些元素进行抽象化的处理,从而体现出更强的普遍性,彰显自己作品跨文化的共性,而非简单照搬某些特定的文化。凭借这样的技巧,赖特开创了一种独特的美洲建筑流派,它们的外观特征与美洲本土建筑颇有几分形似,同时又在现代化的总体设计风格中凸显了国际化的色彩。另外,由于坚决否认自己的设计化用了美洲本土元素,弗兰克·劳埃德·赖特有意无意地与直截了当效仿古玛雅建筑的英国建筑师罗伯特·斯泰西-贾德[1]拉开了距离。话虽如此,赖特本人的态度却并不妨碍别人给他的作品贴上"玛雅"的标签。例如,查尔斯·恩尼斯(Charles Ennis)就曾给自己位于洛杉矶的家安装了一个金属质地的玛雅符号,那栋建筑是出自赖特之手的一座"织物纹样砌块风格"(textile-block)的房子[39]。

1922年,斯泰西-贾德来到洛杉矶,他的设计方案直接或间接地取材于古玛雅建筑。这么做的目的首先是为了体现某种异国情调,其次也是受当时甚嚣尘上的亚特兰蒂斯大陆文明"跨洋传播说"的影响。来到洛杉矶后不久,斯泰西-贾德曾经尝试过多种复古式的建筑设计,例如欧洲中世纪式的、地中海式的、西班牙式的、埃及式的和伊斯兰式的,最终却独独钟情于所谓的"玛雅复兴"[40]。据这位建筑师后来回忆,他之所以青睐玛雅建筑,究其根本是因为读了斯蒂芬斯和卡瑟伍德的书,以及乔治·奥克利·托滕[2]1926年出版的《玛雅建筑装饰》(*Maya Architectural Ornamentation*),而且他本人也曾多次造访尤卡坦半岛的古代遗址寻找灵感[41]。

那个时代的人们谈及斯泰西-贾德的作品时,总会强调它们独

---

[1] Robert Stacy-Judd,1884—1975年。
[2] George Oakley Totten,1866—1939年,美国建筑师。

一无二的"美洲特色"。1928 年，新闻记者埃德加·劳埃德·汉普顿[1]就曾这样评价斯泰西-贾德的设计——1924—1925 年修建完工，位于加州蒙罗维亚的阿兹特克酒店（Aztec Hotel），说它是"屹立于当今世界的独一无二的建筑，体现了艺术与建筑的完美融合，还巧妙化用了来自远古时代的装饰美学。换言之，它是美国目前拥有的唯一百分之百'纯美洲'的建筑物。"[42]

平心而论，类似这样的评价其实不无偏颇之处，因为评价者对其他具有类似特征的建筑采取有意无视的态度，例如由弗朗西斯科·科内霍[2]设计、建造，并于 1927 年落成的洛杉矶玛雅剧院。

斯泰西-贾德对玛雅文化元素的化用始终处于一种与时俱进的状态。他的那些早期作品，例如阿兹特克酒店在建筑外立面和内部公共空间的装修方面就借鉴了玛雅工匠的手法[43]。顺便说一句，这座建筑之所以被命名为"阿兹特克酒店"，而非"玛雅酒店"，只不过是因为阿兹特克人的知名度更高而已。根据玛乔丽·因格尔[3]的相关研究，将这座酒店设计为玛雅风格，这其实是斯泰西-贾德后来才做出的决定，他最初的想法是打造一座埃及复古风的建筑[44]。酒店的设计灵感来源多种多样，包括飞檐上的普克式栅栏立

---

[1]　Edgar Lloyd Hampton，1872—1951 年。
[2]　Francisco Cornejo，1892—1963 年，墨西哥画家和雕塑家。
[3]　Marjorie Ingle，代表作 *The Mayan Revival Style：Art Deco Mayan Fantasy*。

柱，以及入口、窗户和建筑四角的玛雅祥云图案。当然，设计者在使用这些元素时，都对它们进行了一定程度的抽象化或程式化处理。

图 59　罗伯特·斯泰西-贾德设计的共济会会所，加州北好莱坞，修建于 1948—1951 年

图 60　罗伯特·斯泰西-贾德《亚特兰蒂斯的毁灭》，
1936 年，平面渲染

　　斯泰西-贾德职业生涯后期的作品，例如 1928—1932 年修建完工的文图拉第一浸信会教堂[1]，1935—1937 年施工落成的卢斯费利斯哲学研究会，还有 1948—1951 年兴建竣工的北好莱坞共济会会所，它们对玛雅文化元素的化用相对更加集成化，这方面的典型代表就是建筑入口处的玛雅风格巨型眼镜蛇穹顶与拉班和乌斯马尔

---

[1]　First Baptist Church，位于美国南卡罗来纳州。

两处遗址城主王宫穹顶的结构非常相近。此外，哲学研究会的房间内部穹顶也被设计为眼镜蛇的造型，庭院中起支撑作用的立柱则明显效法奇琴伊察风格的巨蛇立柱。

通过化用玛雅文化元素打造一种与传统欧式风格分庭抗礼的纯美洲建筑风格的同时，斯泰西-贾德如此偏爱"玛雅复兴"这股时尚潮流的另一个重要原因还在于他和他的客户与共济会之间存在的微妙关联，这个组织的触角曾经遍布世界各地，人们对它的持续关注引发了19世纪各种与文化传播有关的各种猜测[45]。20世纪30年代晚期，斯泰西-贾德正式发表了自己以"亚特兰蒂斯大移民"为核心的一套假说，同时声称"越是深入地了解失落大陆亚特兰蒂斯，我越是有理由相信，玛雅人的祖先就是从那个地方来的。"他还认为"玛雅文明来到中美洲时便已高度发达，它的萌发和成长是在世界的其他地方，而非美洲大陆。"

基于以上两点，他进一步得出结论认定玛雅族群在逃离亚特兰蒂斯后，在中美洲进行了殖民。这方面的证据包括玛雅文明与早期欧洲和小亚细亚（Asia Minor）早期人类文明在语言、宗教和建筑等方面的相似性。这样的理论无疑肤浅且缺乏依据[46]。受到夏尔·埃蒂安·布拉瑟尔·德布尔布尔格和奥古斯塔斯·勒普朗根两人观点的启发，斯泰西-贾德觉得世界各地人类文明都有所谈及的大洪水影射的实际是淹没亚特兰蒂斯大陆的一场洪灾，为了给自己的观点提供支持，他在描绘亚特兰蒂斯人大迁徙的图画中有意凸显了他们的身体样貌和建筑物的玛雅特征[47]。其中的一幅画反映了亚特兰蒂斯人驾驶独木舟颠簸在巨浪翻滚的海面上，他们的身后是一座汹涌喷发的火山，上升的海平面正在缓缓吞没那些与乌斯马尔、帕伦克和蒂卡尔遗址颇为相似的亚特兰蒂斯建筑。这样的建筑群落，或许就是斯泰西-贾德心中理想的"玛雅之城"，诸如此类的构图模式也在潜移默化中传达了他海纳包容各个玛雅建筑流派，集众多古玛雅遗址之所长的建筑设计理念，如此种种最初都起源于那座早已失落的城市——亚特兰蒂斯。

南加州建筑的室内设计

很多来自南加州的设计师都擅长从古玛雅文化汲取灵感对私人住宅和公共建筑进行室内装潢。洛杉矶商会的会刊《南加州商报》就曾对斯泰西-贾德的设计理念，以及那些专门为普通家庭制造玛雅复古风产品的企业赞赏有加。用埃德加·劳埃德·汉普顿[1]的话来说，建筑师可以从考古学家的书中获得"无限的可能性"，这些书是建筑结构设计和装饰装潢的灵感来源，每本书都为设计者提

---

[1] Edgar Lloyd Hampton，1871—1952年，美国出版商、新闻记者和诗人。

供了一次通过建筑的形式讲述"美洲史前时代族群历史重要片段"的机会[48]。当时的陶瓷公司热衷生产玛雅、埃及、中国和波斯风格的瓷砖。巴彻尔德-韦森公司[1]推出的"玛雅复兴"系列产品,包括壁炉、碗柜、盘子和书挡[49]。鲁弗斯·布拉德利·基勒[2]创办的加州制陶厂[3]可以依照个人喜好定制瓷砖,也可以直接生产全套的壁炉,他本人家里用的也是自己工厂的产品。"玛雅复兴"系列壁炉两侧的装饰物效仿了曾在圣迭戈世博会公开展示过的帕伦克十字建筑群墙板上的立姿雕像,顶部装饰的动物造型雕像同样取材自这件文物。瓷砖和壁炉的设计师们总是喜欢将多种元素混搭、融合在一起,丝毫不考虑自己的作品与原版文物的相似度,话虽如此,这些东西还是让生活在美国各大城市的人们在一定程度上了解了玛雅及其他遥远的异域文化。

弗朗西斯科·科内霍和亨利·洛文斯[4]也是这个领域的佼佼者,他们擅长利用玛雅和阿兹特克文化元素打造一种"现代的"或者"纯美洲的"的艺术。1911年,先后造访过纽约和丹佛两地的洛文斯来到洛杉矶,着手为1915年落成的圣迭戈加州大厦绘制室内装饰壁画,这些壁画利用现代颜料对亚斯奇兰和帕伦克两处遗址

---

[1] Batchelder-Wilson Company,位于美国洛杉矶。
[2] Rufus Bradley Keeler,1885—1934年,美国陶器专家。
[3] CALCO,全称为California Clay Products,是美国最大的瓷砖生产企业。
[4] Henry Lovins,1883—1960年,俄裔美国画家。

的古玛雅雕塑形象进行全新色彩演绎,并成为了洛文斯设计中的"保留项目"。无论是科内霍,还是洛文斯都秉持着从美洲古代艺术形式中找寻灵感,打造一种有别于欧洲传统的"纯美洲"艺术的创作理念。旅居洛杉矶期间,科内霍曾大力宣传墨西哥本土文化,开设了以古代和当代墨西哥文化为题的幻灯片讲座[1],放映了展现墨西哥古代遗迹、民间歌曲和舞蹈的影片。1921年,他还在洛杉矶举办了墨西哥古代艺术展[50]。

图61 加州制陶公司,壁炉围栏,生产于1923—1932年,土陶

---

[1] 当时电影和多媒体还未普及,有些讲座会配合播放与其内容相关的幻灯片。

科内霍对玛雅和其他美洲土著文化元素的化用体现在私人住宅、公共俱乐部和剧院等多种场所。1927年，位于洛杉矶市中心的玛雅剧院正式竣工，科内霍在装饰总监理查德·索比拉和施工单位摩根·沃尔斯与克莱门茨公司的领导下，为这座新建筑制定了一套玛雅及其他中美、南美文化元素水乳交融的室内装修方案。用这位墨西哥艺术家自己话说，该方案是对"丰富多彩的美洲古代建筑和装饰艺术风格"的继承和发展，为的是满足现代社会的审美需求[51]。据他的解释，剧院墙壁上的蛇形和花卉浮雕相互交织，形成了一种类似风化砂岩的粗糙质感，这个细节的设计灵感源自乌斯马尔和奇琴伊察的古代建筑。至于那些坐姿雕像，他们的样貌外形则和萨波特克人的香炉如出一辙。

玛雅剧院的大厅里，科内霍仿照古玛雅建筑的样式，设计了托臂拱顶和帕伦克遗址发现的三叶拱顶结构。无论大厅，还是剧院的其他地方都能找到基里瓜遗址大型建筑装饰风格的蛛丝马迹。科内霍曾在圣迭戈参观过来自蒂卡尔和奇琴伊察两处遗址的文物古迹石膏模型，基于这样的经历，他为大厅的地板和墙壁复刻了大量来自基里瓜遗址石碑上的玛雅铭文，只不过这些铭文普遍存在前后重复、胡乱编排，乃至上下或左右颠倒的问题。剧院内部，前厅拱门的结构设计源自基里瓜遗址的石碑，侧面舞台的大幕则让人联想起帕伦克遗址的装饰牌匾，然而它们又并非是对原版文物的照搬照抄。剧院天花板的整体造型可以被视为对阿兹特克历法石的经典再现，天花板表面的纹饰则源自墨西哥中部和玻利维亚的雕塑艺术。总而言之，这的的确确是一座充分体现了"泛美主义"理念的建筑[52]。只不过科内霍在为剧院这样一个充斥着虚构和幻想的场所添加这些文化元素的同时，却在有意无意间歪曲、混淆了它们本来的出处。

图62 弗朗西斯科·科内霍设计的玛雅剧院外部，加州洛杉矶，1927年

那个时代的人们对玛雅剧院的主流评价是肯定的。1927年8月，剧院正式开放，埃德温·沙勒特（Edwin Schallert）曾在《洛杉矶时报》上写道："它在建筑设计中体现了独特的艺术理念，保证能让每位造访者体会到宾至如归的感觉。"[53]

他还声称，玛雅文明源远流长，对于那些深入了解美洲历史的人来说，这座剧场具有非常强的吸引力。与此同时，另一位评论家则认为玛雅剧院的样子虽然看起来"粗犷而怪诞"，却为建筑师摆脱各种陈规束缚提供了一种最可行的思路，那些所谓的条条框框无非是对很多古典时代和文艺复兴时代成功范例的不断重复[54]。不过在近期发表的一篇评论文章中，艺术家尼娜·赫特尔[1]却将这座剧院视为"文化异装癖"（cultural transvestism）的代表，认为它是"后殖民语境中'他者'形象构建"[2]的产物[55]。

同一时期，圣安东尼奥、底特律、丹佛、纽约等美国城市也动工修建了许多"玛雅复兴"风格的剧院，纽约的那座剧院就位于赫赫有名的皇后区。另外，当时在旧金山、洛杉矶和纽约相继竣工的几座摩天大楼也在设计方案中融入了许多玛雅文化元素。按照英国

---

［1］　Nina Höchtl，1978年生于澳大利亚。
［2］　原文为coloniality of seeing，直译为"视觉的殖民性"，按照后殖民理论，全球化语境中占主导地位的西方总要以其他异域文化为原型构建一个"他者"形象，这个形象不一定客观真实，但必然要符合构建者自身的内在逻辑，满足构建者的某种需要，相关内容可参考萨义德的《东方学》。

建筑师阿尔弗雷德·博森[1]的观点,玛雅人的金字塔就是美洲的第一批"摩天大楼",因此美国人全新修建的摩天大楼理所当然可以使用一些玛雅元素作为点缀。先后在墨西哥和美国供职的秘鲁建筑师弗朗西斯科·穆希卡[2]则呼吁人们深入研究美洲本土建筑艺术,从而为新的现代建筑找寻灵感[56]。

大萧条时代美国人兴建"玛雅复兴"建筑的热潮虽然遭受重挫,不过20世纪30年代依然有一批此类建筑借着国际展会的热度,在芝加哥和圣迭戈拔地而起。1933年,为了庆祝1893年世博会成功举办40周年,芝加哥召开了"世纪的进步博览会"(Century of Progress World's Fair),此次展会的会址中出现了一座以乌斯马尔女修道院北部设施为原型修建的"玛雅神庙"。为了完美复原这座古代建筑,任职于杜兰大学中美洲建筑研究所的丹麦考古学家弗兰斯·布洛姆[3]曾远赴尤卡坦半岛搜集照片、模型和电影胶片等历史资料[57]。

复原后的神庙是一座崭新、完整的建筑,里里外外还油漆得色彩斑斓,并非是它原型那样的残垣断壁。神庙内部的展品琳琅满目,其中最显眼的当属宾夕法尼亚大学博物馆的考古学家早些时候

---

[1] Alfred C. Bossom,指Alfred Charles Bossom,1881—1965年。
[2] Francisco Mujica,1889—1929年,"新美洲"建筑流派的开创者。
[3] Frans Blom,1893—1963年。

图 63　以乌斯马尔北部建筑群的修道院为蓝本设计的国际会展中心，"世纪的进步"（Century of Progress）主题展览，芝加哥，1933 年

在彼德拉斯内格拉斯遗址找到的玛雅雕塑。类似这样的文物在当时的美国非常稀有，所以展厅内的雕像其实都是复制品。

为了纪念 1915 年圣迭戈世博会 20 周年，1935 年，圣迭戈举办了"加利福尼亚太平洋国际博览会"(California-Pacific International Exposition)。这次展会在重新启用包括"加州馆"在内的1915年世博会旧有场馆的基础上，也开工修建了一些新的设施。作为时任总统罗斯福"睦邻政策"(Good Neighbor Policy)的一部分，展会还增加了拉美文化元素和相关国家的参展份额[58]。建筑师理查德·里夸[1]和好莱坞艺术家胡安·拉瑞纳加[2]联袂推出了此次展会的"联邦馆"，那是一座长方形的现代建筑，外立面基本都是四四方方的平面结构，中央大门却被修建为叠涩拱结构，还装饰了与乌斯马尔城主王宫相似的动物面具，只不过在规模、数量方面要更胜一筹。相比早期的"玛雅复兴"式建筑，"联邦馆"对玛雅文化元素的化用更加原汁原味，不过也有人指责它将古玛雅建筑中的"锋芒外露的石头雕塑"变成了"弱不禁风的纤维墙板……看起来仿佛挂在外墙上的饰带"[59]。

"联邦馆"的旁边有一处名为"印第安村"的展馆，"村子"里集中了150名来自各个部落的印第安人，他们通过表演向参观者展示印第安传统的手工艺制作、民间舞蹈，还装模作样地"劫持"驿站的马车，"袭击"那些运载货物的大篷车。如此诋毁、贬低土著族群的做法向人们透露了一个事实，那就是国际展会在某种程度上以过分夸张的手段凸显了美洲土著与欧洲殖民者间的隔阂，诸如

---

[1] Richard Requa，1881—1941年，他是这次展会的总设计师。
[2] Juan Larrinaga，1885—1947年。

此类的做法在过去几十年间的展会上从未有过改变[60]。

20世纪晚期到21世纪，旅游业和娱乐业的发展推动了新一轮修建"玛雅复兴"式建筑的热潮。佛罗里达奥兰多迪士尼世界的"未来世界"（epcot）景区由一家美国公司设计策划，遵循20世纪末国际展会的典型样式，针对不同国家建造了若干座展馆。其中，墨西哥馆的最明显标志是一座冒出浓烟的火山，以及分别代表玛雅人和中美洲其他族群的两座金字塔。

"未来世界"附近，迪士尼乐园的科罗拉多斯普林斯度假酒店在自己的游泳池旁边建造了一座爬满丛林藤蔓的蒂卡尔风格的玛雅金字塔，不过酒店的多数建筑还是沿用了不同流派的西班牙风格，例如安达卢西亚风格或西班牙殖民时代风格等。事实上，这座酒店只是以西班牙征服者带来的异域文化为背景，然后稍稍点缀了一些中美洲土著文化元素，要知道，当年建造它的意图就是为了纪念"伟大的西班牙探险家、艺术家、学者和建筑师的无畏精神"[61]。西班牙和美洲本土建筑的同框出镜，再加上酒店自己的宣传鼓吹，最终让"西班牙人征服美洲"这个人类历史上的悲惨故事能够更加符合当今社会娱乐化和商业化的粗俗品味。

墨西哥和中美洲地区也热衷将玛雅建筑当作发展旅游业和娱乐业的噱头。墨西哥金塔纳·罗奥州的卡门海滩，距离一处古玛雅遗址不远的地方，西卡莱特公园修建一个名为"玛雅村"（Mayan Village)的主题景点。这处景点的核心是一座丛林掩映中的玛雅金字塔复制品。游客可以在那里观赏传统玛雅球赛和舞蹈表演，也可以深入普通玛雅人家看当地妇女纺线织布。玛雅族群在这里属于被展示的对象，玛雅文化则被提炼出来用于商业和娱乐目的。西卡莱特公园的网站上有一张照片，照片的主角是一对白人夫妇，他们高高在上地站在那座"赝品"金字塔上，兴致盎然地看着身穿盛装的表演者正在举行一场烟雾缭绕的祭祀仪式，此情此景，恰恰暗示了玛雅族群和他们的文化在西方人心目中的地位[62]。

那个所谓的"失落大陆"亚特兰蒂斯也成了推广旅游业的一大亮点。位于巴哈马群岛的天堂岛上的亚特兰蒂斯度假酒店打广告招揽主顾时，就将自己粉饰成了一座拥有水滑梯的"玛雅神庙"，而且水滑梯的一段轨道恰好从满是鲨鱼的潟湖水下穿过。这座酒店的设计虽然以娱乐为目的，存在将玛雅文化过度商业化的嫌疑，但终究还是以自己的方式延续了那套亚特兰蒂斯的古老迷思。

传播学派和"新纪元"[1]宗教

到了20世纪，19世纪提出的那套玛雅人和玛雅文化的亚特兰

---

[1] New Age，指20世纪末开始，同时吸收借鉴东、西方形而上学传统，并与替代疗法、环境保护主义等众多领域相结合的神秘主义思潮。其本质是一种去中心化的宗教与社会现象。

蒂斯或者其他"跨洋传播说"依然拥有广阔的市场。曼努埃尔·阿马里斯·多明格斯和斯泰西-贾德两位建筑师都相信玛雅人或托尔特克人最初来自亚特兰蒂斯。詹姆斯·乔治瓦特[1]基本接受了这样的说法，只不过是将起源的地点改在了太平洋重要的利莫里亚大陆（Lemuria）或穆大陆（Mu）[63]。他觉得印度和墨西哥两地出土的碑刻铭文证实了古代文明跨洋传播这一事实，所有当今文明世界的族群全部都是穆大陆移民的后代，同时声称："由于地球上的族群都是穆大陆的子孙，都起源于那片'母亲大陆'，因此这个世界从来就没有什么野蛮的文明，也从未经历过野蛮的时代。"不仅如此，乔治瓦特还认为："曾经主导穆大陆的是一支白色族群，他们是那些黄色、棕色和黑色族群的统治者。"[64]

这样的说法只不过是19世纪雅利安文明全球扩散传说的"借尸还魂"，为了从美洲土著手中抢走那些本属于他们的文化遗产。

20世纪60年代，一套新的起源扩散理论在世界范围内不胫而走，这套理论明言或暗示古玛雅建筑其实是外星人的杰作，或者至少是他们影响下的产物。这种说法与19世纪的相关理论如出一辙，究其实质都是怀疑美洲土著是否能在完全没有外部帮助的前提下，建造那些古代城市。埃利希·冯·丹尼肯[2]撰写了很多

---

[1] James Churchward，1851—1936年，英国作家和工程师。
[2] Erich von Däniken，瑞士记者和作家。

讲述天外来客如何帮助玛雅或其他古代人类文明的小说，甚至还将帕伦克遗址巴加尔二世石棺上的浮雕形象解读为正在驾驶飞船的宇航员[65]。

某些"新纪元"作家同样热衷将古玛雅人跟地外文明联系到一起。在何塞·阿圭莱斯[1]看来，玛雅人发明的历法其实通往另一平行空间的桥梁，人们可以借助它来摆脱既有的思维方式和当代社会的束缚。他的那套说法涉及地外文明接触和星际旅行，甚至还认为玛雅人拥有驾驶能够跨星系航行的飞船造访其他星球的能力，玛雅文明存在的目的之一就是"将地球及太阳系文明纳入更加广阔的银河系当中同步发展"[66]。

即便在20世纪学者已经拿出若干确凿无疑的证据的前提下，阿圭莱斯依然拒绝承认当代玛雅族群与那些建造金字塔、编纂玛雅历法的古玛雅人存在关联。事实上，他肯定接触过这些学者的著作，同时还将19世纪提出的与南方低地玛雅文明大崩溃相关的一系列假说吸收到自己的理论体系当中。然而与19世纪学者将那场大崩溃的诱因解释为王朝权力体系的分裂和人口向其他地区外流的思路截然相反，在阿圭莱斯笔下，玛雅文明漫长的崩溃历程被简单地描述为突然销声匿迹。如此一来，"公元830年以后玛雅人究竟

---

[1] José Argüelles，1929—2011年，美国"新纪元"作家和艺术家。

去了哪里"这个问题自然而然便浮出了水面。阿圭莱斯给出的答案是，那个曾经建造金字塔，发明天文历法的古代族群继续远行，去了别的地方："他们的目的就是编纂、建立一套知识体系，也可以说是科学体系，并将它们固化为石头和文字留在地球上，然后继续远行。"

尽管如此，按照阿圭莱斯的说法，玛雅人还是留下了一些后代负责监管"卓尔金历，这个和谐矩阵"[67]。

如同此前的某些同行，阿圭莱斯还认为玛雅历法能够预测世界和平、地球末日之类的社会巨变。每到玛雅历法[1]中的一个周期结束的日子，这样的巨变就会发生。此类说法的来源之一是尤卡坦玛雅人后裔，墨西哥国立自治大学教授多明戈·马丁内斯·帕雷德斯（Domingo Martínez Parédez）在20世纪中期完成的几本专著，他曾提出一套假说声称玛雅人信奉"一神教"，玛雅语"Hunab Ku"的含义就是"一个神"，这个单词在殖民时代的尤卡坦半岛被借用过来，指代基督教的上帝。与奥古斯塔斯·勒普朗根等人的思路类似，帕雷德斯觉得这种文化信仰上的"不谋而合"很可能跟共济会有关[68]。

1971年出版的《墨西哥秘境》（*Mexico Mystique*）的作者弗兰

---

[1] 原文为Maya bak'tun calendar，bak'tun是玛雅历法的计算单位。

克·沃特斯[1]也是此类观点的拥趸,他曾预言"我们这个星球将发生时空认知方面的巨变,第六太阳纪[2]即将到来。综合参考玛雅和阿兹特克历法关于世界末日的描述做出判断,这个悲惨的日子应该是2011年的12月24日。"69另外,沃特斯还对1987年16—17日这个稍早些的时间点青睐有加,相信届时将发生一场"协波汇聚"[3],玛雅的至圣先贤,还有幻化为一道光波的羽蛇神将以"灵光"(inner light)或者"呈现在天际的一轮羽蛇形彩虹"的方式降临人间。类似这样的说法脱胎自16世纪墨西哥中部的逸闻传说,只不过为了满足新时期的口味,作者对它们进行了适度的修改70。

2012年,诸如此类的寓言可谓车载斗量,究其实质,无非都是打着心灵感应或梦境解析的旗号断言将要发生重大灾难或时空巨变。号称"新纪元长老"[4]的作家洪巴兹·门[5]来自尤卡坦州

---

[1] Frank Waters,美国作家,主要创作以美国西南部地区为背景的小说。
[2] Sixth Age,玛雅人和阿兹特克人都相信地球已经历了五个太阳纪,我们所处的第五太阳纪终将毁灭,代之以第六太阳纪,"2012世界末日"的说法即此而来。
[3] Harmonic Convergence,大概意思是说在某个特定时间,人们聚集在某个特定地点共同祈祷,通过意念来引发某些奇异事件。
[4] New Age Maya elder,土著玛雅人会遴选一些孩子,以心口相传的方式从小向他们灌输玛雅文化的各方面知识,这些人成年后会担任书写者、祭司等职务,被尊称为"长老"或"智者"。
[5] Hunbatz Men,1岁起被选为"长老",2014年美国高校和学术机构聘请他和其他几位玛雅长老赴美介绍玛雅文化。

巴亚多利德[1]附近的一个村子,作为阿圭莱斯的灵感来源之一,他的日常工作是组织旅行团参观游览各处玛雅古迹,向游客传授充当萨满或玛雅"日期保管者"[2]的相关知识[71]。他和其他几位作家声称,包括中国西藏和墨西哥恰帕斯州兰卡多玛雅人领地在内,世界各处分散保存着一套水晶头骨,这些圣物有助于人类在新的太阳纪中获得觉醒。2012年12月21日的冬至仪式上,洪巴兹·门就曾讲过这样一段话:"保存在全球不同地点的水晶头骨将承担在新的太阳纪唤醒人类意识的部分任务,世界各地的古代神庙负责接收来自宇宙的能量,分散在全球和宇宙中的水晶头骨将对这些能量进行中继传输。"[72]

类似这样的"预言",在古玛雅研究的专业学者眼中根本不值一提。正如考古学家大卫·斯图尔特所说:"无论古代、殖民地时代,还是现代玛雅文献,都从未预言过时空的终结或者世界末日的降临。"[73]

话虽如此,所谓的"预言"还是通过不同渠道渗透进了以好莱坞电影产业为代表的当代流行文化。2008年,斯皮尔伯格导演的电影《夺宝奇兵4》(*Indiana Jones and the Kingdom of the Crystal Skull*)就是将古玛雅传说、水晶头骨,还有据说能够跨越维度的外星生命嫁

---

[1] Valladolid,尤卡坦州东部最大城市。
[2] daykeeper,土著玛雅社会中专门负责掌管卓尔金历的祭司。

接在了一起。这样的影片让人不禁联想起阿圭莱斯的作品，却又能比"新纪元"作家的科幻小说更广泛地传播那些云山雾罩的幻想。

旅游公司趁着这股社会潮流推出了"2012特别之旅"套餐，商业实体和"新纪元"文化的拥趸出于各自的目的在那年的冬至和春分组织了花样百出的活动和仪式[74]。事实上，这些活动和仪式也是曾经的玛雅文明覆盖区推动旅游产业长期发展的重中之重。奎齐尔·卡斯塔涅达[1]就将奇琴伊察传统的春分祭祀仪式形容为墨西哥国家旅游产业自1984年延续至今的"旅游仪式"或"大规模宣传活动"。1989年，同时举行此类仪式的"新纪元玛雅唯心主义者"和"阿兹特克复兴主义者"不光相互闹得势同水火，还跟墨西哥国家考古和人类学研究所的学者龃龉不断。在奎齐尔·卡斯塔涅达看来，类似这样的事情明显有悖于土著玛雅族群的利益，因为事件的参与者对古玛雅历史知识本身并没有任何兴趣，而且他们还无视当代玛雅族群所应拥有的"尊重、地位、权力、文化传承的正统性"。对于这些人来说，玛雅只是任他们摆布的一个"木偶"，也可以说只是他们自身欲求的某种投射[2][75]。这样的做法不禁让人想起此前几个世纪的那些学者，出于各自的目的，他们为玛雅人打

---

[1] Quetzil Castañeda，美国印第安纳大学教授。
[2] 按照知识考古学的理论，一切构建"他者"的行为都是为了满足构建者自身的需要，与"他者"的客观真实性无关。

造了一个神话般的形象。

20 世纪 70 年代及以后的艺术家：批评和对行动的呼吁

在迭戈·里维拉、大卫·阿尔法罗·西凯罗斯[1]、何塞·克莱门特·奥罗斯科等艺术家通过绘画打造大革命后当代墨西哥国家认同的数十年后，梅里达和洛杉矶两座城市沿着他们的思路继续前行。20 世纪 70 年代，尤卡坦艺术家费尔南多·卡斯特罗·帕切科[2]在梅里达的总督府[3]绘制了讲述玛雅历史的系列壁画，目的是效仿当代墨西哥打造国家认同的方式构建一种以玛雅文化遗产为核心，专属尤卡坦的地方文化认同。这些作品细致翔实，一方面采用了自然主义的阴影、线条画法；另一方面又添加了印象派的色彩[4]。其中一些壁画专注于正面内容的描绘，例如玛雅世界的开创史，玛雅人和玉米的关系，玛雅艺术家雕刻的古代纪念碑等，另一些则展现了西班牙征服者和后来的殖民政府的各种残暴的阴暗面，例如迭戈·德·兰达主教焚毁玛雅人的神像，以及在龙舌兰种

---

[1] Davíd Alfaro Siqueiros，1896—1974 年，墨西哥现实主义画家。
[2] Fernando Castro Pacheco，1918—2013 年，墨西哥画家和雕塑家。
[3] Governor's Palace，始建于 1892 年，又名"政府宫"。
[4] 通俗地说，自然主义像镜子一样客观再现，印象派则注重主观表现，不一定原封不动地通过画笔再现原物，相关内容可参考艾布拉姆斯《镜与灯》。

第 7 章 流行文化、建筑与视觉艺术中的古玛雅 | 351

植园里服苦役的玛雅土著等。就像危地马拉国家宫的壁画一样，"玛雅"这个符号在尤卡坦地方文化中同时扮演了文明始祖和殖民及后殖民社会受迫害者的双重形象。

图 64　奇卡诺公园壁画，从右到左作者分别为索科罗·甘博亚（Soccoro Gamboa）、菲利佩·阿达梅（Felipe Adame）、罗杰·卢塞罗（Roger Lucero）、苏埃诺·塞普奈（Sueño Serpiente）；1978 年托马斯·卡斯塔涅达（Tomás Castañeda）、罗杰·卢塞罗等人发动"奇卡诺公园公民权利运动"时创作，1991 年翻新，加州圣迭戈洛根高地

那些参加的"奇卡诺运动"[1]的年轻艺术家立志于反抗美国社会制度化的种族主义和移民歧视，为自己拥有的墨西哥裔身份背景感到自豪，他们在20世纪70年代创作了许多公共壁画。某些自视为"奇卡诺人"[2]的评论家认为这些壁画出现在美国可谓实至名归，因为按照墨西卡人，也就是阿兹特克人的传说，他们的祖先从北方一个叫阿兹特兰（Aztlan）的地方出发，一路迁徙，最终才在阿兹特克帝国的首都特诺奇蒂特兰，也就是今天的墨西哥城落脚扎根。"奇卡诺人"坚信，传说中的阿兹特兰就在美国境内，这样一来，美国国内原有居民与墨西哥移民间的关系无形当中就被拉近了一步。

正如1969年在芝加哥开幕的第一届奇卡诺青年大会，罗多尔福·冈萨雷斯[3]和阿鲁里斯塔[4]提交的报告《阿兹特兰精神计划》（*El Plan Espiritual de Aztlán*）所说的那样：

> 我们是奇卡诺原住民，来自北方阿兹特兰的文明使者，我们的祖先从那里走来，我们要夺回祖先生长的土地，身为太阳

---

[1] Chicano Civil Rights Movement，又称 El Movimiento，是20世纪60年代开始，美国墨西哥裔群体掀起的一场人权运动。
[2] Chicanx，墨西哥裔美国人中的一个独特群体，认为自己是阿兹特克后裔。
[3] Rodolfo 'Corky' Gonzales, 1928—2005年，美国墨西哥裔拳击手和诗人。
[4] Alurista（Alberto Urista），墨西哥裔美国诗人和社会活动家。

之子,我们的信念至高无上,我们周身流淌的血液就是召唤我们的力量,预示着我们的责任和无法摆脱的命运[76]。

"奇卡诺运动"的参与者通过海报、版画和壁画,构建、运用和传播各种承载他们思想理念的视觉符号。他们仰慕那些后革命时代的墨西哥壁画家,然而与后者专门在政府机构内创作的做法相反,奇卡诺艺术家热衷在"奇卡诺人"工作和居住社区的公共场所作画,将高速公路护栏、立交桥和公共房屋的墙壁当作的自己的"画布"。这些作品强调奇卡诺社区独有的文化认同,抵制美国主流文化[77]。由于自我感觉与古代墨西哥艺术存在族群、血脉和文化间的关联,奇卡诺艺术家往往热衷在自己的创作过程中吸收、借鉴来自前者的文化元素。艺术家朱迪特·埃尔南德斯[1]就曾在那个年代借助古代墨西哥艺术反抗美国的种族主义,同时还游历墨西哥各地,研读相关书籍,参加各种墨西哥艺术的主题展览,意在将自己与墨西哥的文化遗产紧密联系起来,找寻自己的"文化之根"。在此基础上,她还热心教育事业,帮助新一代的学生和"奇卡诺运动"参与者追根溯源[78]。

尽管以阿兹特克为原型的文化想象始终占据当代艺术领域的主

---

[1] Judithe Hernández,美国艺术家和教育家,"奇卡诺运动"的先驱。

导地位，某些艺术家仍旧乐意将古玛雅文化作为自己的灵感来源。在 1976 年创作的名为《自由女神》（Libertad）的绘画作品中，埃斯特·埃尔南德斯[1]描绘了她本人正在以这座著名雕像为原材料雕刻一块玛雅雕像的场景，雕像的底部还刻着"阿兹特兰"几个大字。这幅图画的问世恰逢美国独立 200 周年，作者的用意是希望透过现象看本质，强调"美洲文化更久远的根源"，并"提醒世人不要忘了曾经生活，而且现在依然生活在美洲的混血和土著族群。"选择如此特殊的时间点公布这样一幅作品让人感觉意味深长，埃斯特·埃尔南德斯通过这样的方式抨击了美国的移民政策。不仅如此，她还把玛雅雕像原本的男性形象换成了女性，意在强调"奇卡诺运动"中女性参与者的独特地位[79]。画作使用西班牙语"Libertad"这个名字，暗示了美国社会那些讲西班牙语的少数族裔同样有权享受自由女神的庇护，美洲土著和墨西哥裔以及他们所传承的血脉文化也是当代美国社会的一部分。

话说回来，就像墨西哥和危地马拉的很多其他流派艺术家一样，奇卡诺艺术家的创作风格多元而且多变。事实上，我只强调了他们作品中的古玛雅和其他"前西班牙时代"文明因素，却几乎忽略了上述艺术家在创作过程对于其他文化形式的兼收并蓄。

---

［1］　Ester Hernández，墨西哥裔美国艺术家。

第 7 章 流行文化、建筑与视觉艺术中的古玛雅 | 355

图 65 埃斯特·埃尔南德斯《自由女神》，创作于 1987 年，玻璃蚀刻画，32/50

活动年代距离现在更近一些的艺术家参与古玛雅研究的另一大流行趋势是对早期同行构建、阐释玛雅文明的种种做法,例如博物馆的布展、"玛雅复兴"式建筑的修造、流行文化对玛雅文明的挪用等进行评论。这股思潮肇始于20世纪七八十年代某些美国印第安人权运动活动家公开批评博物馆将土著祖先的遗体和随葬品公之于众的做法,呼吁社会将这些先辈的遗骸和财产返还给他们真正的后代。1971年,运动参与者占领了洛杉矶的西南博物馆,要求撤展那些人类遗骸和宗教圣物[80]。

1986年,行为艺术家詹姆斯·卢纳[1]策划了一场名为"人工制品"(Artifact Piece)的表演,他躺在1915年和1935年先后举办过两次世博会的圣迭戈人类博物馆(San Diego Museum of Man)的展柜里,以此抗议他们公开展览美洲土著遗体的做法。这样的付出获得了相应的回报,1990年《美国原住民墓葬与赔偿法案》(Native American Graves Protection and Repatriation Act)获得通过,要求各大博物馆主动申报那些存在返还纠纷的遗体和物品。尽管如此,该法案的管辖范围却并不涵盖那些来自拉美国家的同类文物,所幸《联合国土著人民权利宣言》(United Nations Declaration on the Rights of Indigenous Peoples)2007年在美国获得批准生效,该宣言的第11

---

[1] James Luna,1950—2018年,墨西哥裔美国艺术家。

条和第 12 条为将来系统性的国际文物返还行动提供了一个可行的法理框架。

图 66　纳乌夫斯·拉米雷斯-菲格罗亚设计的行为艺术表演"危地马拉建筑简史"，这个节目既有现场表演，也有录制视频，表演者 One Torino 艺术团，最初上演于意大利都灵的沃利城堡（Castello di Rivoli），2010—2013 年期间在危地马拉城公映

最近几年，一些拉丁美洲和拉美裔艺术家开始尝试使用来自古代美洲文化的图形符号批判现实社会。2010 年在名为"危地马拉建筑简史"（*A Brief History of Architecture in Guatemala*）的表演中，危地马拉行为艺术家纳乌夫斯·拉米雷斯-菲格罗亚（Naufus

Ramírez-Figueroa）安排三名演员身穿泡沫塑料材质的演出服，分别扮演古玛雅神庙、殖民地时代教堂和现代建筑，表演者穿着这身行头笨拙地手舞足蹈，最终将它们化为碎片。这场表演的意图是用"前西班牙时代""殖民时代"和当代的三座建筑象征危地马拉历史上三个不同时期所打造的迥然有别的国家和民族认同，以及每个阶段土著族群受到的剥削压迫[81]。

图 67　恩里克·查戈亚《食人族生物伦理学的冒险》详图，绘制于 2001 年，阿马特纸和颜料

出生在墨西哥的版画制作人兼大学教授恩里克·查戈亚[1]开创了一种颇具现代特点，名为"折页型手抄本"（screenfold codices）的艺术形式，手抄本中的插图通过剪辑拼接将"前西班牙时代"和16世纪的美洲土著文化符号，以及当代美国文化的图形符号融为一体。2000年，在名为《西班牙手抄本》（*Codex Espangliensis*）的作品中，来自中美洲古代手抄本的土著战士形象被改头换面为大战超人的超级英雄。如此意味深长的画面以幽默的方式批评了历史上的西班牙帝国、墨西哥和美国政府、天主教会和当代流行文化。创作完成于2001年的《食人族生物伦理学的冒险》（*The Adventures of the Bioethicist Cannibals*）同样属于绘制在阿马特纸[2]上的"折页型手抄本"，这件作品中，作者将出自《德累斯顿手抄本》及其他来源的古玛雅图像符号与当代美国艺术和流行文化融为一体。其中的一页上，恩里克·查戈亚以贾斯廷·克尔创办的玛雅陶器数据库（Maya Vase Database）中编号为1599，现保存于洛杉矶郡立艺术博物馆的陶器花瓶为模板，绘制了一位穿着燕尾服与另一位身穿鸡尾酒礼服的女士同桌共进晚餐的玛雅人物形象，两人面前的大碗里盛着一颗人头和一只人手，暗指他们同属食人族。在这位艺术家的幻想世界中，画面中的玛雅人物的衣着服饰集"前西班

---

[1] Enrique Chagoya，墨西哥裔美国画家，斯坦福大学教授。
[2] amate（bark）paper，中美洲土著以阿马特树树皮为原材料制造的一种纸张。

图 68　迭戈·罗梅罗，《宇宙狂人》，2007 年，陶器

牙时代"的土著风格和欧美风格于一身，因为在作者看来，当年的玛雅人并非为西班牙人所征服，而是反过来征服了他们。不仅如此，"食人族"这个主题也在一定程度上批判了西方文化对土著族群的固有偏见[82]。

图 69　克拉丽莎·托辛,《玛雅蓝》行为艺术表演（静态），洛杉矶市文化事务部委托承办，该表演被视为盖蒂基金会"太平洋标准时间：拉美和洛杉矶倡议"艺术品委托研究项目的一部分，表演者克里斯托·塞普尔韦达，2017 年

作为"科希提普韦布洛艺术家"[1]的一员，迭戈·罗梅罗[2]同样擅长以幽默手法化用玛雅历史借古讽今。创作于 2007 年的《宇宙狂人》(Space Madness)，整体造型是一只大陶碗，大碗上

---

[1]　Cochitl Pueblo artist，活跃于美国新墨西哥首府圣达菲以南的科希提普韦布洛的一批制陶艺人，他们专门烧制各类带黑色花纹的陶器。
[2]　Diego Romero，墨西哥裔美国艺术家。

的彩色纹饰类似美国西南部古代土著文明流行的明布雷斯陶碗[1]。碗底正中央的两个人物耳朵上挂着玛雅风格的耳环，脑袋上却分别扣了一顶宇航头盔。这两个人被称为"崇戈兄弟"（Chongo Brothers），作为美国西南地区土著族群的代表，他们经常出现在迭戈·罗梅罗烧制的器物上。与"崇戈兄弟"一同出现的文字为"玛雅人真的来自火星吗？"和"飞碟"。通过这样的图文搭配，作者隐晦地批评了某些人将玛雅人视为外星后裔的做法对这个土著族群形象造成的损害，以及欧美社会和各大博物馆故意对此推波助澜的别有用心。

还有一些人将注意力集中在那些"玛雅复兴"建筑身上，目前生活在美国的巴西艺术家克拉丽莎·托辛（Clarissa Tossin）的主要关注对象是弗兰克·劳埃德·赖特和弗朗西斯科·科内霍留给洛杉矶的建筑物，这也是盖蒂基金会[2]资助、发起的"太平洋标准时间：拉美和洛杉矶倡议"（Pacific Standard Time：Latin America/Los Angeles initiative）艺术品委托研究项目的一部分。有感于玛雅复古风建筑物的美轮美奂，她决定身体力行地将"玛雅复兴"的道路延续下去。与此同时，托辛还对这些建筑作品在吸收、挪用玛雅文化元素的过程中，有意无意地对当代土著族群的生活状态视而不见的

---

[1] Mimbres bowl，最早出土于美国新墨西哥州明布雷斯山谷，故名。
[2] Getty Foundation，总部位于加州洛杉矶的盖蒂中心，主要致力于视觉艺术的研究和保护。

做法颇有微词。2017 年，为了以弗兰克·劳埃德·赖特设计的"蜀葵之家"为背景，在它的室外拍摄名为《玛雅蓝》（*Ch'u May-aa/Maya Blue*）的行为艺术表演，托辛决定与舞蹈家克里斯托·塞普尔维达（Crystal Sepúlveda）通力合作，后者的动作设计灵感源自"古典时代"玛雅文化的图像符号。用托辛自己的话说，"蜀葵之家"的"玛雅味"还不是特别足，她希望此次表演能让它更"玛雅"。不过这位巴西艺术家还是以她自己的方式表达了对弗兰克·劳埃德·赖特乱用玛雅文化元素行为的不满，塞普尔维达表演时身穿的那身廉价的仿美洲豹毛色紧身衣，以及脚上闪闪发亮的蓝色网球鞋，似乎都在提示人们 20 世纪种种打着玛雅旗号的文化行为的肤浅性。

同样上演于 2017 年的《玛雅人》（*The Mayan*）更加直言不讳地批评了位于洛杉矶市中心的玛雅剧院。为了此次表演，托辛特意在剧院大厅的墙壁上挑选了几段硅胶材质的仿玛雅铭文，并且很高兴地发现当年的建筑师在设计这些铭文时存在胡编乱造和颠三倒四的问题，这恰恰是她感兴趣的文化挪用活动中的"误读"或"误解"现象[83]。这之后，她在大厅里摆放了一些石膏塑像，有的塑像呈跳舞姿势，手和脚涂满了彩色颜料；有的雕像则身披人造的绿咬鹃羽毛、美洲豹皮毛和蟒蛇皮。这些人造原材料的出场再次暗示当年人们对玛雅文化元素的挪用带有很大的"人造成分"，他们在欣赏这种古代文化的同时，却对自己身边的玛雅族群熟视无睹。

图 70　巴勃罗·巴尔加斯"博南帕克新闻",创作于 2006 年,
玻璃纤维和纸张上贴花

话说回来,并非所有当代艺术家都执着于利用玛雅和其他"前西班牙时代"文化元素批判当代文化。墨西哥艺术家巴勃罗·巴尔

加斯·卢戈[1]擅长将古玛雅的书籍、铭文和绘画放置在当代文化语境中进行再解读，用来向那些古代玛雅艺术家的艺术和书法作品表达自己的敬意。只不过他设计的装置艺术经常会将原本毫不相干的东西并列在一起，从而启发人们以全新的眼光看待古玛雅艺术和当代社会的某些场所。2006年完成的名为《博南帕克新闻》(*Bonampak News*)的装置艺术中，他把玻璃纤维制作的《德累斯顿手抄本》书页弄得皱皱巴巴，仿佛像被风吹散的报纸一样扔在地上。此情此景，观众难道不会感觉非常梦幻吗？作者是不是想通过这样的安排告诉我们，以玛雅人为主角的故事演绎一直延续到今天，这个话题如此时髦，以至于连报纸都无法免俗？再或者，作者这么做，仅仅是想批评当代社会在追捧玛雅文化的同时，任意而为，无视玛雅文化原典的荒唐做法？卢戈似乎是故意要把自己的创作搞得模糊不清，从而为作品的解读提供更加开放、多元的可能。

2018年创作《纳图尼奇》(*Naj Tunic*)时，卢戈将源自纳图尼奇山洞中的文字和彩色图画做变形处理后，将它们散布在画廊的各个角落，连灯柱也不放过，给人的感觉就像是"玛雅复兴"运动的涂鸦艺术家给画廊贴上了好多标签。与此相配的是一个黑白相间、边缘耸立着用大理石复制的纳图尼奇山洞钟乳石模型，酷似棋盘的

---

[1] Pablo Vargas Lugo，主要从事雕塑和装置艺术创作，装置艺术简单地说就是利用各种媒介手段构建一个场景，向观众传达某种含义。

地板。这副"棋盘"很容易让人联想起共济会会所的地板,似乎是共济会将那处玛雅洞穴当作战利品带到了自己的领地上。与此同时,这个装置作品内部还在反复循环播放由内而外反映该处洞穴景观的影片,意在让洞穴和丛林的丰富色彩与黑白色的铭文和共济会风格的地板形成对比。纳图尼奇洞穴和共济会会所对它们各自的崇拜、信仰者来说,都是不可侵犯的圣地,卢戈却故意将它们相提并论,让两处圣地相互映衬,最终颠覆了不同文化语境中人们对它们形成的固有认知和感受。

值得一提的是,当代玛雅土著艺术家也习惯通过多种方式吸收借鉴他们自己的文化遗产。本书第8章将在当代玛雅世界更广泛的文化复兴和活动的大背景下,对他们的作品进行综合考量。

基于五花八门的原因,众多艺术家、建筑师和作家不约而同地从古玛雅和其他"前西班牙时代"土著文明中汲取灵感,亦如另一些艺术家对古埃及、古希腊、古罗马等古代人类文明的追捧和效仿。某些学者研究古玛雅文明时习惯墨守成规,遵循学术界的既有规律,某些学者则无视规矩套路,更希望自己能够独辟蹊径。对某些人而言,亲近古玛雅文明实属有意而为,目的是打造个人或集体的文化认同,对另一些人而言,古玛雅文明仅仅是一种点缀,可以让自己显得更有异国情调。不仅如此,当代社会对待古今玛雅族群的态度也可谓有天壤之别,有些人在挪用古代玛雅文明的同时,却对当代玛雅族群视而不见，有些人则坚决反对无原则的挪用，奔走呼号，希望改善当代玛雅族群的处境。与古玛雅文明存在千丝万缕联系的艺术家和建筑师的人数众多，由于篇幅所限，本书只能点到为止，他们的存在充分说明，玛雅文明在现代和当代世界拥有着持久的影响力。

第 8 章
当代玛雅土著族群的艺术、教育与社会活动

> 我们仿佛历史织机上一根绵长而绚丽的彩色丝线，那些不了解我们历史的人应该自觉羞愧，那些珍视我们文化的人应该心悦诚服。
>
> 引自安东尼奥·加西亚[1]《油灯》(*The Oil Lamp*)
>
> 维克多·蒙特果[2]译

在1960—1996年的危地马拉内战期间，拥有哈卡尔克特玛雅[3]族群背景的诗人安东尼奥·加西亚于1988年，在墨西哥的一座难民营写下了名为《油灯》的诗[1]。诗人强调了玛雅族群的悠久历史，还特别贴切地用"丝线"(threads)这个概念比喻他们拥有的古老荣光。之所以说它贴切，是因为玛雅人纺线织布的历史确实可以追溯到一千多年以前。作为对那场悲剧性内战的反思，同时也是为了摆脱战争梦魇，找寻心灵的慰藉，生活在危地马拉的当代玛雅族群开始致力于振兴他们的传统文化。振兴文化的主要措施之一是将流散各地的族人们联系起来，抚今追昔，打造属于专属

---

[1] Antonio L. Cota García，原籍危地马拉，曾生活在墨西哥恰帕斯州的难民营。
[2] Victor Montejo，危地马拉历史学家，"玛雅复兴"理论的创建者。
[3] jakalket maya，生活在危地马拉和墨西哥两国接壤地区的玛雅族群分支。

当代玛雅族群的社会文化和身份认同。

本书最后一章将着重介绍 20 世纪末 21 世纪初玛雅族群在复兴和重新阐释本民族历史文化方面所做出的努力，以及这项工作对今天的玛雅人在争取政治地位，构建身份认同的过程中所发挥的作用。前面几章，作者根据目前能够掌握的相关信息，集中介绍了玛雅族群的历史，讲述了他们曾经的所作所为，然而这样的"历史"是不完整的，要想充分了解玛雅族群的智慧和贡献，我们还有很长的路要走。今天的我们已经了解的是，几个世纪以来，无数玛雅人，虽然其中很多没能在历史上留下姓名，通过自己的方式参与了人类知识的保留和积累活动。

古代和现代的玛雅

很多玛雅人将祖先留下的遗址视为圣地。正如本书第 4 章所说，兰卡多玛雅人始终把帕伦克、亚斯奇兰这样的地方称作"神的居所"。无独有偶，喀克其奎玛雅人坚信考古遗址伊克辛切，也就是喀克其奎城邦曾经的都城，是一处住满"祖先们的灵魂"的圣地。按照族群内部的风俗习惯，他们会在遗址的某个区域内定期举行宗教仪式[2]。其他一些古玛雅遗址和雕刻、雕塑也是当代玛雅族群顶礼膜拜的对象,朱迪斯·麦克斯维尔[1]和阿加普·巴勃罗·加西亚·伊克斯马特[2]曾携手调查过玛雅圣地伊克辛切及周边地区,在这个范围内共发现了50处完全遭到废弃或至今仍有人类活动的古代遗址,它们在喀克其奎玛雅人的心中都拥有至高无上的地位。这50个地方,有些纯属天然;有些全凭人工;有些则在天然的基础上加以人工改造,包括洞穴、河流、山峦,乃至现代墓地和古代遗址等多种处所。圣塔阿波罗(Santa Apolonia)的赫克奥威尔(Xek'owil)保留有一块"后古典时代"的玛雅石碑,还有一具石质的榫头,时至今日,那里都被视为神圣的祭坛,人们长年累月在石碑和榫头前面献上圣火和食物。这座祭坛对生活在那里居民来说至关重要,因为它掌管着当地小镇的水源[3]。

正如本书此前几章所说,很多学者曾千方百计要将玛雅族群与他们祖先留存的文化遗产分割开来,甚至剥夺他们对祖先圣地的正当所有权,过去若干世纪,诸如此类的例子不胜枚举。这些人对古玛雅文明的先进程度极尽溢美之词,不断将它打造为某个国家或地区的文化象征,与此同时,又自相矛盾地极力诋毁当代玛雅族群。正是因为这个原因,来自哈卡尔特克玛雅族群的土著学者维克多·蒙特果才会发生谴责将古玛雅人奉为"出类拔萃的完人",同时却

---

[1] Judith Maxwell,杜兰大学人类学和语言学教授。
[2] Ajpub' Pablo García Ixmatá,危地马拉法耶兰帝瓦大学教授。

图 71　危地马拉奇马尔特南戈省圣塔阿波罗赫克奥威尔"后古典时代"的玛雅石碑和石质榫头前面设立的祭坛

将当代玛雅族群贬斥为"古玛雅人的不肖子孙"的顽固种族主义偏见[4]。当某些人需要从玛雅族群征用土地或拆除他们祖先留下的遗迹时,类似这样的说法常被用来证明其做法的合理性,不过也有很多玛雅或非玛雅族裔的学者和社会活动家坚决反对此类谬论。近年来,玛雅文化的复兴和蒸蒸日上,古今玛雅族群和玛雅文化之间的血脉联系,让世人对他们刮目相看。

即使如此,人为割裂古今玛雅文明的做法仍可能在潜移默化中发挥着作用,以至于当今世界厚此薄彼地将注意力更多投注到古玛雅人身上,却忽略了当代玛雅族群遭遇的困境。例如,长年累月的盗掘使佩藤省玛雅族群,以及危地马拉全国的文化遗产损失惨重,尤其是在20世纪七八十年代期间,包括里奥阿苏尔在内的玛雅古迹可谓惨遭毒手。后来,考古学家联手危地马拉官方成功制止了针对这个遗址的盗掘活动,同时还启动了抢救性发掘当地古玛雅王室陵墓的计划。

1984年,《纽约时报》发文庆贺里奥阿苏尔遗址19号坟墓(Tomb 19)的考古发掘取得的一系列发现,还告诉读者说,危地马拉军方已经接管这处古墓的安保工作。然而这家报社的编辑,考古学家比阿特丽斯·曼兹[1]却撰文抨击说,就在该报为危地马拉政

---

[1] Beatriz Manz,加州大学教授。

府派军队保护古玛雅人尸骨的做法高唱赞歌的同时，当地的玛雅族群正在承受腥风血雨：

> 我们将古玛雅人奉若神明，却经常无视他们的子孙正在遭到危地马拉军方的屠杀。恰恰是这支军队，因为派人守卫那些玛雅古迹，被我们夸赞为"深谋远虑"。今天生活在危地马拉的400万玛雅土著如何才能获悉与这些考古发现相关的消息？他们当中有太多人正在刚刚遇害的亲人的坟墓跟前黯然神伤，还有数以万计的玛雅人躲藏在大山和丛林里，可能未来很长时间都无法得知这些消息，更不要说那些远走他乡，生活在墨西哥难民营里的成千上万的逃亡者[5]。

事实的确如此，新闻媒体一方面为玛雅文物古迹免遭荼毒而欢呼雀跃，另一方面却忘记了同一片土地上正在上演着更加惨烈的悲剧。另外，那个时代为了搜罗藏品而不择手段的各大博物馆在炫耀自己的馆藏，对古玛雅文明大加赞赏的同时，也不得不面对一个尴尬的现实——这些东西都是趁着战乱浑水摸鱼的赃物。

人为割裂古今玛雅文明的另一个后果就是当代玛雅人对本民族文化遗产的研究、保护工作缺乏足够的参与度，有鉴于此，玛雅族裔学者开始要求在构建和解读自己族群历史和现实的过程中获得更多的发言权。拥有基切玛雅族裔背景的律师兼语言学家路易斯·恩里克·萨姆·科洛普[1]就曾发声批评某些外国人类学家不愿意邀请当地玛雅社群参与他们的研究工作或者增加他们在这方面的自主权,呼吁那些深入玛雅社群从事研究的外国语言学家通过提高后者参与程度的方式保障他们的权利,实现双方的互惠互利[6]。

同样来自基切玛雅族群的社会学家阿维克斯尼姆·科赫蒂·任[2]则强调了让玛雅人参与本民族文化遗产考古研究,并对相关成果进行阐释的重要意义:"我们希望把我们的历史掌握在自己手里,而不是任由它们沦为公众和市场摆弄的对象,或者说历史资源。我们渴望代表自己发言,我们渴望讲述自己的历史。"[7]

德米特里奥·科蒂库克西(Demetrio Cojtí Cuxil)身兼喀克其奎玛雅社群文化传播学者、危地马拉政府官员和社会活动家等多重角色,还对危地马拉政府招纳当地玛雅土著参与古玛雅遗址考古发掘工作中的态度和做法持批评态度。1996年,他代表玛雅土著发表了一份根据社会环境变化做了重新调整的维权清单,内容涉及领地、政治、司法管辖权、语言、教育和文化等多方面诉求,清单的重点则是要求强化玛雅族群的独立自治权,让他们在保留本民族特色的前提下,获得平等对待。文化权利方面,科蒂库克西呼吁危地马拉

---

[1] Luis Enrique Sam Colop,1955—2011年。
[2] Avexnim Cojti Ren,这个人还是基切玛雅部族一位专门掌管历法的"智者"。

政府"意识到那些玛雅宗教圣地的重要价值",以及这些场所在玛雅人心中的崇高地位。他认为招募玛雅土著进入这些场所从事考古发掘,同时又在福利、待遇方面对身在本民族圣地的玛雅土著异常苛刻的做法"深刻反映出玛雅土著不光在自己国家境内被视为低人一头的'外国人',就算回到自己的故乡,照样也无法获得同等的公民权利。"[8]

按照这位土著学者的说法,古玛雅遗址不光是玛雅神祇和历代祖先灵魂的居所,也是那些活生生的玛雅人的精神家园。

1996年,危地马拉国内签订和平协议,内战结束。从2002年开始,危地马拉文化和体育部颁布生效了一份部长级协议,承认古玛雅遗址是当代玛雅人的精神圣地,允许那些玛雅祭司和追随他们的信众自由出入这些遗址,并在指定区域内举行宗教仪式。事实上,在蒂卡尔遗址,玛雅祭司已经开始和考古学家展开合作,以便确定哪些地方适合这些当代玛雅土著从事宗教活动,他们考察的范围也包括著名的大广场[9]。

泛玛雅运动:文化振兴和争取人权

对玛雅族群而言,本民族的文化复兴是一项长期工作,他们需要在这个过程中克服根深蒂固的社会歧视、种族偏见、生活窘困,以及其他形式各异的社会压迫。正如历史学家蒙特果所说:"危地马拉国内 3% 的人口却占据着 70% 的可耕种土地,这是拉丁美洲范围内最不公平的土地所有权制度之一,玛雅族群大部分都属于农业人口,他们正在遭受极端贫困和无地可种之苦。"[10]

危地马拉内战造成的国内多数地区局势动荡也给玛雅族群带来了非常严重的伤害。1999 年,联合国支持成立的"历史澄清委员会"的研究报告确认危地马拉正在对玛雅人实施种族灭绝。1981—1983 年,局势恶化达到顶峰,当地玛雅人深受其害,总计有 150 万玛雅土著被迫逃离家园,在危地马拉国内流离失所,或前往其他国家避难。要知道,当时危地马拉的总人口只有 800 万[11]。

尽管在过去数十年间承受了太多的苦难,危地马拉、墨西哥和中美洲其他地区的玛雅人还是顽强地生存了下来。危地马拉内战结束后,散落各地的玛雅社群开始致力于重建自己的生活、复兴本民族的文化,玛雅土著的民族自豪感重新抬头,这场社会文化运动被称为"泛玛雅运动"[12]。话说回来,危地马拉内战结束后的"泛玛雅运动"其实早有先例可循——第二次世界大战结束后的 20 世纪 40 年代,翻译、研究玛雅神话著作《波波尔·乌》,拥有基切玛雅族裔背景的学者阿德兰·伊恩斯·查维斯[1]便开始倡导在危地马

---

[1] Adrián Inés Chávez, 1904—1987 年。

拉展开双语和双文化教育，同时对玛雅文字进行"正字法"[1]规范[13]。

20世纪八九十年代，"泛玛雅"运动在危地马拉取得显著进展，成了土著玛雅族群振兴传统文化、恢复祖先家园的重要手段之一。另外，这场社会思潮也对当时的哥伦布发现美洲500周年纪念活动的热度起到了一定的抵消作用，进而让世人意识到，这个日子对某些群体而言并不那么值得庆贺。拒绝向哥伦布致敬的同时，美洲各地的土著族群进一步加强了维护自身权利、保护传统文化的斗争。正如蒙特果的公开声明所说：

> 对玛雅人，以及所有生活在这片大陆上的土著族群而言，所谓的哥伦布发现美洲500周年（1492—1992年）庆典犹如当头棒喝，让他们从昏睡中缓缓醒来，从文化和军事角度对这些压迫自己的殖民地国家展开了一场抵抗运动。土著族群领袖们的反应如此强烈，最终让自己的族人免于兴高采烈、糊里糊涂地参与到一场以他们为对象的种族灭绝行动的欢庆热潮当中[14]。

同样是在那个时期，为了反抗政府压榨，墨西哥恰帕斯州的

---

[1] orthographic，即制定统一的书写规范。

土著玛雅族群奔走呼号，要求在政治和文化领域获得更大的自治权。20世纪90年代初，他们的维权活动以和平抗议为主，墨西哥政府对此却没有特别积极的回应。1994年即将结束之际，萨帕塔民族解放军毅然发动武装起义，占领了本地几座城市的市政厅。

"萨帕塔民族解放军"这个名号源自曾在自己的家乡莫雷洛斯州及以外地区发动土地改革的墨西哥革命家埃米利阿诺·萨帕塔[1]和他的追随者。萨帕塔民族解放军的成员来自说泽尔塔尔语（Tzeltal）、佐齐尔语（Tzotzil）、乔尔语（Chol）、托霍拉瓦尔语（Tojolabal）和曼语（Man）的不同玛雅族群，也包括一些说西班牙语的人士。他们谴责墨西哥政府对待玛雅土著的冷漠刻薄，积极关注全球化进程中所导致的解域化[2]、社会关系碎片化和异文化[3]，特别是在《北美自由贸易协定》生效，全球化程度进一步加深的大背景下，可能对土著族群生活产生的影响。

从过去到现在，萨帕塔民族解放军始终都在追求土地所有权的自主和自治，渴望获得司法和教育方面的独立，努力将当地"土著文化遗产"纳入课程教学计划[15]。除了本民族文化和墨西哥历史，

---

[1] Emiliano Zapata Salazar，1879—1919年，墨西哥农民起义的著名领袖。
[2] deterritorialization，指全球人口流动加速，国与国的界线不像以前那样明显。
[3] deculturation，指社会整体文化认同被解构，由大一统向多元化的趋势发展。

马克思及其追随者的著作也属于萨帕塔民族解放军成员的阅读范围[16]。他们还主张领导层应该尊重人民的意愿。就像1994年2月27日，墨西哥《劳动报》发表的一封该组织成员来信所说的那样："我们所走的道路始终如此——领导者心中装着多数人民的意愿，多数人民的意愿就是领导者应该走的道路。"[17]

萨帕塔民族解放军的形式多样的斗争行动延续至今，他们在恰帕斯州建立了名为"海螺镇"的独立反叛城镇，生活在那里的人们自己掌管当地的教育、医疗和司法系统[18]。不仅如此，该组织还在恰帕斯州的圣克里斯托瓦尔-德拉斯卡萨斯（西班牙语：San Cristóbal de las Casas）建立了全球大学，学生可以在那里学习玛雅语、哲学、历史学等课程，还能接受各类职业技能培训。

"泛玛雅"运动的参与者对墨西哥和中美洲各地玛雅族群的多元化状况心知肚明，却仍然主张所有玛雅人应该联合起来，建立统一的玛雅文化和历史，改善自己的生存状况。蒙特果曾这样写道："我们自称'玛雅人'是一场政治行动。"

他主张打造一部统一的古玛雅历史，以便将当代形如散沙的不同玛雅社群凝聚到一起："我们的身份认同，这一建构性的概念拥有数千年的历史渊源，它跨越时空让'我们'——过去、现在和未来的玛雅人心心相印。"

与此同时，蒙特果并没有否认"玛雅"这个概念所指代的群体文化和族群多元本质，并对此欣然接受。同样值得注意的是，历史上，"玛雅"这个概念并非一成不变，而是始终处于建构和解构当中，就像他自己所说：

> 我个人认为，秉持"泛玛雅"理念的学者的初衷不是想打造一个浪漫完美的"过去"来美化自己，也不是想用古玛雅的荣光给自己贴金，他们的目的是重建玛雅人的身份认同，让去几个世纪被我们忽略的那些文化碎片"破镜重圆"。当代玛雅族群正在不断创造和重构属于他们自己的玛雅文化，重新定义自己的身份[19]。

其他受"泛玛雅"思潮影响的艺术家、学者等文化建设者也直接或间接地表达了自己复兴族群文化的决心，他们创造性地将玛雅历史元素与其他传统文化资源相结合，构建全新的身份认同，为族人指明了一条新的道路。

危地马拉的玛雅族群领袖早已阐明了这样的一个事实——抚平过去的历史创伤对于当代玛雅族群的文化复兴具有至关重要的意义。蒙特果对所谓"政治性的历史健忘症"表示强烈谴责，坚信为了开创美好的未来，玛雅人和危地马拉政府必须共同处理那些历史遗留问题，例如西班牙人对美洲的征服和危地马拉内战等[20]。

回忆记载危地马拉内战惨剧的重要著作《我，里戈韦塔·门楚：危地马拉的一名印第安妇女》（*I, Rigoberta Menchú: An Indian Woman in Guatemala*）的作者里戈韦塔·门楚·图姆[1]是一位基切玛雅女性，她与委内瑞拉人类学家伊丽莎白·比尔戈斯-德布雷（Elisabeth Burgos-Debray）合作讲述了自己和族人们在内战期间遭受的苦难。凭借此书，门楚·图姆荣获1992年的诺贝尔和平奖[21]。1991年，美国人类学家大卫·斯托尔[2]将门楚·图姆作品的内容，例如她兄弟彼得罗西尼奥（Petrocinio）遇害的细节，与自己通过调查获得的信息进行比较分析，发现了两者间存在的差异，进而对该书的真实性提出质疑。斯托尔由此提出疑问，门楚·图姆作为这本书和这个故事的叙述者和目击者，到底有多少可信度[22]。与此同时，也有一些人以信息来源差异性和其他原因为由，替门楚·图姆辩护[23]。无论如何，这位基切玛雅女性的所作所为在帮助整个世界认识到危地马拉国内正在发生的惨剧方面还是起到了无可替代的作用，联合国真相调查委员会据此认定危地马拉军队对玛雅人犯有大屠杀和种族灭绝罪行[24]。

很多玛雅人凭借自己语言学家、人类学家、考古学家和铭刻学

---

[1] Rigoberta Menchú Tum，生于1941年，她承担了这本书主要的编辑整理工作。
[2] David Stoll，美国米德尔伯里学院教授。

家的身份始终致力于玛雅语言、文化的保护和复兴。事实上，出于编纂字典和制定语法规则的需要，玛雅语言学家和其他相关人士始终站在搜集整理玛雅语言信息的最前沿。危地马拉玛雅语言学院是该国的一个独立机构，主要任务是促进玛雅语言文化的复兴，从事这方面的扫盲培训，系统化构建玛雅语言的语法和拼写规则[25]。弗朗西斯科·马洛金语言项目[1]和玛雅语联合会在这个领域同样成绩斐然，他们编纂的词典和语法书，以及儿童语言会话书籍是玛雅土著社区和其他外来人士学习玛雅语的重要资源。"泛玛雅"运动中的激进分子还主张在初等教育阶段实行西班牙语和玛雅语双语教学，并且在法院系统内使用玛雅语，以便那些说玛雅语的人士打官司时能充分行使其司法权力[26]。

其他与古玛雅文明相关的重要社会活动还包括以玛雅文字或者以《波波尔·乌》为代表的叙事文本为对象的专题研讨会，一些玛雅语言学家和铭刻学家会定期举办讲座，帮助当代玛雅人了解祖先的文化。危地马拉的玛雅语联合会和"萨克楚文"，墨西哥尤卡坦州的玛雅昂（Maya'on）等组织都是这些社会活动的积极倡导者。

---

[1] Proyecto Lingüístico Francisco Marroquín，1969年成立于危地马拉安地瓜的西班牙语学校。

图 72　1991—1992 年前后，危地马拉奇马尔特南戈省伊克辛切地区的"象形文字工坊"（Hieroglyph workshop）文化活动，图中从左到右依次为琳达·舍勒（Linda Schele）、尼古拉·格鲁贝（Nikolai Grube）、戈洛·罗德里格斯（Gollo Rodriguez）、萨克森·鲁珀托·蒙特乔（Saqch'en Ruperto Montejo）、何塞·图奇（José Tuch）、费德里科·法森（Federico Fahsen）、帕卡尔·阿拉姆·罗德里格斯（Pakal B'alam Rodriguez）、洛梅加西亚·马扎（Lolmay García Matzar）、尤利安娜修女（Nikte' Juliana Sis Iboy）、无名氏、萨奇吉·坎德拉里亚·洛佩斯（Saqijix Candelaria López）

有些艺术家正在以他们通过这些组织获得的知识为基础开创符合现代口味的艺术形式和书法流派。例如拥有喀克其奎玛雅族裔背景，热衷抄写复制古代文献资料，还对这些文字和图形进行花样翻新的艺术家兼书写者沃尔特·帕斯·乔伊（Walter Paz Joj）[27]，他充分利用了古玛雅文字的灵动性和象形特征,特别是这种文字将音节和符号拼接为整体图形,再将单个的图形组合为更复杂的图像和文本从而传情达意的能力。他创作的图画和书法作品深受古玛雅陶器彩绘纹饰的启发,不过展示这些作品的平台却是包括壁画,还有专供示威抗议时分发的布告传单在内的新媒体。事实上,当代危地马拉的政坛乱象恰恰是他某些作品的批判主题,例如 2018 年为抨击

图 73　沃尔特·帕斯·乔伊,《兔子》,2018 年,数字图像,原作印刷在贴纸上

该国政府腐败行为而创作的《兔子》（Conejo）。这件作品以数字化的形式在网络上迅速扩散，同时也通过印在传单上四处散发的方式获得了更多受众。如此一来，古代玛雅文献，以及这些古代文献的当代再现，借助艺术家之手升华为某种艺术感知的传达，进而在当代社会中发挥了举足轻重的作用。

艺术、经济和旅游业

正如本书第1章所说，虽然古玛雅的艺术和建筑传统终结于西班牙人的入侵，玛雅族群的艺术家却并没有完全放弃自己的探索，很多玛雅艺术形式因此绵延至今。其中有些艺术形式与它们的古代版本如出一辙，只不过稍做转化和创新；有些艺术形式则纯属另辟蹊径。玛雅人的纺织和舞蹈艺术是创造性的集中表现，也是他们传达文化信息的主要形式，可以被用来承载和展示各类历史、文化记忆。时至今日，很多玛雅妇女依然使用腰机[1]纺线织布，亦如之前的玛雅妇女们在超过千百年的时光中所做的那样，除了在纺织原材料和图案设计方面有些微调。就拿这件1925年前后、产自危地

---

[1] backstrap loom，这种织机的核心部件由几根木棍构成，名为"卷布轴"的棍子通过一根带子固定在纺织工人的腰部，故名。

马拉圣胡安科玛拉帕村、被当地人称为"惠比勒"[1]的女士上衣来说,它所含的原材料既有玛雅人沿用了几个世纪的天然棉花,也有西班牙人入侵后传到美洲的蚕丝,两种材料相互交织构成了一幅集玛雅文化传统和欧洲花卉纹饰特征于一身的几何造型动物图案。

图 74 1925 年前后出产在危地马拉奇马尔特南戈省圣胡安科玛拉帕村的"惠比勒"女士上衣,棉花、蚕丝、天鹅绒和染料

玛雅妇女会为她们自己和家人缝制衣物,也会把劳动成果拿到市场上出售。墨西哥恰帕斯州圣克里斯托瓦尔-德拉斯卡萨斯的一家名为"Sna Jolobil"的纺织合作社,专门出售玛雅妇女制作的精

---

[1] huipil,墨西哥女性传统服饰,类似无袖圆领套头衫,下摆可短至腰部,也可以像连衣裙那样长至膝盖。

美纺织品，其中包括"惠比勒"在内的某些纺织品上的图案明显受到亚斯奇兰 24 号、25 号过梁等古玛雅雕刻艺术的启发。

对当代玛雅族群而言，舞蹈和表演依旧是他们与历史对话，实现古今交融的重要途径[28]。例如危地马拉小镇瑞宾瑙（Rabinal）定期上演讲述发生在"瑞宾瑙"和"基切"两个相邻小镇间的一场战争的传统舞剧《瑞宾瑙-艾基》[1]。

为了帮助玛雅土著建立族群认同，构筑共同历史，艺术家已经为墨西哥南部和危地马拉的很多玛雅社区绘制了大量壁画。恰帕斯州的某些玛雅社区则在萨帕塔民族解放运动的影响下，创作了很多以玉米种植、玛雅家庭生活、头戴标志性滑雪面罩的萨帕塔民族解放军战士，还有革命家埃米利阿诺·萨帕塔和切·格瓦拉（Che Guevara）为题的壁画。恰帕斯州奥文蒂克[2]出现的一幅颇具影响力的壁画描绘了一位头戴萨帕塔民族解放军风格面具，身体却由玉米棒子构成的男士，意在强调玉米对玛雅族群的重要意义。

2002 年，为了澄清历史，铭记内战时期的苦难，喀克其奎玛雅土著在圣胡安的科马拉帕镇公墓墙壁上绘制了一组系列壁画，讲述了以"前西班牙时代"土著生活为起点，历经殖民时代和 19 世纪

---

[1] rabinal achi，每年在危地马拉瑞宾瑙定期上演，以基切玛雅语创作演出的传统玛雅舞剧，全剧分四幕，主要情节是"瑞宾瑙"和"基切"两个相邻小镇发生纠纷，争议的核心是基切玛雅语到底能不能被视为当地的一种方言。
[2] Oventic，萨帕塔民族解放军司令部所在地。

图75 危地马拉奇马尔特南戈省圣胡安科马拉帕村的水泥墙壁上的壁画面板，2002 年，灰泥和颜料

直到今天，这个镇子的地方史和危地马拉的国家史。除了内战的血腥场景，这些壁画还描绘了玛雅土著承受的极端贫穷、种族歧视、暴力对待和经济不平等[29]。其中一幅反映殖民时代历史的壁画表现的是遭到肢解的玛雅土著与身为征服者的西班牙人共同在纸上书写历史，以及玛雅人由于后者发动的征服战争所导致的家破人亡。还

有一幅画表现的是几位身穿玛雅特色服饰的土著女性，在一轮明月的映衬下挑水，用腰机织布。与她们同框出镜的是一位蓝色的玛雅神灵，头戴蛇形装饰物，身穿带有大蛇图案的衣服，她可能是玛雅神话中的大神查克尔（Chak Chel），又名伊什切尔（Ixchel），是掌管生育和纺织的神。壁画对她形象的刻画取材自《德累斯顿手抄本》，不过又根据现代人的审美习惯进行了调整。

大卫·凯利[1]和沃尔特·利特尔[2]将玛雅神祇在这些壁画中的现身解读为玛雅传统宗教文化的现代延续，以及对基督教文化入侵的抵抗。此外，他们还将这些壁画视为玛雅土著社群的创造性追求和"视觉抗议"，体现了玛雅人面对压迫、贫困和暴力的不屈与韧性。从某种意义上来说，它们的问世还有助于将玛雅人口口相传的历史转化为更加直观的视觉符号，能够帮助这个群体恢复自己的历史记忆，激发他们对于本民族过去、现在、未来的深刻反思[30]。

科马拉帕和其他小镇的画家也会出于自身需要和利益的考虑，创作尺寸略小的作品。这股作画风潮肇始自20世纪20年代的危地马拉高地，在科马拉帕、圣佩德罗-拉拉古纳、圣地亚哥阿蒂特兰、托托尼卡潘和帕奇西亚等地，画家们用画笔描摹他们所在社区的人物、风光、传统文化和历史事件[31]。圣佩德罗-拉拉古纳的楚图希尔

---

[1] David Carey，历史学家，南缅因大学教授。
[2] Walter Little，奥尔巴尼州立大学教授。

392 | 十字架上的玉米神:关于玛雅的历史叙事

图 76 马里奥·冈萨雷斯·查瓦杰,《纳瓦人的意义》,创作于 2013 年,布面油画

第 8 章 当代玛雅土著族群的艺术、教育与社会活动 | 393

(Tz'utuhil) 玛雅画家马里奥·冈萨雷斯·查瓦杰 (Mario González Chavajay) 绘制的一幅作品描绘了几位玛雅土著环绕着某种石质物品点燃蜡烛,献上充当祭品的水果,它所表现的可能是一处真实存在,类似圣阿波罗祭坛的玛雅宗教圣地。通过诸如此类的创作,玛雅艺术家们在获得经济利益之余,还能帮助整个族群打造身份认同,构建共同的历史。

为了在市场上获利,尤卡坦半岛的玛雅艺术家也开创了许多新的艺术形式。受惠于 20 世纪最后 25 年时间里当地旅游业的勃兴,在靠近普克式古玛雅建筑遗址核心区的圣埃伦娜及周边区域,以吉泽斯·马科斯·德尔加多·库、米格尔·乌斯·德尔加多、威尔伯斯·巴斯克斯、安吉尔·鲁伊斯·内维尔为代表的尤卡坦玛雅艺术家们每天雕刻木雕出售给游客。他们的作品有些直接复制著名的古玛雅雕塑,例如亚斯奇兰遗址的石质过梁,有些则是在古代图像和铭文的基础上进行的全新设计。与他们的情况类似,皮斯特当地的另一批玛雅木雕艺人也会把自己的作品拿到奇琴伊察遗址附近出售[32]。

生活在穆纳的帕特里夏·马丁·莫拉莱斯 (Patricia Martin Morales) 每天专心致志地仿制各种古玛雅陶器制品,还会把其他材质上的图形符号,例如石头浮雕图案,绘制到陶瓶上作为装饰。这位艺术家的工作室塞满了墨西哥、危地马拉和美国出版的古玛雅陶器类书籍,她和她的同仁会从它们当中找寻复制文物或进行全新创作的灵感。

图 77　游览玛雅古迹途中，一位兰卡多玛雅男孩攀爬墨西哥恰帕斯州亚斯奇兰遗址的一处台阶，2006 年

某些玛雅土著也会借助以玛雅古代遗迹为核心的旅游业获利。例如，拉坎加-钱萨亚布（Lacanja Chansayab）的兰卡多玛雅族群就掌控着连接博南帕克和拉坎顿森林的交通要道。外来者的汽车必须停在遗址公园的外面，换乘兰卡多玛雅司机的车辆前往博南帕克。当地人还会向游客出售各类工艺品，为他们提供导游服务。不仅如此，拉坎加-钱萨亚布一家由兰卡多玛雅人管理的生态酒店还会组织游客参观自己的社区，引导他们深入了解当地人的生活，考察古迹，探索丛林。凭借这些商机，兰卡多玛雅人从考古旅游经济的热潮中赚取了不少利益。很多玛雅人组建的合作机构在通过旅游经济获利的同时，还会努力维护自己的手工业传统。

当今社会不断变化的博物馆运作理念同样希望通过建立地区性博物馆的方式造福当地玛雅社群。20 世纪末至 21 世纪初，墨西哥、危地马拉和洪都拉斯相继斥资兴建类似帕伦克阿尔贝托·鲁兹·卢里耶遗址博物馆那样的地区性和遗址专题博物馆。近些年越来越多的外国博物馆馆藏和私人藏品被返还给它们原属国的大背景下，新的问题应运而生——如何给这些文物寻找一个圆满的归宿。社会学家阿维克斯尼姆·科赫蒂·任对目前将这些文物送往所谓的"理想归宿"——国家级博物馆，而非送回原产地或者制造者后裔手中的做法持批评态度[33]。我们将来或许有希望看到，这些返还文物不仅仅是被送回原属国，还会被更进一步地送往它们的原产地。此外，危地马拉历史学家维克多·蒙特果还在不断强调吸收玛雅土著进入该国文化部的重要性，这样一来，玛雅后裔就可以亲手保护祖先留下的遗产，在这些文物的最终归属权问题上据理力争："玛雅祖先创造的文化遗产构成了当代危地马拉爱国主义之根，也让我们这个民族多元化的国家紧紧凝聚在一起。"[34]

用玛雅语谱写的玛雅新潮音乐

墨西哥和中美洲的年轻玛雅土著正在不断开创全新的艺术形式。例如，有些年轻音乐家开始尝试用尤卡坦玛雅语、曼玛雅语、佐齐尔玛雅语、促图黑（Tzutujil）玛雅语、基切玛雅语和喀克其奎玛雅语，当然也包括西班牙语从事创作。他们希望更加亲近祖先的语言，用它们谱写乐章，打造地区性和国际性兼具的作品，例如说唱和嘻哈舞曲等，建立全新的音乐门类。类似这样的音乐团体包括以曼玛雅语和其他玛雅方言演唱的"求生乐队"（Sobrevivencia/Survival），还有用佐齐尔玛雅语演唱的"沙加姆-卡普乐队"（Sla-je'm K'op）[35]。活跃在墨西哥金塔纳·罗奥州的何塞-马里亚-皮诺-苏亚雷斯地区的音乐人吉泽斯·帕特·夏布莱（Jesús Pat Chablé）更广为人知的艺名是"帕特男孩"（Pat Boy），他擅长用尤卡坦玛雅语和西班牙语演唱，对外传达自己身为玛雅后裔的民族自豪感，他曾说过这样的话："通过使用玛雅语表演说唱，我更加深刻地理解了自己的文化。"

借助自己的音乐，吉泽斯·帕特·夏布莱希望让世人意识到虽然某些人认为玛雅帝国的荣光早已灰飞烟灭，货真价实的玛雅人却并没有随之销声匿迹，他们依然扎根在这片土地上开拓崭新的生活，坚守传统，勇于创新[36]。

巴拉姆·阿杰普乐队（Balam Ajpu）习惯用流传在危地马拉的多种玛雅语方言演唱。乐队成员之一名叫雷内·狄奥尼修斯（Rene Dionisio），他更具知名度的艺名是"祖图甘"（Tzutu Kan），这位乐手经常用自己的母语——促图黑玛雅语，以及基切和喀克其奎玛雅语表演说唱，另一支活跃于当地的音乐团体耶弗瑞·帕切科乐队（Yefry Pacheco，M. C. H. E）则只用西班牙语歌唱[37]。通过使用玛雅语表演，祖图甘得以摆脱以马林巴琴[1]为主要特征的危地马拉传统民间音乐的束缚，这些艺术形式在他眼中就相当于"文化殖民"，也可以说是"另一种形式的压迫"。相比之下，嘻哈音乐似乎更加适合充当传播玛雅文化的全新途径，尤其是在2012年玛雅长历中13bak'tun结束的前夕[38]。从某种意义上来说，"2012世界末日"这个说法的广为人知也为玛雅文化的复兴和创新提供了一次全新

---

[1] marimba，危地马拉传统打击乐器。

契机。

巴拉姆·阿杰普乐队还喜欢将玛雅文化中各种形而上学的东西融入自己的作品，他们发行的一张唱片就是以260天周而复始的卓尔金历为题，歌词内容则来自古玛雅人的精神世界。通过以玛雅语演唱的方式展现玛雅人的想象空间，这支乐队所取得的成就证明了玛雅文化的韧性和自我更新能力。正如语言学家鲁斯蒂·巴雷特[1]所说："将玛雅文化与嘻哈音乐相互融合的巴拉姆·阿杰普乐队颠覆了认为玛雅文化是一种老掉牙的历史遗迹的陈旧观念。"

这支乐队发行的一张唱片用古玛雅文字作为封面图案，代表玛雅历法的符号围成圆圈，圆圈中央是分别象征"Balam"和"Ajpu"两个单词的美洲豹头和人头[39]。两具头颅之间那几个玛雅文字的含义是"玛雅嘻哈"（Maya Hip Hop）。唱片封面由此借助多元化的图像符号，将古玛雅文化和现代嘻哈文化联系了起来。这种在图像多元化方面的创造性足可与本书第3章提到的那些16世纪玛雅书写者的巧思匠心相提并论。

由于数个世纪以来持续遭遇的若干场危机，玛雅人被迫离开历代祖先繁衍生息的家园。规模最大的一次背井离乡发生在危地马拉内战期间，很多玛雅土著被迫逃往墨西哥或美国[40]。其中的某些人

---

[1] Rusty Barrett，肯塔基大学教授。

第 8 章　当代玛雅土著族群的艺术、教育与社会活动 | 399

图 78　巴拉姆·阿杰普乐队,《向 20 位纳瓦人致敬》
(*Tributo a los 20 Nawales*) 唱片封面,发行于 2015 年

经历过一段流离失所的日子后重返家园,某些人则选择留在异乡开始新的生活。就在作者写作本书的过程中,危地马拉、洪都拉斯等中美洲国家那些试图摆脱暴力威胁和贫穷困境的玛雅人和其他土著

族群浩浩荡荡地开始了另一场以墨西哥和美国为目的地的移民潮，然而他们寻找新生活的努力却受到了时任美国总统特朗普（Donald Trump）推行的政策和流行疾病的干扰。

《玛雅智慧的文艺复兴》（*Maya Intellectual Renaissance*）一文中，危地马拉历史学家蒙特果引述了一段出自《波波尔·乌》的文字：

> 哦，我的孩子们！我们正在生活，我们正在死去，我们给你们留下有益的规劝和明智的建议……我们终将归于尘土，我们的使命已经完成，我们的时间就此终结。那时，请记住我们，不要将我们从你们的记忆中抹去，也不要忘了我们[41]。

这段文字来自玛雅神话中那对化身日月的双胞胎英雄[1]说过的一段话。蒙特果认为这段文字体现了古今玛雅文化对祖先的崇敬，在玛雅人的心目中，祖先们终将死去或者前往另一个世界，后人却必须记住他们。这位历史学家因此坚持认为当代玛雅族群在继承传统文化，铭记祖先荣光的同时，还应该牢记过去五个世纪他们所经历的种种苦难，努力站在自己的立场上认识和书写历史，振兴

---

[1] 美洲各地土著族群都有两位男性跳进火堆化身日月的传说，只不过具体细节略有差异。

玛雅文化。

实话实说，虽然本书作者试图竭尽全力理解、阐释玛雅人的艺术创造和文化遗产，为理解玛雅人的过去作出一点贡献，然而我的文字和工作终归还是不可避免地存在许多不足之处。希望本书能够抛砖引玉，激发那些拥有玛雅族裔背景的学者们为我们理解古玛雅历史，以及当代玛雅族群对现在和未来的看法，做出自己的努力。你们的工作将让整个世界受益匪浅。

参考文献

第1章 艺术与建筑

1 为了更深入地了解古玛雅世界，希望读者进一步参考其他与古玛雅考古和艺术史相关的一般出版物，例如：Michael D. Coe and Stephen D. Houston, *The Maya*, 9th edn (London, 2015); Stephen D. Houston and Takeshi Inomata, *The Classic Maya* (Cambridge and New York, 2010); Simon Martin and Nikolai Grube, *Chronicle of the Maya Kings and Queens: Deciphering the Dynasties of the Ancient Maya*, 2nd edn (London, 2008); Mary Ellen Miller and Megan E. O'Neil, *Maya Art and Architecture*, 2nd revd edn (London, 2014); Robert J. Sharer and Loa P. Traxler, *The Ancient Maya*, 6th edn (Stanford, CA, 2005).

2 Matthew Restall, *The Maya World: Yucatec Culture and Society* (Stanford, CA, 1997), pp. 2, 13-20; Matthew Restall, *Maya Con-*

quistador (Boston, MA, 1998).

3   Matthew Restall, 'Maya Ethnogenesis', *Journal of Latin American Anthropology*, IX/1 (2004), pp. 65 – 7, 82, doi: 10.1525/jlca.2004.9.1.64.

4   Nora C. England, 'Mayan Languages', *Oxford Research Encyclopedia of Linguistics* (Oxford, 2017), doi: 10.1093/acrefore/9780199384655.013.60.

5   Preclassic dates from Takeshi Inomata et al., 'Monumental Architecture at Aguada Fénix and the Rise of Maya Civilization', *Nature* (3 June 2020), doi: 10.1038/s41586-020-2343-4.

6   Simon Martin and Erik Velásquez García, 'Polities and Places: Tracing the Toponyms of the Snake Dynasty', *PARI Journal*, XVII/2 (2016), pp. 23–33.

7   Stephen Houston and David Stuart, 'Of Gods, Glyphs and Kings: Divinity and Rulership among the Classic Maya', *Antiquity*, LXX/268 (1996), pp. 289 – 312, doi: 10.1017/S0003598X00083289; Megan E. O'Neil, *Forces of Nature: Ancient Maya Art from the Los Angeles County Museum of Art*, exh. cat., Shenzhen Museum, Shenzhen, Jinsha Site Museum, Chengdu, and Hubei Provincial Museum, Wuhan (Beijing, 2018).

8 David Stuart and George Stuart, *Palenque: Eternal City of the Maya* (London and New York, 2008), p. 173.

9 Simon Martin, 'Secrets of the Painted King List: Recovering the Early History of the Snake Dynasty', Maya Decipherment blog (5 May 2017), www. decipherment. wordpress. com.

10 Stephen D. Houston, 'Crafting Credit: Authorship among Classic Maya Painters and Sculptors', in *Making Value, Making Meaning: Techné in the Pre-Columbian World*, ed. C. L. Costin (Washington, DC, 2016), pp. 391–431.

11 Simon Martin, *Ancient Maya Politics: A Political Anthropology of the Classic Period 150–900 CE* (Cambridge, 2020), pp. 78–81.

12 Stephen Houston, John Robertson and David Stuart, 'The Language of Classic Maya Inscriptions', *Current Anthropology*, XLI/3 (2000), pp. 321–56, doi: 10. 1086/300142.

13 David Stuart, *Ten Phonetic Syllables* (Washington, DC, 1987).

14 Michael D. Coe, *The Maya Scribe and His World* (New York, 1973); Mary Ellen Miller, *Maya Art and Architecture*, 1st edn (London, 1999), p. 82.

15 Houston, 'Crafting Credit', pp. 392–3.

16   Victoria Reifler Bricker, *The Indian Christ, the Indian King: The Historical Substrate of Maya Myth and Ritual* (Austin, TX, 1981), p. 8.

17   David Stuart, 'Hieroglyphs on Maya Vessels', in *The Maya Vase Book: A Corpus of Rollout Photographs of Maya Vases*, ed. J. Kerr (New York, 1989), vol. I, pp. 149–60.

18   Miller and O'Neil, *Maya Art and Architecture*, p. 45.

19   Evon Z. Vogt and David Stuart, 'Some Notes on Ritual Caves among the Ancient and Modern Maya', in *In the Maw of the Earth Monster: Mesoamerican Ritual Cave Use*, ed. J. E. Brady and K. M. Prufer (Austin, TX, 2005), p. 156.

20   Mary Ellen Miller and Stephen D. Houston, 'The Classic Maya Ballgame and Its Architectural Setting: A Study of Relations between Text and Image', *Res: Anthropology and Aesthetics*, 14 (1987), pp. 46–65.

21   Mary Ellen Miller and Stephen D. Houston, 'The Classic Maya Ballgame and Its Architectural Setting: A Study of Relations between Text and Image', *Res: Anthropology and Aesthetics*, 14 (1987), pp. 46–65.

22   David Stuart, 'Kings of Stone: A Consideration of Stelae in Ancient Maya Ritual and Representation', *Res: Anthropology and Aesthetics*, 29–30 (1996), pp. 148–71.

23 Karl A. Taube, 'The Symbolism of Jade in Classic Maya Religion', *Ancient Mesoamerica*, XVI/1 (2005), pp. 23 – 50, doi: 10. 1017/S0956536105050017.

24 Karl A. Taube, 'Flower Mountain: Concepts of Life, Beauty, and Paradise among the Classic Maya', *Res: Anthropology and Aesthetics*, 45 (2004), pp. 69-98.

25 Prudence M. Rice, 'Late Classic Maya Pottery Production: Review and Synthesis', *Journal of Archaeological Method and Theory*, XVI/2 (2009), pp. 117-56.

26 Dean E. Arnold and Bruce F. Bohor, 'Attapulgite and Maya Blue: An Ancient Mine Comes to Light', *Archaeology*, XXVIII/1 (1975), pp. 23-9.

27 Bryan Just, *Dancing into Dreams: Maya Vase Painting of the Ik' Kingdom* (Princeton, NJ, 2012); Dorie Reents-Budet, *Painting the Maya Universe: Royal Ceramics of the Classic Period* (Durham, NC, 1994).

28 Oswaldo Chinchilla Mazariegos, *Art and Myth of the Ancient Maya* (New Haven, CT, and London, 2017); O'Neil, *Forces of Nature*.

29 Stephen D. Houston, *The Gifted Passage: Young Men in Classic Maya Art and Text* (New Haven, CT, 2018); Reents-Budet, *Painting*.

30 Michelle Rich, 'Archaeology at El Perú-Waka': A Maya Ritual Resurrection Scene in Broader Perspective', *Unframed* blog (21 September 2017), https: // unframed. lacma. org.

31 William A. Saturno, David Stuart and Boris Beltrán, 'Early Maya Writing at San Bartolo Guatemala', *Science*, 311 (2006), pp. 1281 – 3; William A. Saturno, Karl A. Taube, David Stuart and Heather Hurst, *The Murals of San Bartolo, El Petén, Guatemala. Pt. 1: The North Wall*, Ancient America 7 (Barnardsville, NC, 2007); Karl A. Taube, William A. Saturno, David Stuart and Heather Hurst, *The Murals of San Bartolo, El Petén, Guatemala. Pt. 2: The West Wall*, Ancient America 10 (Barnardsville, NC, 2010).

32 Franco D. Rossi, William A. Saturno and Heather Hurst, 'Maya Codex Book Production and the Politics of Expertise: Archaeology of a Classic Period Household at Xultun, Guatemala', *American Anthropologist*, CXVII/1 (2015), pp. 116-32.

33 Simon Martin, 'Hieroglyphs from the Painted Pyramid: The Epigraphy of Chiik Nahb Structure Sub 1-4, Calakmul, Mexico', in *Maya Archaeology*, ed. C. Golden, S. Houston and J. Skidmore (San Francisco, CA, 2012), vol. II, pp. 60-81.

34 Sofía Martínez del Campo Lanz, ed., *El Códice Maya de*

México, *Antes Grolier* (Mexico City, 2018).

35 Thomas A. Lee, Jr, *Los Códices Mayas* (Provo, UT, 1985).

第2章 地缘、政治与历史

1 Takeshi Inomata et al., 'Monumental Architecture at Aguada Fénix and the Rise of Maya Civilization', *Nature* (3 June 2020), doi: 10.1038/s41586-020-2343-4.

2 Francisco Estrada-Belli, *The First Maya Civilization: Ritual and Power Before the Classic Period* (Abingdon and New York, 2011); Richard D. Hansen, 'Cultural and Environmental Components of the First Maya States: A Perspective from the Central and Southern Maya Lowlands', in *The Origins of Maya States*, ed. L. P. Traxler and R. J. Sharer (Philadelphia, PA, 2016), pp. 329-416; Takeshi Inomata and Daniela Triadan, 'Middle Preclassic Caches from Ceibal, Guatemala', in *Maya Archaeology*, ed. C. Golden, S. Houston and J. Skidmore (San Francisco, CA, 2016), vol. III, pp. 56-91; Travis W. Stanton and Traci Ardren, 'The Middle Formative of Yucatan in Context: The View from Yaxuna', *Ancient Mesoamerica*, XVI (2005), pp. 213-28.

3 Estrada-Belli, *First Maya Civilization*; Inomata and Triadan,

'Middle Preclassic Caches'.

4　Julia Guernsey, *Ritual and Power in Stone: The Performance of Rulership in Mesoamerican Izapan Style Art* (Austin, TX, 2006).

5　Takeshi Inomata and Lucia Henderson, 'Time Tested: Re-Thinking Chronology and Sculptural Traditions in Preclassic Southern Mesoamerica', *Antiquity*, XC/350 (2016), pp. 456–71.

6　Edgar Suyuc and Richard Hansen, 'El Complejo Piramidal La Danta: Ejemplo del Auge en El Mirador', in *Millenary Maya Societies: Past Crises and Resilience*, ed. M.-C. Arnauld and A. Breton, pp. 217–34, electronic document, published online at Mesoweb (2013), www.mesoweb.com/publications.

7　David A. Freidel and Linda Schele, 'Kingship in the Late Preclassic Maya Lowlands: The Instruments and Places of Ritual Power', *American Anthropologist*, XC/3 (1988), pp. 547–67.

8　William A. Saturno, Karl A. Taube, David Stuart and Heather Hurst, *The Murals of San Bartolo, El Petén, Guatemala. Pt. 1: The North Wall*, Ancient America 7 (Barnardsville, NC, 2007); Karl A. Taube, William A. Saturno, David Stuart and Heather Hurst, *The Murals of San Bartolo, El Petén, Guatemala. Pt. 2: The West Wall*, Ancient America 10 (Barnardsville, NC, 2010); William A. Saturno,

'Centering the Kingdom, Centering the King: Maya Creation and Legitimization at San Bartolo', in *The Art of Urbanism: How Mesoamerican Kingdoms Represented Themselves in Architecture and Imagery*, ed. W. L. Fash and L. López Luján (Washington, DC, 2009), pp. 111 – 34; Karl A. Taube, 'The Maya Maize God and the Mythic Origins of Dance', in *The Maya and their Sacred Narratives: Text and Context in Maya Mythologies*, ed. G. Le Fort, R. Gardiol, S. Matteo and C. Helmke, Acta Mesoamericana 20 (Markt Schwaben, 2009), pp. 41-52.

9　Peter D. Harrison, *The Lords of Tikal: Rulers of an Ancient Maya City* (New York, 2000), pp. 60-66.

10　Estrada – Belli, *First Maya Civilization*; Inomata et al., 'Monumental Architecture'.

11　Hansen, 'Cultural and Environmental Components'.

12　James E. Brady et al., 'The Lowland Maya "Protoclassic": A Reconsideration of Its Nature and Significance', *Ancient Mesoamerica*, IX/1 (1998), pp. 17 – 38, doi: 10.1017/S0956536100001826; Bruce H. Dahlin, 'A Colossus in Guatemala: The Preclassic Maya City of El Mirador', *Archaeology*, XXXVII/5 (1984), pp. 18-25; Hansen, 'Cultural and Environmental Components'; Robert J. Sharer and Loa P. Traxler, *The Ancient Maya*, 6th edn (Stanford, CA, 2005), pp. 294-5, 301.

13 Stephen D. Houston, Sarah Newman, Edwin Román and Thomas Garrison, *Temple of the Night Sun: A Royal Tomb at El Diablo, Guatemala* (San Francisco, CA, 2015).

14 Ricardo Agurcia Fasquelle and Barbara W. Fash, 'The Evolution of Structure 10L-16, Heart of the Copán Acropolis', in *Copán: The History of an Ancient Maya Kingdom*, ed. E. W. Andrews and W. L. Fash (Santa Fe, NM, 2005), pp. 201-37; Robert J. Sharer et al., 'Early Classic Architecture Beneath the Copan Acropolis: A Research Update', *Ancient Mesoamerica*, X/1 (1999), pp. 3-23.

15 Francisco Estrada-Belli and Alexandre Tokovinine, 'A King's Apotheosis: Iconography, Text, and Politics from a Classic Maya Temple at Holmul', *Latin American Antiquity*, XXVII/2 (2016), pp. 149-68, doi: 10.7183/1045-6635.27.2.149.

16 Nawa Sugiyama et al., 'The Maya at Teotihuacan? New Insights into Teotihuacan-Maya Interactions from Plaza of the Columns Complex', in *Teotihuacan: The World Beyond the City*, ed. K. G. Hirth, D. M. Carballo and B. Arroyo (Washington, DC, 2020), pp. 139-72.

17 David Stuart, ' "The Arrival of Strangers": Teotihuacan and Tollan in Classic Maya History', in *Mesoamerica's Classic Heritage:*

From Teotihuacan to the Aztecs, ed. D. Carrasco (Boulder, CO, 2000), pp. 465-513.

18 Clemency Coggins, 'Painting and Drawing Styles at Tikal: An Historical and Iconographic Reconstruction' (PhD diss., Harvard University, 1975); Diana Magaloni Kerpel, Megan E. O'Neil and María Teresa Uriarte, 'The Moving Image: Painted Murals and Vessels at Teotihuacan and the Maya Area', in *Teotihuacan*, ed. Hirth, Carballo and Arroyo, pp. 189-220.

19 Janet C. Berlo, 'Art Historical Approaches to the Study of Teotihuacán-related Ceramics from Escuintla, Guatemala', in *New Frontiers in the Archaeology of the Pacific Coast of Southern Mesoamerica*, ed. F. Bove and L. Heller, Anthropological Research Papers (Tempe, AZ, 1989), pp. 147-65; Claudia García-Des Lauriers, 'Gods, Cacao, and Obsidian: Multidirectional Interactions between Teotihuacan and the Southeastern Pacific Coast of Mesoamerica', in *Teotihuacan*, ed. Hirth, Carballo and Arroyo, pp. 409-34.

20 T. Douglas Price et al., 'Kings and Commoners at Copan: Isotopic Evidence for Origins and Movement in the Classic Maya Period', *Journal of Anthropological Archaeology*, XXIX/1 (2010), pp. 15-32, doi: 10.1016/j.jaa.2009.10.001.

21 Ellen E. Bell et al., 'Tombs and Burials in the Early Classic Acropolis at Copan', in *Understanding Early Classic Copan*, ed. E. Bell, M. A. Canuto and R. J. Sharer (Philadelphia, PA, 2004), pp. 132–57.

22 Andrea Stone, 'Disconnection, Foreign Insignia, and Political Expansion: Teotihuacan and the Warrior Stelae of Piedras Negras', in *Mesoamerica after the Decline of Teotihuacan*, ed. R. A. Diehl and J. C. Berlo (Washington, DC, 1989), pp. 153–72; Stuart, 'Arrival'.

23 Estrada-Belli, *First Maya Civilization*, pp. 138–9; Enrique Nalda, 'Prácticas funerarias en Dzibanché, Quintana Roo: Los entierros en el Edificio de los Cormorantes', *Arqueología*, XXXI (2003), pp. 25–37.

24 Christophe Helmke and Jaime Awe, 'Sharper than a Serpent's Tooth: A Tale of the Snake-head Dynasty as Recounted on Xunantunich Panel 4', *pari Journal*, XVII/2 (2016), pp. 1–22; Simon Martin and Erik Velásquez García, 'Polities and Places: Tracing the Toponyms of the Snake Dynasty', *pari Journal*, XVII/2 (2016), pp. 23–33.

25 Stephen Houston, 'Symbolic Sweatbaths of the Maya: Architectural Meaning in the Cross Group at Palenque, Mexico', *Latin American Antiquity*, VII (1996), pp. 132–51.

26 Mary Ellen Miller, *Maya Art and Architecture*, 1st edn (London, 1999); Merle Greene Robertson, *The Sculpture of Palenque*, vol. iii: *The Late Buildings of the Palace* (Princeton, NJ, 1985).

27 Simon Martin and Nikolai Grube, *Chronicle of the Maya Kings and Queens: Deciphering the Dynasties of the Ancient Maya*, 2nd edn (London, 2008), p. 171.

28 Sharer and Traxler, *Ancient Maya*, p. 294.

29 Martin and Grube, *Chronicle*, p. 129; Carolyn E. Tate, *Yaxchilan: The Design of a Maya Ceremonial City* (Austin, TX, 1992), pp. 126-8.

30 Mary Ellen Miller and Claudia Brittenham, *The Spectacle of the Late Maya Court: Reflections on the Murals of Bonampak* (Austin, TX, 2013).

31 Stephen D. Houston, 'The Acropolis of Piedras Negras: Portrait of a Court System', in *Courtly Art of the Ancient Maya* ed. M. E. Miller and Simon Martin, exh. cat., de Young Museum, San Francisco, and National Gallery of Art, Washington, DC (San Francisco and New York, 2004), p. 276.

32 Harrison, *Lords of Tikal*, pp. 119-20; Martin and Grube, *Chronicle*, pp. 39-43, 55-7; Simon Martin, *Ancient Maya Politics: A*

Political Anthropology of the Classic Period, 150-900 CE (Cambridge, 2020).

33 Simon Martin, 'Of Snakes and Bats: Shifting Identities at Calakmul', *PARI Journal*, VI/2 (2005), pp. 5-15.

34 Marcello A. Canuto and Tomás Barrientos Q, 'La Corona: Un Acercamiento a las Políticas del Reino Kaan desde un Centro Secundario del Noroeste del Petén', *Estudios de Cultura Maya*, XXXVII (2011), pp. 11-43; Simon Martin, 'Wives and Daughters on the Dallas Altar', electronic document, published online at Mesoweb (2008), www.mesoweb.com.

35 Olivia C. Navarro-Farr, Keith Eppich, David A. Freidel and Griselda Pérez Robles, 'Ancient Maya Queenship: Generations of Crafting State Politics and Alliance Building from Kaanul to Waka', in *Approaches to Monumental Landscapes of the Ancient Maya*, ed. B. A. Houk et al. (Gainesville, FL, 2020), pp. 199-200.

36 Megan E. O'Neil, 'Ancient Maya Sculptures of Tikal, Seen and Unseen', *Res: Anthropology and Aesthetics*, 55-6 (2009), pp. 119-34.

37 Martin, *Ancient Maya Politics*, p. 242; Martin and Grube, *Chronicle*, p. 45; Stuart, 'Arrival'.

38　Martin and Grube, *Chronicle*, pp. 57-62; Mary Ellen Miller and Megan E. O'Neil, *Maya Art and Architecture*, 2nd revd edn (London, 2014).

39　Sharer and Traxler, *Ancient Maya*, p. 353.

40　William L. Fash, *Scribes, Warriors and Kings: The City of Copán and the Ancient Maya*, revd edn (London, 2001); David Stuart, 'A Foreign Past: The Writing and Representation of History on a Royal Ancestral Shrine at Copan', in *Copan*, ed. Andrews and Fash (Santa Fe, NM, and Oxford, 2005, pp. 373-94.

41　Matthew G. Looper, *Lightning Warrior: Maya Art and Kingship at Quirigua* (Austin, TX, 2003), pp. 4, 76-8; Martin and Grube, *Chronicle*, pp. 203-5, 218-19.

42　Fash, *Scribes*; Stuart, 'A Foreign Past'.

43　James J. Aimers, 'What Maya Collapse? Terminal Classic Variation in the Maya Lowlands', *Journal of Archaeological Research*, XV (2007), pp. 329-77, doi: 10.1007/s10814-007-9015-x; David Webster, *The Fall of the Ancient Maya: Solving the Mystery of the Maya Collapse* (New York, 2002).

44　Navarro-Farr et al., 'Ancient Maya Queenship'.

45　Miguel Rivera Dorado, *Los Mayas de Oxkintok* (Madrid, 1996).

46　William M. Ringle et al., 'The Decline of the East: The Classic to Postclassic Transition at Ek Balam, Yucatan', in *The Terminal Classic in the Maya Lowlands: Collapse, Transition, and Transformation*, ed. A. A. Demarest, P. M. Rice and D. S. Rice (Boulder, CO, 2004), pp. 485-516.

47　Alfonso Lacadena García-Gallo, 'The Glyphic Corpus from Ek'Balam, Yucatan, México', trans. Alex Lomónaco, famsi Grant Report (2003), pp. 99, 106; Leticia Vargas de la Peña and Víctor R. Castillo Borges, 'Las Construcciones Monumentales de Ek'Balam', in *The Archaeology of Yucatan*, ed. T. W. Stanton (Oxford, 2014), pp. 377-93.

48　Susan D. Gillespie, 'Toltecs, Tula, and Chichén Itzá: The Development of an Archaeological Myth', in *Twin Tollans: Chichén Itzá, Tula, and the Epiclassic to Early Postclassic Mesoamerican World*, revd edn, ed. J. K. Kowalski and C. Kristan-Graham (Washington, DC, 2011), pp. 61 - 92; Cynthia Kristan - Graham and Jeff Kowalski, 'Chichén Itzá, Tula, and Tollan: Changing Perspectives on a Recurring Problem in Mesoamerican Archaeology and Art History', in *Twin Tollans*, ed. Kowalski and Kristan-Graham, pp. 1-58; Benjamin Volta, Nancy Peniche May and Geoffrey E. Braswell, 'The Archaeology of

Chichen Itza: Its History, What We Like to Argue About, and What We Think We Know', in *Landscapes of the Itza: Archaeology and Art History at Chichen Itza and Neighboring Sites*, ed. L. H. Wren, C. Kristan-Graham, T. Nygard and K. R. Spencer (Gainesville, FL, 2018), pp. 28-64.

49　Mary Ellen Miller, 'A Re-examination of the Mesoamerican Chacmool', *Art Bulletin*, LCVII/1 (1985), pp. 7-17, doi: 10.2307/3050884.

50　Carlos Peraza Lope et al., 'The Chronology of Mayapan: New Radiocarbon Evidence', *Ancient Mesoamerica*, xvii (2006), pp. 172-3.

51　Anthony P. Andrews, 'Late Postclassic Lowland Maya Archaeology', *Journal of World Prehistory*, VII/1 (1993), pp. 35-69.

52　Susan Milbrath and Carlos Peraza Lope, 'Mayapán's Chen Mul Modeled Effigy Censers', in *Ancient Maya Pottery: Classification, Analysis, and Interpretation*, ed. J. J. Aimers (Gainesville, FL, 2014), pp. 203-28.

53　Grant D. Jones, *The Conquest of the Last Maya Kingdom* (Stanford, CA, 1998); Timothy W. Pugh, José Rómulo Sánchez and Yuko Shiratori, 'Contact and Missionization at Tayasal, Petén, Guatemala', *Journal of Field Archaeology*, XXXVII/1 (March 2012), pp. 3-19.

54 Thomas F. Babcock, *Utatlán: The Constituted Community of the K'iche' Maya of Q'umarkaj* (Boulder, CO, 2012); Robert M. Carmack, *The Quiché Mayas of Utatlán: The Evolution of a Highland Guatemala Kingdom* (Norman, OK, 1981), p. 193.

第 3 章 16—18 世纪的接触与征服、反抗与适应

1 Frances Karttunen, *Between Worlds: Interpreters, Guides and Survivors* (New Brunswick, NJ, 1994), p. 89; Matthew Restall, *Maya Conquistador* (Boston, MA, 1998), p. 144.

2 Constance Cortez, 'New Dance, Old Xius: The "Xiu Family Tree" and Maya Cultural Continuity after European Contact', in *Heart of Creation: The Mesoamerican World and the Legacy of Linda Schele*, ed. Andrea Stone (Tuscaloosa, AL, 2002), p. 202; Diego de Landa, *Yucatan Before and After the Conquest*, trans. William Gates (Baltimore, MD, 1937); Karttunen, *Between Worlds*, pp. 92, 113; Matthew Restall and John F. Chuchiak IV, 'A Reevaluation of the Authenticity of Fray Diego de Landa's *Relación de las Cosas de Yucatan*', *Ethnohistory*, XLIX/3 (2002), pp. 651-69 (p. 653).

3 Cortez, 'New Dance'.

4 Restall and Chuchiak, 'A Reevaluation'; Alfred M. Tozzer, *Landa's Relación de las Cosas de Yucatan: A Translation* (Cambridge, MA, 1941).

5 Landa, *Yucatan Before and After*, pp. 82-3.

6 Rolena Adorno, 'Discourses on Colonialism: Bernal Diaz, Las Casas, and the Twentieth–Century Reader', *MLN*, CIII/2 (March 1988), pp. 239-58; Matthew Restall, *Seven Myths of the Spanish Conquest* (Oxford and New York, 2003), p. 12.

7 Restall, *Maya Conquistador*, pp. 30-37, 44, 56, 82-3.

8 Inga Clendinnen, *Ambivalent Conquest: Maya and Spaniard in Yucatan, 1517-1570* (Cambridge, 1987), pp. 3-4.

9 Inga Clendinnen, *Ambivalent Conquest: Maya and Spaniard in Yucatan, 1517–1570* (Cambridge, 1987), pp. 9-10; Bernal Díaz del Castillo, *The Discovery and Conquest of Mexico*, 1517-1521, ed. G. García, trans. A. P. Maudslay (London, 1928), pp. 44-51.

10 Díaz del Castillo, *Discovery*, pp. 60-67.

11 Clendinnen, *Ambivalent Conquest*, p. 16.

12 Clendinnen, *Ambivalent Conquest*, p. 17; Díaz del Castillo, *Discovery*, pp. 90-91; Landa, *Yucatan Before and After*, p. 4.

13 Díaz del Castillo, *Discovery*, pp. 110-16; Camilla Townsend,

Malintzin's Choices: An Indian Woman in the Conquest of Mexico (Albuquerque, nm, 2006), pp. 25-6.

14 Grant D. Jones, *The Conquest of the Last Maya Kingdom* (Stanford, CA, 1998), pp. 29-34.

15 Thomas Benjamin, 'A Time of Reconquest: History, the Maya Revival, and the Zapatista Rebellion in Chiapas', *American Historical Review*, CV/2 (2000), pp. 429-31, doi: 10.2307/1571458.

16 Matthew Restall and Florine G. L. Asselbergs, *Invading Guatemala: Spanish, Nahua, and Maya Accounts of the Conquest Wars* (University Park, PA, 2007); David Stuart, *The Order of Days: The Maya World and the Truth about* 2012 (New York, 2012), p. 161.

17 Matthew Restall, *The Maya World: Yucatec Culture and Society* (Stanford, CA, 1997), p. 3; Restall, *Maya Conquistador*, pp. 6-7.

18 Ralph L. Roys, *The Book of Chilam Balam of Chumayel*, Carnegie Institution of Washington Publication 438 (Washington, DC, 1933), p. 83.

19 Restall, *Maya World*, pp. 3-5.

20 Clendinnen, *Ambivalent Conquest*, pp. 20-28.

21 Ian Graham, *Alfred Maudslay and the Maya: A Biography* (Norman, OK, 2002), p. 158.

22 Clendinnen, *Ambivalent Conquest*, pp. 28-32.

23 Karttunen, *Between Worlds*, p. 90.

24 Bartolomé de Las Casas, *A Short Account of the Destruction of the Indies*, trans. N. Griffin, reprint (New York, 2004), p. 6.

25 Bartolomé de Las Casas, *A Short Account of the Destruction of the Indies*, trans. N. Griffin, reprint (New York, 2004), pp. 12, 54-5, 57, 73.

26 Restall, *Maya Conquistador*, pp. 132-3.

27 John F. Chuchiak iv, 'Writing as Resistance: Maya Graphic Pluralism and Indigenous Elite Strategies for Survival in Colonial Yucatan, 1550 – 1750', *Ethnohistory*, LVII/1 (2010), pp. 89 – 90; Clendinnen, *Ambivalent Conquest*, pp. 73-6.

28 John F. Chuchiak IV, 'The Images Speak: The Survival and Production of Hieroglyphic Codices and their Use in Post-Conquest Maya Religion (1580-1720)', in *Continuity and Change: Maya Religious Practices in Temporal Perspective: 5th European Maya Conference, University of Bonn, December* 2000, ed. D. Graña Behrens et al., Acta Mesoamericana 14 (Markt Schwaben, 2004), pp. 171-5.

29 John F. Chuchiak IV, 'Papal Bulls, Extirpators, and the Madrid Codex: The Content and Probable Provenience of the M. 56 Patch',

in *The Madrid Codex: New Approaches to Understanding an Ancient Maya Manuscript*, ed. G. Vail and A. F. Aveni (Boulder, CO, 2004), pp. 57, 72; John F. Chuchiak IV, 'De Extirpatio Codicis Yucatecanensis: The 1607 Colonial Confiscation of a Maya Sacred Book – New Interpretations on the Origins and Provenience of the Madrid Codex', in *Sacred Books, Sacred Languages: Two Thousand Years of Ritual and Religious Maya Literature: Proceedings of the 8th European Maya Conference, Madrid, November 25–30, 2003*, ed. R. Valencia Rivera and G. Le Fort, Acta Mesoamericana 18 (Markt Schwaben, 2006), pp. 113–15.

30 Michael D. Coe and Justin Kerr, *The Art of the Maya Scribe* (London, 1997), pp. 175, 179.

31 John B. Glass and Donald Robertson, 'A Census of Native Middle American Pictorial Manuscripts', *Handbook of Middle American Indians* (Austin, 1975), vol. XIV, part 3, pp. 81–252, at 153–4; Gabrielle Vail and Anthony F. Aveni, 'Research Methodologies and New Approaches to Interpreting the Madrid Codex', in *Madrid Codex*, ed. Vail and Aveni, p. 3.

32 Landa, *Yucatan Before and After*, p. 85.

33 Landa, *Yucatan Before and After*, p. 86.

34 Amara Solari, *Maya Ideologies of the Sacred: The Transfigura-*

tion of Space in Colonial Yucatan (Austin, TX, 2013), pp. 11, 13.

35 Jesper Nielsen, 'The Memory of Stones: Ancient Maya Spolia in the Architecture of Early Colonial Yucatan', *PARI Journal*, XX/3 (Winter 2020), pp. 1-15.

36 Graham, *Alfred Maudslay*, pp. 133, 158; Norman Hammond, 'Lords of the Jungle: A Prosopography of Maya Archaeology', in *Civilization in the Ancient Americas: Essays in Honor of Gordon R. Willey*, ed. R. M. Leventhal and A. L. Kolata (Albuquerque, NM, 1983), p. 7.

37 Benjamin Keen, 'The Old World Meets the New: Some Repercussions, 1492-1800', in *The Maya Image in the Western World: A Catalog to an Exhibition at the University of New Mexico*, ed. P. S. Briggs, University of New Mexico Art Museum and Maxwell Museum of Anthropology (Albuquerque, NM, 1986), p. 7.

38 Gonzalo Fernández de Oviedo, *Historia general y natural de las Indias*, ed. Juan Pérez de Tudela y Bueso, reprint (Madrid, 1992), p. 17; Jaime Gómez de Caso Zuriaga, 'Spanish Historians of the Sixteenth Century and the Prediscoveries of America', *Mediterranean Studies*, IX (2000), pp. 79-80, 83.

39 Richard H. Popkin, 'The Pre-Adamite Theory in the Renaissance', in *Philosophy and Humanism: Renaissance Essays in Honor of*

Paul Oskar Kristeller, ed. E. P. Mahoney (New York, 1976), pp. 50-69.

40 Landa, *Yucatan Before and After*, p. 85.

41 Gregorio García, *Origen de Los Indios de El Nuevo Mundo, e Indias Occidentales*, 2nd edn (Madrid, 1729), pp. 41, 46, 79-81.

42 María del Carmen León Cázares, 'La Presencia del Demonio en las *Constituciones Diocesanas* de Fray Francisco Núñez de la Vega', *Estudios de Historia Novohispana*, XIII/13 (1993), p. 41; Francisco Nuñez de la Vega, *Constituciones Diocesanas del Obispado de Chiappa* (Rome, 1702), p. 9.

43 Heather McKillop and Jaime Awe, 'The History of Archaeological Research in Belize', *Belizean Studies*, XI/2 (1983), pp. 1-2.

44 Chuchiak, 'The Images Speak', pp. 171-5; Chuchiak, 'Writing as Resistance', p. 88.

45 Victoria Reifler Bricker and Helga-Maria Miram, *An Encounter of Two Worlds: The Book of Chilam Balam of Kaua*, Publication 68 (New Orleans, LA, 2002), pp. 10-11, 66-7; Chuchiak, 'Writing as Resistance', p. 106.

46 Laura Caso Barrera and Mario M. Aliphat Fernández, 'The Chilam Balam of Ixil: Text and Translation', in *Chilam Balam of Ixil: Facsimile and Study of an Unpublished Maya Book*, ed. L. Caso

Barrera, trans. Q. Pope (Leiden and Boston, ma, 2019), pp. 218-19.

47　Chuchiak, 'Writing as Resistance', pp. 87-8.

48　Solari, *Maya Ideologies*, p. 103.

49　Stuart, *Order of Days*, p. 210.

50　Jones, *Conquest*, pp. 111-19.

51　Stuart, *Order of Days*, p. 30.

52　Victoria Reifler Bricker, *The Indian Christ, the Indian King: The Historical Substrate of Maya Myth and Ritual* (Austin, TX, 1981); Nelson A. Reed, *The Caste War of Yucatan*, revd edn (Stanford, ca, 2002); Paul Sullivan, *Unfinished Conversations: Mayas and Foreigners between Two Wars* (New York, 1989), p. 3; William F. Hanks, *Converting Words: Maya in the Age of the Cross*, Anthropology of Christianity 6 (Berkeley, CA, 2010), pp. 365 - 6; Joel W. Palka, *Unconquered Lacandon Maya: Ethnohistory and Archaeology of Indigenous Culture Change* (Gainesville, FL, 2005), p. 88. 关于墨西哥和危地马拉玛雅社群的反抗与复兴更详细的讨论见 Bricker and Miram, *Encounter of Two Worlds*.

第4章　18—19世纪针对玛雅起源的考古探险与文献研究

1　Joel W. Palka, *Unconquered Lacandon Maya: Ethnohistory and*

Archaeology of Indigenous Culture Change (Gainesville, FL, 2005), p. 262.

2　Didier Boremanse, 'A Comparative Study in Lacandon Maya Mythology', *Journal de la Société des Américanistes*, LXVIII (1982), p. 84.

3　Carlos Navarrete, 'Otra vez Modesto Méndez, Ambrosio Tut, y el moderno descubrimiento de Tikal', *Historia y antropología de Guatemala: Ensayos en honor de J. Daniel Contreras R.* (Guatemala City, 1982), pp. 157–70, at pp. 157–9; Peter D. Harrison, *The Lords of Tikal: Rulers of an Ancient Maya City* (New York, 2000), p. 31; Palka, *Unconquered Lacandon Maya*, p. 148.

4　Oswaldo Chinchilla Mazariegos, 'Archaeology in Guatemala: Nationalist, Colonialist, Imperialist', in *The Oxford Handbook of Mesoamerican Archaeology*, ed. D. L. Nichols and C. A. Pool (Oxford and New York, 2012), pp. 56–7.

5　Enrique Florescano, 'The Creation of the Museo Nacional de Antropología of Mexico and its Scientific, Educational, and Political Purposes', in *Collecting the Pre-Columbian Past*, ed. E. H. Boone (Washington, DC, 1993), pp. 83–103.

6　Quoted in Ignacio Bernal, *A History of Mexican Archaeology*:

The Vanished Civilizations of Middle America (London and New York, 1980), pp. 74-5.

7 Florescano, 'Creation'; Khristaan David Villela, 'Montezuma's Dinner: Precolumbian Art in Nineteenth-Century Mexico, 1821-1876' (PhD diss., University of Texas at Austin, 2001), pp. 62-4, 96.

8 Robert L. Brunhouse, *In Search of the Maya: The First Archaeologists* (Albuquerque, NM, 1974), p. 6; Michael D. Coe, *Breaking the Maya Code* (London, 1992), p. 74.

9 Brunhouse, *In Search*, pp. 5-7, 11-13; Antonio del Río, 'Report of Antonio Del Río to Don José Estachería', in *Description of the Ruins of an Ancient City Discovered near Palenque, in the Kingdom of Guatemala, in Spanish America, Translated from the Original Manuscript Report of Captain Don Antonio Del Rio, Followed by Teatro Crítico Americano, or a Critical Investigation and Research into the History of the Americans, by Doctor Paul Felix Cabrera of the City of New Guatemala* (London, 1822), pp. 1-21.

10 Del Río, 'Report', p. 14.

11 Gillett G. Griffin, 'Early Travelers to Palenque', in *Primera Mesa Redonda de Palenque, Part 1*, ed. Merle Greene Robertson (Peb-

ble Beach, CA, 1974), p. 10; David Stuart, 'Notes on Palenque's "Del Rio Throne"', *Maya Decipherment* blog (21 October 2008), www. decipherment. wordpress. com.

12　Brunhouse, *In Search*, pp. 5, 16, 28; Guillermo Dupaix, 'Troisième Expédition', in *Antiquités mexicaines: Relation des trois expéditions du colonel Dupaix, ordonnées en 1805, 1806, et 1807, par le roi Charles iv, pour la recherche des antiquités du pays, notamment celles de Mitla et de Palenque, avec les dessins de Castañeda*, ed. Jean-Henri Baradère (Paris, 1834), vol. I, pp. 1-40; R. Tripp Evans, *Romancing the Maya: Mexican Antiquity in the American Imagination, 1820-1915* (Austin, TX, 2004), p. 23; Edward King, *Antiquities of Mexico: ... Together with the Monuments of New Spain by Dupaix* (London, 1831), vol. VI.

13　Charles Farcy, 'Discours Préliminaire: Appendice', in *Antiquités mexicaines*, ed. Baradère, vol. I, pp. xiii-xiv.

14　Evans, *Romancing*, p. 23.

15　Evans, *Romancing*, p. 23.

16　Del Río, 'Report', p. 5.

17　Paul Felix Cabrera, 'Teatro Crítico Americano, or, A Critical Investigation and Rescarch into the History of the Americans', in *Description of the Ruins, pp. 36, 38-9, 45-6; Evans, Romancing, p. 34.

18　Griffin, 'Early Travelers', p. 10; Domingo Juarros and Ricardo Toledo Palomo, *Compendio de la historia de la ciudad de Guatemala* [1808-18] (Guatemala City, 2000).

19　Coe, *Breaking*, p. 80; Evans, *Romancing*, p. 35.

20　Evans, *Romancing*, pp. 89-94, 102.

21　Dupaix, 'Troisième Expédition', pp. 29-33.

22　This speculation arises from Mary Miller's mention (personal communication, 2020) that the Maya textile historian Walter 'Chip' Morris had observed that Catherwood's illustrations at Palenque were the first such illustrations. However, Dupaix's portrayals were earlier.

23　Evans, *Romancing*, pp. 35-6.

24　Alexandre Lenoir, 'Parallèle des anciens monuments mexicains avec ceux de l'Inde et du reste du l'ancien monde', in *Antiquités Mexicaines*, ed. Baradère, vol. II, pp. 1, 7, 77, 80, 82, author's translation.

25　David Bailie Warden, 'Recherches sur les antiquités de l'Amérique du Nord, l'Amérique du Sud, et sur la population primitive de ces deux continents', in *Antiquités Mexicaines*, ed. Baradère, vol. ii, pp. 186, 207-9.

26 Villela, 'Montezuma's Dinner', p. 65.

27 Alexander von Humboldt and Aimé Bonpland, *Vues des Cordillères, et monumens des peuples indigènes de l'Amérique* (Paris, 1810), vol. II, f. 10, pp. 28, 44; Villela, 'Montezuma's Dinner', pp. 79-80.

28 Benjamin Keen, 'The Old World Meets the New: Some Repercussions, 1492-1800', in *The Maya Image in the Western World: A Catalog to an Exhibition at the University of New Mexico*, ed. P. S. Briggs, University of New Mexico Art Museum and Maxwell Museum of Anthropology (Albuquerque, NM, 1986), p. 10.

29 Villela, 'Montezuma's Dinner', pp. 23, 31, 95-6.

30 Bernal, *History*, pp. 135-6; Kevin M. Gosner, 'Rediscovering the Aztecs and Mayas: Field Exploration, Archaeological Exhibits, and National Museums', in *Oxford Research Encyclopedia of Latin American History* (Oxford, 2017).

31 Chinchilla Mazariegos, 'Archaeology in Guatemala', p. 58; Oswaldo Chinchilla Mazariegos, 'Just and Patriotic: Creating a National Museum in Guatemala (1831-1930)', *Museum History Journal*, IX/1 (2016), p. 61.

32 Oswaldo Chinchilla Mazariegos, 'Archaeology and Nationalism in Guatemala at the Time of Independence', *Antiquity*, LXXII (1998), pp. 383-4; Chinchilla Mazariegos, 'Just and Patriotic', p. 61.

33 Victor Montejo, *Voices from Exile: Violence and Survival in Modern Maya History* (Norman, OK, 1999), p. 33.

34 Palka, *Unconquered Lacandon Maya*, p. 86.

35 Coe, *Breaking*, pp. 76-7; Jean Frédéric Maximilien de Waldeck, *Voyage pittoresque et archéologique dans la province d'Yucatan (Amérique Centrale), pendant les années 1834 et 1836* (Paris, 1838).

36 Miruna Achim, 'Maleta de doble fondo y colecciones de antigüedades Ciudad de México, ca. 1830', in *Museos al Detalle: Colecciones, antigüedades e historia natural*, 1790-1870, ed. M. Achim and I. Podgorny (Rosario, 2013), p. 117. See also Esther Pasztory, *Jean-Frédéric Waldeck: Artist of Exotic Mexico* (Albuquerque, NM, 2010).

37 Brunhouse, *In Search*, p. 69; Evans, *Romancing*, pp. 37-40; Waldeck, *Voyage*, p. 71.

38 Grafton Elliot Smith, *Elephants and Ethnologists* (London, 1924), p. 1.

39　Brunhouse, *In Search*, pp. 30-33; Coe, *Breaking*, p. 75.

40　Juan Galindo, 'Ruins of Palenque', *London Literary Gazette and Journal of Belles Lettres, Arts, Sciences, etc.*, 769 (October 1831), pp. 665-6.

41　Brunhouse, *In Search*, p. 40; Juan Galindo, 'The Ruins of Copan', *Archaeologia Americana: Transactions and Collections of the American Antiquarian Society*, II (1836), pp. 543-50.

42　Galindo, 'Ruins of Copan', p. 546.

43　Susan D. Gillespie, 'Toltecs, Tula, and Chichén Itzá: The Development of an Archaeological Myth', in *Twin Tollans: Chichén Itzá, Tula, and the Epiclassic to Early Postclassic Mesoamerican World*, revd edn, ed. J. K. Kowalski and C. Kristan – Graham (Washington, DC, 2011); Cynthia Kristan-Graham and Jeff Kowalski, 'Chichén Itzá, Tula, and Tollan: Changing Perspectives on a Recurring Problem in Mesoamerican Archaeology and Art History', in *Twin Tollans*, ed. Kowalski and Kristan-Graham, pp. 1-58.

44　Galindo, 'Ruins of Copan', p. 546.

45　John Lloyd Stephens, *Incidents of Travel in Central America, Chiapas and Yucatan*, 2 vols (New York, 1841); John Lloyd Stephens, *Incidents of Travel in Yucatan*, 2 vols (London, 1843).

46 Evans, *Romancing*, p. 49.

47 Stephens, *Central America*, vol. I, pp. 159-60.

48 Stephens, *Central America*, vol. II, p. 442.

49 Stephens, *Central America*, vol. I, p. 137.

50 Merideth Paxton, 'Frederick Catherwood and the Maya: Reorientation of Nineteenth Century Perceptions', in *Maya Image*, ed. Briggs, pp. 11-12.

51 Khristaan Villela, 'Beyond Stephens and Catherwood: Ancient Mesoamerica as Public Entertainment in the Early Nineteenth Century', in *Past Presented: Archaeological Illustration and the Ancient Americas*, ed. J. Pillsbury (Washington, DC, 2012), p. 155.

52 Evans, *Romancing*, pp. 2-3, 67; Stephens, *Central America*, p. 105.

53 Stephens, *Central America*, vol. I, pp. 115-16. See vol. I, pp. 126-8, regarding the purchase.

54 Adam T. Sellen and Lynneth D. Lowe, 'Las antiguas colecciones arqueológicas de Yucatan en el Museo Americano de Historia Natural', *Estudios de Cultura Maya*, XXXIII (2009), pp. 53-71; Villela, 'Beyond Stephens', pp. 155-6.

55 Griffin, 'Early Travelers', p. 14; Charles Rau, *The Palen-*

que Tablet in the United States National Museum, Washington, DC (Washington, DC, 1879).

56 Robert D. Aguirre, 'Agencies of the Letter: The Foreign Office and the Ruins of Central America', *Victorian Studies*, XLVI/2 (2004), pp. 285-6.

57 Quoted Robert D. Aguirre, 'Agencies of the Letter: The Foreign Office and the Ruins of Central America', *Victorian Studies*, XLVI/2 (2004), p. 287, emphasis added by Aguirre.

58 Bernal, *History*, p. 140.

59 Ernest Théodore Hamy and Musée de l'Homme, *Galerie Américaine du Musée d'Ethnographie du Trocadéro. Choix de pièces archéologiques et ethnographiques décrites et publiées par le Dr E. -T. Hamy* (Paris, 1897), pp. 48, 51; Lynneth S. Lowe and Adam T. Sellen, 'Una pasión por la antigüedad: La colección arqueológica de Don Florentino Gimeno en Campeche durante el siglo xix', *Estudios de Cultura Maya*, XXXVI/1 (2010), p. 149; Adam Sellen, 'Fraternal Curiosity: The Camacho Museum, Campeche, Mexico', in *Nature and Antiquities: The Making of Archaeology in the Americas*, ed. P. L. Kohl, I. Podgorny and S. Gänger (Tucson, AZ, 2014), pp. 1-109.

60 Lowe and Sellen, 'Una pasión', p. 160.

61　Keith F. Davis, *Désiré Charnay*: *Expeditionary Photographer* (Albuquerque, nm, 1981); Ian Graham, *The Art of Maya Hieroglyphic Writing*: *January 28-March 28, 1971; An Exhibition in the Art Gallery, Center for Inter-American Relations, Sponsored Jointly by Peabody Museum of Archaeology and Ethnology, Harvard University, Cambridge, Massachusetts, and Center for Inter-American Relations, Inc. , New York, New York* (Cambridge, ma, 1971), p. 15; Bryan R. Just, 'Printed Pictures of Maya Sculpture', in *Past Presented*, ed. Pillsbury, p. 363.

62　Désiré Charnay, 'Préface', in *Cités et ruines américaines*: *Mitla, Palenqué, Izamal, Chichen-Itza, Uxmal* (Paris, 1863), p. iii, author's translation.

63　Evans, *Romancing*, p. 111; Eugène-Emmanuel Viollet-le-Duc, 'Antiquités Américaines', in *Cités et ruines américaines*, p. 27.

64　Davis, *Désiré Charnay*, p. 30; Evans, *Romancing*, p. 104.

65　Kristan-Graham and Kowalski, 'Chichén Itzá, Tula, and Tollan', p. 5.

66　Matthew Restall and John F. Chuchiak IV, 'A Reevaluation of the Authenticity of Fray Diego de Landa's *Relación de las Cosas de Yucatan*', *Ethnohistory*, XLIX/3 (2002), p. 655.

67　Charles-étienne Brasseur de Bourbourg, *S'il existe des*

sources de l'histoire primitive du Mexique dans les monuments egyptiens et de l'histoire primitive de l'ancien monde dans les monuments américains? (Paris, 1864); Brunhouse, In Search, pp. 110, 114.

68　Brasseur de Bourbourg, S'il existe, pp. 128-9.

69　Erik Velásquez García, 'The Maya Flood Myth and the Decapitation of the Cosmic Caiman', pari Journal, VII/1 (2006), pp. 5-7.

70　Lawrence Gustave Desmond, Yucatan through her Eyes: Alice Dixon Le Plongeon, Writer and Expeditionary Photographer (Albuquerque, nm, 2009), p. 25.

71　Lawrence Gustave Desmond and Phyllis Mauch Messenger, A Dream of Maya: Augustus and Alice Le Plongeon in Nineteenth-Century Yucatan (Albuquerque, NM, 1989), pp. 50-51.

72　Barbara Braun, 'Henry Moore and Pre-Columbian Art', Res: Anthropology and Aesthetics, 17-18 (Spring-Autumn 1989), pp. 180-84.

73　Augustus Le Plongeon, Sacred Mysteries among the Mayas and the Quiches: The Story of Central American Antiquities and their Relations to the Sacred Mysteries of Egypt, Greece, Chaldea, and India (New York, 1886), pp. 36-7.

74　Augustus Le Plongeon, Sacred Mysteries among the Mayas and *the Quiches*: *The Story of Central American Antiquities and their Relations to the Sacred Mysteries of Egypt, Greece, Chaldea, and India* (New York, 1886), p. xii.

75 Evans, *Romancing*, p. 136; Le Plongeon, *Sacred Mysteries*, p. 113; Augustus Le Plongeon, *Queen Móo and the Egyptian Sphinx* (London, 1896).

76 Evans, *Romancing*, p. 136.

77 Evans, *Romancing*, pp. 127, 141 – 4; Le Plongeon, *Sacred Mysteries*, p. 40.

78 Le Plongeon, *Sacred Mysteries*, p. 22.

79 Villela, 'Montezuma's Dinner', p. 106.

80 Le Plongeon, *Sacred Mysteries*, p. xiii.

81 W. Scott – Elliot, *The Story of Atlantis*: *A Geographical, Historical, and Ethnological Sketch*, 2nd revd edn (London, 1914), p. 9.

82 Ibid., pp. 29, 34.

83 Christina Bueno, *The Pursuit of Ruins*: *Archaeology, History, and the Making of Modern Mexico* (Albuquerque, NM, 2016), p. 4.

84 Mechthild Rutsch, 'Natural History, National Museum and Anthropology in Mexico: Some Reference Points in the Forging and Re-Forging of National Identity', *Perspectivas Latinoamericanas*, I

(2004), pp. 95-6.

85　Christiane Demeulenaere-Douyère, 'Le Mexique s' expose à Paris: Xochicalco, Léon Méhédin et l'exposition Universelle de 1867', *Histoire (s) de l'Amérique Latine*, III/3 (2009), pp. 3-4.

86　Christiane Demeulenaere-Douyère, 'Le Mexique s' expose à Paris: Xochicalco, Léon Méhédin et l'exposition Universelle de 1867', *Histoire (s) de l'Amérique Latine*, III/3 (2009), pp. 3-4.

87　Arturo Taracena Arriola, 'El Museo Yucateco y la Reinvención de Yucatan: La Prensa y la Construcción del Regionalismo Peninsular', *Península*, II/1 (2007), pp. 13-46; Arturo Taracena Arriola, 'Nineteenth-Century Yucatan Regionalism and the Literary Press: El Museo Yucateco and El Registro Yucateco', *Voices of Mexico*, LXXXV (2009), pp. 50-52.

88　Taracena Arriola, 'El Museo Yucateco', pp. 25-8; Taracena Arriola, 'Nineteenth-Century Yucatan Regionalism'.

89　Lynneth S. Lowe and Adam T. Sellen, 'Introducción', in *Documentos del Museo Yucateco, 1870-1885*, ed. L. S. Lowe and A. T. Sellen (Mérida, 2019), pp. 9-16.

90　Bernal, *History*, pp. 139-40; Florescano, 'Creation'; Villela, 'Montezuma's Dinner', pp. 332-6.

91　Bueno, *Pursuit of Ruins*, pp. 2, 48-52, 81; Rutsch, 'Natural History', pp. 104-6.

92　Lowe and Sellen, 'Introducción', p. 19; Desmond and Messenger, *A Dream*, pp. 40-42, 50; Clementina Díaz y Ovando, 'Vicente Riva Palacio y la Arqueología, 1878-80', *Anales del Instituto de Investigaciones Estéticas*, XV/58 (1987), pp. 179-86, doi: 10.222 01/iie.18703062e.1987.58.1347.

93　Villela, 'Montezuma's Dinner', pp. 306-7.

94　Bueno, *Pursuit of Ruins*, pp. 173, 177-9.

95　Luis E. Carranza and Fernando Luiz Lara, *Modern Architecture in Latin America: Art, Technology, and Utopia* (Austin, TX, 2015), pp. 47-8.

96　Mauricio Tenorio-Trillo, *Mexico at the World's Fairs: Crafting a Modern Nation* (Berkeley, Los Angeles, CA, and London, 1996), pp. xii-xiii, 65-6.

97　Curtis Hinsley, 'The World as Marketplace: Commodification of the Exotic at the World's Columbian Exposition, Chicago, 1893', in *Exhibiting Cultures: The Poetics and Politics of Museum Display*, ed. I. Karp and S. D. Lavine (Washington, DC, 1991), p. 346.

98　Tenorio-Trillo, *Mexico at the World's Fairs*, pp. 64, 82-3,

88.

99　Alfredo Chavero, *Homenaje á Cristóbal Colón: Antigüedades Mexicanas publicadas por la Junta Colombina de México en el cuarto centenario del descubrimiento de América* (Mexico City, 1892), pp. iii–iv.

100　Oswaldo Chinchilla Mazariegos, 'Historiografía de los Mayas en Guatemala: El Pensamiento de Manuel García Elgueta', *Mesoamérica*, 38 (1999), pp. 55–75.

101　Chinchilla Mazariegos, 'Archaeology in Guatemala', pp. 58–9, 62.

102　Graham, *Art of Maya Hieroglyphic Writing*, p. 17; Ian Graham, *Alfred Maudslay and the Maya: A Biography* (Norman, OK, 2002), pp. 135, 137, 220–22.

103　Carolyn E. Tate, *Yaxchilan: The Design of a Maya Ceremonial City* (Austin, TX, 1992), p. 8; 'Yaxchilan: Principal Investigations at the Site', Corpus of Maya Hieroglyphic Inscriptions website, Peabody Museum of Archaeology and Ethnology, accessed 22 June 2020, www. peabody. harvard. edu.

104　Mary F. McVicker, *Adela Breton: A Victorian Artist amid Mexico's Ruins* (Albuquerque, NM, 2005), p. 57.

105　Davis, *Désiré Charnay*, p. 107; Graham, *Art of Maya Hier-*

oglyphic Writing, p. 19; Just, 'Printed Pictures', p. 373.

106　Teobert Maler, *Researches in the Central Portion of the Usumatsintla Valley: Reports of Explorations for the Museum*, 1898-1900 (Cambridge, MA, 1901-3).

107　Coe, *Breaking*, pp. 89-91, 107-8; Graham, *Art of Maya Hieroglyphic Writing*, pp. 16-19; David Stuart, *The Order of Days: The Maya World and the Truth about* 2012 (New York, 2012), pp. 165-6.

108　Stephen D. Houston, Oswaldo Chinchilla Mazariegos and David Stuart, '"Key to the Maya Hieroglyphs", Cyrus Thomas', in *The Decipherment of Ancient Maya Writing*, ed. S. D. Houston, O. Chinchilla Mazariegos and D. Stuart (Norman, OK, 2001), p. 113; Eduard Seler, 'Does There Really Exist a Phonetic Key to the Maya Hieroglyphic Writing?', *Science*, xx/499 (26 August 1892), pp. 121-2.

109　Paul Schellhas, *Representation of Deities of the Maya Manuscripts*, trans. S. Wesselhoeft and A. M. Parker, 2nd revd edn (Cambridge, MA, 1904).

第5章　20—21世纪的玛雅历史再发现

1　Ian Graham, *Alfred Maudslay and the Maya: A Biography*

(Norman, OK, 2002), pp. 193-4, 210; Stephen D. Houston, Barbara W. Fash and David Stuart, 'Masterful Hands: Morelli and the Maya on the Hieroglyphic Stairway, Copan, Honduras', *Res: Anthropology and Aesthetics*, 65-6 (2014), pp. 16-17; Alfred Percival Maudslay, *Biologia Centrali-Americana. or, Contributions to the Knowledge of the Fauna and Flora of Mexico and Central America*: vol. V, Archaeology, ed. F. D. Godman and O. Salvin (London, 1889), p. 65.

2 British Museum, 'Collection Online', accessed 19 March 2019, www.britishmuseum.org; Heather McKillop and Jaime Awe, 'The History of Archaeological Research in Belize', *Belizean Studies*, XI/2 (1983), p. 2; David M. Pendergast, 'The Center and the Edge: Archaeology in Belize, 1809-1992', *Journal of World Prehistory*, VII/1 (1993), p. 4; J. E. S. Thompson, 'Thomas Gann in the Maya Ruins', *British Medical Journal*, II/5973 (1975), pp. 741-3.

3 Diego de Landa, *Yucatan Before and After the Conquest*, trans. William Gates (Baltimore, MD, 1937), p. 90.

4 Helen Delpar, *The Enormous Vogue of Things Mexican: Cultural Relations between the United States and Mexico*, 1920-1935 (Tuscaloosa, AL, 1992), pp. 105-6; Norman Hammond, 'Lords of the Jungle: A Prosopography of Maya Archaeology', in *Civilization in the*

Ancient Americas: Essays in Honor of Gordon R. Willey, ed. R. M. Leventhal and A. L. Kolata (Albuquerque, NM, 1983), p. 17; Mary F. McVicker, Adela Breton: A Victorian Artist amid Mexico's Ruins (Albuquerque, NM, 2005), pp. 128-9.

5 Franz Boas, 'Summary of the Work of the International School of American Archeology and Ethnology in Mexico', American Anthropologist, XVII/2 (1915), p. 388; Ricardo Godoy, 'Franz Boas and his Plans for an International School of American Archaeology and Ethnology in Mexico', Journal of the History of the Behavioral Sciences, XIII/3 (1977), pp. 228-42; 'Prof. Tozzer at the International School of American Archaeology', Pan American Notes, XXXVII (1913), p. 707.

6 Stephen L. Black, 'The Carnegie Uaxactun Project and the Development of Maya Archaeology', Ancient Mesoamerica, I/2 (1990), pp. 257-76; Philip Phillips, 'Alfred Marsten Tozzer 1877-1954', American Antiquity, XXI/1 (1955), pp. 72 - 80; Alfred M. Tozzer, Landa's Relación de las Cosas de Yucatan: A Translation (Cambridge, MA, 1941).

7 Raymond Edwin Merwin and George Clapp Vaillant, The Ruins of Holmul, Guatemala (Cambridge, ma, 1932).

8 Mary Ellen Miller, 'The History of the Study of Maya Vase

Painting', in *The Maya Vase Book: A Corpus of Rollout Photographs of Maya Vases*, ed. J. Kerr (New York, 1989), vol. I, pp. 128-45.

9　Enrique Florescano, 'The Creation of the Museo Nacional de Antropología of Mexico and its Scientific, Educational, and Political Purposes', in *Collecting the Pre-Columbian Past*, ed. E. H. Boone (Washington, DC, 1993).

10　Herbert Joseph Spinden, 'Portraiture in Central American Art', in *Holmes Anniversary Volume: Anthropological Essays Presented to William Henry Holmes in Honor of his Seventieth Birthday, December 1, 1916*, ed. F. W. Hodges [1916], reprint (New York, 1977), p. 442.

11　Sylvanus Griswold Morley, 'The Foremost Intellectual Achievement of Ancient America', *National Geographic Magazine*, XLI/2 (1922), p. 109.

12　Roger Fry, 'American Archaeology', *Burlington Magazine for Connoisseurs*, XXXIII/188 (1918), p. 157.

13　Elizabeth Hill Boone, 'Collecting the Pre-Columbian Past: Historical Trends and the Process of Reception and Use', in *Collecting the Pre-Columbian Past*, ed. Boone, pp. 331-42.

14　Fry, 'American Archaeology', pp. 155, 157.

15　Morley, 'The Foremost Intellectual Achievement', p. 109;

Sylvanus Griswold Morley, *The Inscriptions of Petén* (Washington, DC, 1937-8), vol. III, p. 229.

16　Sylvanus Griswold Morley, 'Maya Civilization, 100% American', *Forum*, LXXVIII/2 (1927), p. 226.

17　Sylvanus Griswold Morley, *An Introduction to the Study of the Maya Hieroglyphs* (Washington, DC, 1915), p. 33; Morley, 'Foremost Intellectual Achievement', p. 125.

18　J. Eric S. Thompson, 'The Solar Year of the Mayas at Quirigua, Guatemala', *Field Museum of Natural History*, Publication 315, Anthropological Series, XVII/4 (1932), pp. 389 – 90; J. Eric S. Thompson, *The Rise and Fall of the Maya Civilization* (Norman, OK, 1954), pp. 3-11.

19　See Morley, *The Inscriptions of Petén*, vol. IV, pp. 250-52; Linda Schele and Mary Ellen Miller, *The Blood of Kings: Dynasty and Ritual in Maya Art* (New York and Fort Worth, TX, 1986), pp. 18-23.

20　Oswaldo Chinchilla Mazariegos, 'Archaeology in Guatemala: Nationalist, Colonialist, Imperialist', in *The Oxford Handbook of Mesoamerican Archaeology*, ed. D. L. Nichols and C. A. Pool (Oxford and New York, 2012), p. 61; McKillop and Awe, 'History', p. 8.

21 Hammond, 'Lords', pp. 20-28; McKillop and Awe, 'History', p. 3; Jason Yaeger and Greg Borgstede, 'Professional Archaeology and the Modern Maya: A Historical Sketch', in *Continuities and Changes in Maya Archaeology: Perspectives at the Millennium*, ed. C. W. Golden and G. Borgstede (New York, 2004), p. 240.

22 McKillop and Awe, 'History', p. 3; Kidder quoted in Robert Wauchope, 'Alfred Vincent Kidder, 1885-1963', *American Antiquity*, XXXI/2 (1965), pp. 158-9.

23 Richard E. W. Adams, 'Maya Archaeology 1958-1968, A Review', *Latin American Research Review*, IV/2 (1969), p. 5; Wauchope, 'Alfred Vincent Kidder', pp. 149, 156-8.

24 Daniel Schávelzon, 'Semblanza: Miguel ángel Fernández y la Arquitectura Prehispánica (1890-1945)', *Cuadernos de Arquitectura Mesoamericana*, VIII (1986), pp. 85-6; Benjamin Volta, Nancy Peniche May and Geoffrey E. Braswell, 'The Archaeology of Chichen Itza: Its History, What We Like to Argue About, and What We Think We Know', in *Landscapes of the Itza: Archaeology and Art History at Chichen Itza and Neighboring Sites*, ed. L. H. Wren, C. Kristan-Graham, T. Nygard and K. R. Spencer (Gainesville, FL, 2018), p. 33.

25 Quetzil E. Castañeda, *In the Museum of Maya Culture: Tou-*

ring Chichen Itza, 2nd printing (Minneapolis, MN, 1997), p. 121; James Oles, 'Reviving the Pre-Hispanic Past, from Mexico to California', in *Found in Translation: Design in California and Mexico, 1915-1985*, ed. W. Kaplan, exh. cat., Los Angeles County Museum of Art (Los Angeles, CA, 2017), p. 143.

26　Paul Sullivan, *Unfinished Conversations: Mayas and Foreigners between Two Wars* (New York, 1989), pp. 29, 76-89.

27　Hermann Beyer, *Studies on the Inscriptions of Chichen Itza*, Contributions to American Archaeology (Washington, DC, 1937), vol. IV/21, pp. 36, 38-9, figs 1-14; Robert Wauchope, 'Hermann Beyer', *American Antiquity*, IX/4 (April 1944), p. 439.

28　Sylvanus G. Morley, 'Archeology', *Carnegie Institution of Washington Yearbook*, 14 (1916), p. 338.

29　Black, 'Carnegie Uaxactun Project'.

30　Chinchilla Mazariegos, 'Archaeology in Guatemala', p. 60.

31　Manuel Gamio, 'The Sequence of Cultures in Mexico', *American Anthropologist*, XXVI/3 (1924), pp. 307-22; A. V. Kidder, 'Excavations at Kaminaljuyu, Guatemala', *American Antiquity*, XI/2 (1945), pp. 65-6, 74-5; Susan D. Gillespie, 'Toltecs, Tula, and Chichén Itzá: The Development of an Archaeological Myth', in *Twin*

Tollans: *Chichén Itzá, Tula, and the Epiclassic to Early Postclassic Mesoamerican World*, revd edn, ed. J. K. Kowalski and C. Kristan-Graham (Washington, DC, 2011), pp. 194-5; Miller, 'History of the Study', p. 133.

32 Anthony P. Andrews, 'Late Postclassic Lowland Maya Archaeology', *Journal of World Prehistory*, VII/1 (1993), p. 37; Alberto Escalona Ramos, 'Algunas Ruinas Prehispánicas en Quintana Roo', *Boletín de La Sociedad Mexicana de Geografía y Estadística*, lxi (1946), pp. 513-628; Miguel Angel Fernández, 'Exploraciones Arqueológicas en la Isla de Cozumel, Quintana Roo', *Anales del Museo Nacional de México*, I (1945), pp. 107-20; Schávelzon, 'Semblanza', pp. 90-91.

33 Robert Wauchope, 'Edward Wyllys Andrews, IV, 1916-1971', *American Antiquity*, XXXVII/3 (1972), pp. 394-403, doi: 10. 1017/S0002731600087783; Andrews, 'Late Postclassic', pp. 38-9.

34 Mary Ellen Miller and Claudia Brittenham, *The Spectacle of the Late Maya Court: Reflections on the Murals of Bonampak* (Austin, TX, 2013); Jillian Steinhauer, 'Rina Lazo, Muralist who Worked with Diego Rivera, Dies at 96', *New York Times* (18 December 2019), www. nytimes. com.

35　Agustin Villagra Caleti, *Bonampak: la ciudad de los muros pintados* (Mexico City, 1949).

36　Alberto Ruz Lhuillier, 'Exploraciones Arqueológicas en Palenque: 1953', *Anales del Instituto Nacional de Antropología e Historia*, X/39 (1956), pp. 69–116.

37　Michael D. Coe, 'The Funerary Temple among the Classic Maya', *Southwestern Journal of Anthropology*, XII/4 (1956), p. 393.

38　Hammond, 'Lords', p. 25; McKillop and Awe, 'History', p. 4; Jeremy A. Sabloff, 'Looking Backward and Looking Forward: How Maya Studies of Yesterday Shape Today', in *Continuities and Changes*, ed. Golden and Borgstede, p. 14.

39　关于发掘、建筑和文物的详细研究包括: William Coe, *Excavations in the Great Plaza, North Terrace, and North Acropolis of Tikal*, Tikal Report 14, University Monograph 61 (Philadelphia, PA, 1990); H. Stanley Loten, *Miscellaneous Investigations in Central Tikal*, Tikal Report 23A (Philadelphia, PA, 2002); Hattula Moholy-Nagy, *The Artifacts of Tikal: Utilitarian Artifacts and Unworked Material*, Tikal Report 27B (Philadelphia, PA, 2003).

40　Heinrich Berlin, 'The Destruction of Structure 5D-33-1st at Tikal', *American Antiquity*, XXXII/2 (1967), pp. 241–2.

41　Yuriy V. Knorozov, 'The Problem of the Study of the Maya Hieroglyphic Writing', *American Antiquity*, XXIII/3 (1958), pp. 284-91, doi: 10.2307/276310.

42　Luis Luján Muñoz, 'El Doctor Heinrich Berlin en la Arqueología Maya: Homenaje', in *II Simposio de Investigaciones Arqueológicas en Guatemala*, 1988, ed. J. P. Laporte et al. (Guatemala City, 1991), pp. 119-20.

43　Heinrich Berlin, 'El Glifo "emblema" de las Inscripciones Mayas', *Journal de La Société des Américanistes*, 47 (1958), pp. 111, 113, doi: 10.3406/jsa.1958.1153, author's translation.

44　Tatiana Proskouriakoff, *An Album of Maya Architecture* (Washington, DC, 1946); Tatiana Proskouriakoff, *A Study of Classic Maya Sculpture* (Washington, DC, 1950); Tatiana Proskouriakoff, 'Historical Implications of a Pattern of Dates at Piedras Negras, Guatemala', *American Antiquity*, XXV/4 (1960), pp. 454-75, doi: 10.2307/276633.

45　David H. Kelley, 'Fonetismo en la Escritura Maya', *Estudios de Cultura Maya*, II (1962), pp. 277-317; David H. Kelley, 'Kakupacal and the Itzas', *Estudios de Cultura Maya*, VII (1968), pp. 255-68.

46 Hammond, 'Lords', p. 32; McKillop and Awe, 'History'; Jeremy A. Sabloff, *The New Archaeology and the Ancient Maya* (New York, 1990), pp. 6-7.

47 Adams, 'Maya Archaeology', p. 13; Black, 'Carnegie Uaxactun Project', p. 259.

48 Thomas R. Hester and Harry J. Shafer, 'Exploitation of Chert Resources by the Ancient Maya of Northern Belize, Central America', *World Archaeology*, XVI/2 (1984), pp. 157-73; Anna O. Shepard, *Ceramics for the Archaeologist*, Publication 609 (Washington, DC, 1956).

49 James Brady, 'Uncovering the Dark Secrets of the Maya-The Archeology of Maya Caves', in *Maya: Divine Kings of the Rain Forest*, ed. N. Grube (Potsdam, 2012), pp. 296-307.

50 Arlen F. Chase and Diane Z. Chase, *Investigations at the Classic Maya City of Caracol*, *Belize*, 1985-1987 (San Francisco, CA, 1987); Hammond, 'Lords', pp. 9-10, 18.

51 Yamile Lira López, 'Juergen K. Brueggemann (1942-2004)', *Anales de Antropología*, XXXVII (2003), pp. 335-7.

52 Ramón Carrasco Vargas, Verónica A. Vázquez López and Simon Martin, 'Daily Life of the Ancient Maya Recorded on Murals at

Calakmul, Mexico', *Proceedings of the National Academy of Sciences*, CVI/46 (2009), pp. 19245-9, doi: 10.1073/pnas. 0904374106.

53 Enrique Nalda, ed., *Los Cautivos de Dzibanché* (Mexico City, 2004).

54 Christophe Helmke and Jaime Awe, 'Sharper than a Serpent's Tooth: A Tale of the Snake-head Dynasty as Recounted on Xunantunich Panel 4', *PARI Journal*, XVII/2 (2016), pp. 1-22.

55 Bárbara Arroyo, 'Juan Pedro Laporte (1945-2010) ', *Journal de La Société des Américanistes*, XCVI/2 (2010), pp. 293-6; Chinchilla Mazariegos, 'Archaeology in Guatemala', p. 62; Liwy Grazioso Sierra, 'In Memoriam: Juan Antonio Valdés Gómez, 1954-2011', Mesoweb Reports and News, electronic document, published online at Mesoweb, accessed 22 February 2019, www.mesoweb.com; Juan Pedro Laporte, 'Thirty Years Later: Some Results of Recent Investigations in Tikal', in *Tikal: Dynasties, Foreigners, and Affairs of State*, ed. J. A. Sabloff (Santa Fe, NM, 2003), pp. 281-318; Juan Antonio Valdés, Hector L. Escobedo and Federico Fahsen, *Reyes, tumbas y palacios: La historia dinástica de Uaxactun* (Mexico City and Guatemala City, 1999).

56 Arthur Demarest, *The Petexbatun Regional Archaeological Pro-*

ject: *A Multidisciplinary Study of the Maya Collapse* (Nashville, TN, 2006).

57 Lilián Argentina Corzo, 'El Atlas Arqueológico de Guatemala, Un Programa de Registro Nacional. Resultados de 25 Años de Trabajo', in *xxv Simposio de Investigaciones Arqueológicas en Guatemala*, 2011, ed. B. Arroyo, L. Paiz and H. Mejía (Guatemala City, 2012), pp. 1–11, www.asociaciontikal.com.

58 Iyaxel Ixkan A. Cojti Ren, 'The Emergence of the Ancient Kaqchikel Polity: A Case of Ethnogenesis in the Guatemalan Highlands', PhD diss., Vanderbilt University, Nashville, TN, 2019, http://hdl.handle.net/1803/13625.

59 Takeshi Inomata et al., 'Monumental Architecture at Aguada Fénix and the Rise of Maya Civilization', *Nature* (3 June 2020), doi: 10.1038/s41586-020-2343-4; Robert M. Rosenswig, Ricardo López-Torrijos, Caroline E. Antonelli and Rebecca R. Mendelsohn, 'Lidar Mapping and Surface Survey of the Izapa State on the Tropical Piedmont of Chiapas, Mexico', *Journal of Archaeological Science*, XL/3 (2013), pp. 1493–507, doi: 10.1016/j.jas.2012.10.034.

60 William A. Saturno, Karl A. Taube, David Stuart and Heather Hurst, *The Murals of San Bartolo, El Petén, Guatemala. Pt. 1: The*

North Wall, Ancient America 7 (Barnardsville, NC, 2007); Karl A. Taube, William A. Saturno, David Stuart and Heather Hurst, *The Murals of San Bartolo, El Petén, Guatemala. Pt. 2: The West Wall*, Ancient America 10 (Barnardsville, nc, 2010).

61　Heather Hurst, 'Murals and the Ancient Maya Artist: A Study of Art Production in the Guatemalan Lowlands', PhD diss., Yale University, New Haven, CT, 2009.

62　David A. Freidel and Héctor L. Escobedo, 'Un Diseño de Investigación para el Perú-Waka: Una Capital Maya Clásica en el Occidente de Petén', in *xvi Simposio de Investigaciones Arqueológicas en Guatemala, 2002*, ed. J. P. Laporte, B. Arroyo, H. Escobedo and H. Mejía (Guatemala City, 2003), pp. 391-408; Olivia C. Navarro-Farr, Keith Eppich, David A. Freidel and Griselda Pérez Robles, 'Ancient Maya Queenship: Generations of Crafting State Politics and Alliance Building from Kaanul to Waka', in *Approaches to Monumental Landscapes of the Ancient Maya*, ed. B. A. Houk et al. (Gainesville, FL, 2020).

63　Freidel and Escobedo, 'Un Diseño de Investigación'; Navarro-Farr et al., 'Ancient Maya Queenship'.

64　Marcello A. Canuto and Tomás Barrientos Q, 'La Corona: Un Acercamiento a las Políticas del Reino Kaan desde un Centro Secundario del Noroeste del Petén', *Estudios de Cultura Maya*, XXXVII (2011), pp. 11-43.

65　Miguel Rivera Dorado, *Los Mayas de Oxkintok* (Madrid, 1996); Charles Suhler, Traci Ardren and David Johnstone, 'The Chronology of Yaxuna: Evidence from Excavation and Ceramics', *Ancient Mesoamerica*, 9 (1998), pp. 167-82.

66　Alfonso Lacadena García-Gallo, 'The Glyphic Corpus from Ek'Balam, Yucatan, México', trans. Alex Lomónaco, famsi Grant Report (2003); Leticia Vargas de la Peña and Víctor R. Castillo Borges, 'Las Construcciones Monumentales de Ek'Balam', in *The Archaeology of Yucatan*, ed. T. W. Stanton (Oxford, 2014), pp. 377-93.

67　Carlos Peraza Lope et al., 'The Chronology of Mayapan: New Radiocarbon Evidence', *Ancient Mesoamerica*, XVII (2006), pp. 153-75.

68　Antonio Benavides Castillo and Ernesto Vargas Pacheco, 'Jaina, Campeche: Temporada 2003 los hallazgos y el futuro próximo', in *El patrimonio arqueológico maya en Campeche: Novedades, afectaciones y soluciones*, ed. A. Benavides Castillo (Mexico City, 2007), pp. 47-82.

69　Merle Greene Robertson, *The Sculpture of Palenque*,

vol. III: *The Late Buildings of the Palace* (Princeton, NJ, 1985); Merle Greene Robertson, Martha J. Macri and Christi Vieira, *Merle Greene Robertson's Rubbings of Maya Sculpture* (San Francisco, CA, 1993), pp. 3-4.

70　Beatriz de la Fuente and Leticia Staines Cicero, eds, *Pintura Mural Prehispanica en Mexico*, vol. ii: Area Maya. Bonampak (Mexico City, 1998).

71　See, for example, Simon Martin and Nikolai Grube, *Chronicle of the Maya Kings and Queens: Deciphering the Dynasties of the Ancient Maya*, 2nd edn (London, 2008).

72　Federico Fahsen and Night Fire Films, transcript of filmed interview for *Breaking the Maya Code* (2005), www.nightfirefilms.org.

73　Peter Mathews and Linda Schele, 'Lords of Palenque: The Glyphic Evidence', in *Primera Mesa Redonda de Palenque*, Part 1, ed. Merle Greene Robertson (Pebble Beach, CA, 1974), pp. 63-76.

74　Erik Boot, *Continuity and Change in Text and Image at Chichén Itzá, Yucatan, Mexico: A Study of the Inscriptions, Iconography, and Architecture at a Late Classic to Early Postclassic Maya Site* (Leiden, 2005); Stephen D. Houston, *Hieroglyphs and History at Dos Pilas: Dynastic Politics of the Classic Maya* (Austin, TX, 1993);

Ruth J. Krochock, 'Women in the Hieroglyphic Inscriptions of Chichén Itzá', in *Ancient Maya Women*, ed. T. Ardren (Walnut Creek, CA, 2002); Lacadena García-Gallo, 'Glyphic Corpus'; Peter L. Mathews, 'Sculpture of Yaxchilan', PhD diss., Yale University, 1988.

75 Simon Martin, 'Preguntas epigráficas acerca de los escalones de Dzibanché', in *Los Cautivos*, ed. Nalda, pp. 105-15; Simon Martin and Erik Velásquez García, 'Polities and Places: Tracing the Toponyms of the Snake Dynasty', *PARI Journal*, XVII/2 (2016), pp. 23-33; Erik Velásquez García, 'Los escalones jeroglíficos de Dzibanché', in *Los Cautivos*, ed. Nalda, pp. 79-103.

76 Mercedes de la Garza, *La Conciencia Histórica de los Antiguos Mayas* (Mexico City, 1975).

77 David Stuart, *Ten Phonetic Syllables* (Washington, DC, 1987).

78 Stephen D. Houston, 'Into the Minds of Ancients: Advances in Maya Glyph Studies', *Journal of World Prehistory*, XIV/2 (2000), pp. 157-64; Stephen Houston, John Robertson and David Stuart, 'The Language of Classic Maya Inscriptions', *Current Anthropology*, XLI/3 (2000), pp. 321-56, doi: 10.1086/300142.

79 Lolmay García Matzar and Night Fire Films, transcript of

filmed interview for *Breaking the Maya Code* (2005), www. nightfirefilms. org.

80 更多信息可见玛雅语的解读历史, 如 Michael D. Coe, *Breaking the Maya Code* (London, 1992); Houston, 'Into the Minds'; and Martha J. Macri and Gabrielle Vail, 'Introduction', in *The New Catalog of Maya Hieroglyphs*, vol. II: *The Codical Texts*, (Norman, OK, 2009), pp. 3-32.

81 Clemency Coggins, 'Painting and Drawing Styles at Tikal: An Historical and Iconographic Reconstruction', PhD diss., Harvard University, 1975.

82 Flora Simmons Clancy, *Sculpture in the Ancient Maya Plaza: The Early Classic Period* (Albuquerque, NM, 1999); Flora Simmons Clancy, *The Monuments of Piedras Negras, an Ancient Maya City* (Albuquerque, NM, 2009); Julia Guernsey, *Ritual and Power in Stone: The Performance of Rulership in Mesoamerican Izapan Style Art* (Austin, TX, 2006); Matthew G. Looper, *Lightning Warrior: Maya Art and Kingship at Quirigua* (Austin, TX, 2003); Jeff Karl Kowalski, *The House of the Governor: A Maya Palace at Uxmal, Yucatan, Mexico* (Norman, OK, 1987); Miller and Brittenham, *Spectacle*; Elizabeth Newsome, *Trees of Paradise and Pillars of the World: The Serial*

Stela Cycle of 18-*Rabbit*-*God K, King of Copán* (Austin, TX, 2001); Andrea Stone, *Images from the Underworld: Naj Tunich and the Tradition of Maya Cave Painting* (Austin, TX, 1995).

83　Miller and Brittenham, *Spectacle*.

84　Oswaldo Chinchilla Mazariegos, *Art and Myth of the Ancient Maya* (New Haven, CT, and London, 2017); Ana García Barrios, 'El aspecto bélico de Chaahk, el dios de la lluvia, en el Periodo Clásico maya', *Revista Española de Antropología Americana*, XXXIX/1 (2009), pp. 7–29; Matthew Looper, *To Be Like Gods: Dance in Ancient Maya Civilization* (Austin, TX, 2009); Karl A. Taube, 'The Symbolism of Jade in Classic Maya Religion', *Ancient Mesoamerica*, XVI/1 (2005), pp. 23–50, doi: 10.1017/S0956536105050017.

85　Clemency Chase Coggins and Orrin C. Shane iii, eds, *Cenote of Sacrifice: Maya Treasures from the Sacred Well at Chichén Itzá* (Austin, TX, 1984); Virginia M. Fields and Dorie Reents-Budet, *Lords of Creation: The Origins of Sacred Maya Kingship* (London and Los Angeles, CA, 2005); Daniel Finamore and Stephen D. Houston, *Fiery Pool: The Maya and the Mythic Sea* (Salem, MA, and New Haven, ct, 2010); Mary Ellen Miller and Simon Martin, eds, *Courtly Art of the Ancient Maya*, exh. cat., de Young Museum, San Francisco, and

National Gallery of Art, Washington, DC (San Francisco and New York, 2004); Schele and Miller, *Blood of Kings*.

86　Ana García Barrios, 'Análisis Iconográfico Preliminar de Fragmentos de las Vasijas Estilo Códice Procedentes de Calakmul', *Estudios de Cultura Maya*, XXXVII (2011), pp. 65-97.

87　Prudence M. Rice, 'Late Classic Maya Pottery Production: Review and Synthesis', *Journal of Archaeological Method and Theory*, XVI/2 (2009), pp. 117-56.

88　Dorie Reents-Budet and Ronald L. Bishop, 'Classic Maya Painted Ceramics: Artisans, Workshops, and Distribution', in *Ancient Maya Art at Dumbarton Oaks*, ed. J. Pillsbury, R. Ishihara-Brito, M. Doutriaux and A. Tokovinine, Pre-Columbian Art at Dumbarton Oaks 4 (Washington, DC, 2012), pp. 288-99.

89　Grant D. Hall et al., 'Cacao Residues in Ancient Maya Vessels from Rio Azul, Guatemala', *American Antiquity*, LV/1 (1990), pp. 138-43, doi: 10.2307/281499.

90　这些包括宾夕法尼亚大学博物馆、普林斯顿大学艺术博物馆和洛杉矶郡立艺术博物馆的各项研究。See Lynn A. Grant, *The Maya Vase Conservation Project* (Philadelphia, PA, 2006); Bryan Just, *Dancing into Dreams: Maya Vase Painting of the Ik' Kingdom*

(Princeton, NJ, 2012); Megan E. O'Neil, 'The Inside Story: Seeing Maya Vessels in a New Light', *Unframed* blog (29 August 2016), https://unframed. lacma. org.

91　Antonia E. Foias, 'The Past and Future of Maya Ceramic Studies', in *Continuities and Changes*, ed. Golden and Borgstede, p. 143.

92　Andrew K. Scherer, 'Bioarchaeology and the Skeletons of the Pre-Columbian Maya', *Journal of Archaeological Research*, XXV/2 (2017), pp. 133–84, doi: 10. 1007/s10814-016-9098-3.

93　T. Douglas Price et al. , 'Kings and Commoners at Copan: Isotopic Evidence for Origins and Movement in the Classic Maya Period', *Journal of Anthropological Archaeology*, XXIX/1 (2010), pp. 15–32, doi: 10. 1016/j. jaa. 2009. 10. 001; Scherer, 'Bioarchaeology', p. 149; Lori E. Wright, 'Identifying Immigrants to Tikal, Guatemala: Defining Local Variability in Strontium Isotope Ratios of Human Tooth Enamel', *Journal of Archaeological Science*, XXXII/4 (2005), pp. 555–66, doi: 10. 1016/j. jas. 2004. 11. 011.

94　Scherer, 'Bioarchaeology', p. 147; Vera Tiesler, 'Vida y muerte de Janaab' Pakal de Palenque: Hallazgos bioarqueológicos recientes', in *Janaab' Pakal de Palenque: Vida y muerte de un gobernante maya*, ed. V. Tiesler and A. Cucina (Mexico City, 2004), pp. 37–67.

95 Kitty F. Emery, 'Maya Zooarchaeology: In Pursuit of Social Variability and Environmental Heterogeneity', in *Continuities and Changes*, ed. Golden and Borgstede, pp. 193-217.

96 Maria C. Bruno and Matthew P. Sayre, 'Social Paleoethnobotany: New Contributions to Archaeological Theory and Practice', in *Social Perspectives on Ancient Lives from Paleoethnobotanical Data*, ed. M. P. Sayre and M. C. Bruno (Cham, Switzerland, 2017), pp. 1-13.

97 Barbara W. Fash, 'Beyond the Naked Eye: Multidimensionality of Sculpture in Archaeological Illustration', in *Past Presented: Archaeological Illustration and the Ancient Americas*, ed. J. Pillsbury (Washington, DC, 2012), pp. 449-50, 465.

98 Kevin Cain and Philippe Martinez, 'An Open Source Data Archive for Chichén Itzá', lecture given at the 79th Annual Meeting, Society for American Archaeology, Austin, TX (2014).

99 Arlen F. Chase et al., 'Airborne lidar, Archaeology, and the Ancient Maya Landscape at Caracol, Belize', *Journal of Archaeological Science*, XXXVIII/2 (2011), pp. 387-98, doi: 10.1016/j.jas.2010.09.018; Rosenswig et al., 'Lidar Mapping'.

100 Marcello A. Canuto et al., 'Ancient Lowland Maya Complexity as Revealed by Airborne Laser Scanning of Northern Guatemala', *Sci-*

ence, CCCLXI/6409 (2018), doi: 10.1126/science. aau0137; Richard D. Hansen, Carlos Morales-Aguilar, Thomas Schreiner and Enrique Hernandez, 'El uso de LiDAR en la identificación de los antiguos sistemas agrícolas mayas de la Cuenca Mirador', in *XXXI Simposio de Investigaciones Arqueológicas en Guatemala*, 2017, ed. B. Arroyo, L. Méndez Salinas and G. Ajú álvarez (Guatemala City, 2018), pp. 583-90; Inomata et al., 'Monumental Architecture'; Rosenswig et al., 'Lidar Mapping'.

101 Arthur A. Demarest, 'Maya Archaeology for the Twenty-First Century: The Progress, the Perils, and the Promise', *Ancient Mesoamerica*, xx/2 (2009), pp. 253-63, at p. 260; Yaeger and Borgstede, 'Professional Archaeology', p. 245.

第6章 20—21世纪的玛雅文物收集与展出

1 Enrique Florescano, 'The Creation of the Museo Nacional de Antropología of Mexico and its Scientific, Educational, and Political Purposes', in *Collecting the Pre-Columbian Past*, ed. E. H. Boone (Washington, DC, 1993), pp. 83-103.

2 Ignacio Bernal, *A History of Mexican Archaeology: The Vanished Civilizations of Middle America* (London and New York, 1980),

pp. 139-40.

3 Juan Valenzuela et al., 'Letter to the Secretario de la Educación Pública' (22 July 1936), unpublished letter in INAH archives, author's translation.

4 Oswaldo Chinchilla Mazariegos, 'Archaeology in Guatemala: Nationalist, Colonialist, Imperialist', in *The Oxford Handbook of Mesoamerican Archaeology*, ed. D. L. Nichols and C. A. Pool (Oxford and New York, 2012), p. 61; Oswaldo Chinchilla Mazariegos, 'Just and Patriotic: Creating a National Museum in Guatemala (1831-1930)', *Museum History Journal*, IX/1 (2016), p. 70.

5 Oliver C. Farrington, 'A Brief History of the Field Museum from 1893 to 1930', *Field Museum News*, I/1 (1930), pp. 1, 3.

6 Mary Ellen Miller, 'The History of the Study of Maya Vase Painting', in *The Maya Vase Book: A Corpus of Rollout Photographs of Maya Vases*, ed. J. Kerr (New York, 1989), vol. I, p. 129; Mónica Alejandra Pérez Galindo, 'Dieseldorff Collection: Ceramic Corpus of the Terminal Classic Originating from Molds', trans. Kim Goldsmith, famsi Grant Report (2007).

7 Helen Delpar, *The Enormous Vogue of Things Mexican: Cultural Relations between the United States and Mexico, 1920-1935* (Tusca-

loosa, AL, 1992), pp. 105-6; Norman Hammond, 'Lords of the Jungle: A Prosopography of Maya Archaeology', in *Civilization in the Ancient Americas: Essays in Honor of Gordon R. Willey*, ed. R. M. Leventhal and A. L. Kolata (Albuquerque, NM, 1983), p. 17.

8　A. M. T., 'Exhibition of Maya Art', *Museum of Fine Arts Bulletin*, X/56 (1912), pp. 13-14.

9　Holger Cahill, *American Sources of Modern Art* (New York, 1933), pp. 8-9, 21.

10　Museum of Modern Art, *Twenty Centuries of Mexican Art* (New York, 1940).

11　Fernando Gamboa, *Masterworks of Mexican Art from Pre-Columbian Times to the Present: Los Angeles County Museum of Art*; October *1963-January 1964*, exh. cat., Los Angeles County Museum of Art (Los Angeles, CA, 1963); Megan E. O'Neil and Mary Ellen Miller, '"An Artistic Discovery of America": Mexican Antiquities in Los Angeles, 1940-1960s', in *Found in Translation: Design in California and Mexico*, 1915-1985, ed. W. Kaplan, exh. cat., Los Angeles County Museum of Art (Los Angeles, CA, 2017), pp. 162-7.

12　Maurice Ries, *Ancient American Art, 500 BC-AD 1500*, exh. cat., Santa Barbara Museum of Art, April-June 1942 (Santa Barbara,

CA, 1942); *An Exhibition of Pre-Columbian Art*, exh. cat., William Hayes Fogg Art Museum, Harvard University (Cambridge, MA, 1940); *Pre-Columbian Art*, essay by Marion G. Hollenbach, exh. cat., Los Angeles County Museum of Art (Los Angeles, CA, 1940), n. p.; The Art of the Maya, exh. cat., Baltimore Museum of Art, November–December 1937 (Baltimore, MD, 1937).

13 Joanne Pillsbury and Miriam Doutriaux, 'Incidents of Travel: Robert Woods Bliss and the Creation of the Maya Collection at Dumbarton Oaks', in *Ancient Maya Art at Dumbarton Oaks*, ed. J. Pillsbury, R. Ishihara-Brito, M. Doutriaux and A. Tokovinine, Pre-Columbian Art at Dumbarton Oaks 4 (Washington, DC, 2012), pp. 14–15.

14 April Dammann, *Exhibitionist: Earl Stendahl, Art Dealer as Impresario* (Santa Monica, CA, 2011).

15 Pillsbury and Doutriaux, 'Incidents of Travel', pp. 6–10, 13.

16 Joanne Pillsbury, 'The Pan-American: Nelson Rockefeller and the Arts of Ancient Latin America', in *The Nelson A. Rockefeller Vision: Arts of Africa, Oceania, and the Americas* (New York, 2014), p. 20.

17 Joanne Pillsbury, 'The Pan-American: Nelson Rockefeller

and the Arts of Ancient Latin America', in *The Nelson A. Rockefeller Vision: Arts of Africa, Oceania, and the Americas* (New York, 2014), p. 20.

18　O'Neil and Miller, 'Artistic Discovery', pp. 164-6.

19　Dammann, *Exhibitionist*; Alfred Stendahl, 'Foreword', in *Pre-Columbian Art: An Exhibition Assembled and Installed by the Stendahl Gallery for the Pasadena Art Institute* (Pasadena, CA, 1952), n. p.

20　Vincent Price, 'Foreword', in *Pre-Columbian Sculpture* (La Jolla, CA, 1956), n. p.

21　Silvia Romeu Adalid, 'Entrevista con una coleccionista: Jacqueline Larralde de Sáenz', *Expresión Antropológica*, XLI (January-April 2011), pp. 6-25.

22　Marta Foncerrada de Molina and Amalia Cardós de Méndez, *Las figurillas de Jaina, Campeche en el Museo Nacional de Antropología* (Mexico City, 1988), p. 15; Daniel Schávelzon, 'Semblanza: Miguel ángel Fernández y la Arquitectura Prehispánica (1890-1945) ', *Cuadernos de Arquitectura Mesoamericana*, VIII (1986), pp. 85-6.

23　Miguel Ángel Fernández, *Historia de los museos de México* (Mexico City, 1988), p. 220.

24　Ana Garduño, *El poder del coleccionismo de arte*: *Alvar Carrillo Gil* (Mexico City, 2009), p. 328.

25　Fernando Moguel Cruz, 'El Saqueo Arqueológico Debe Ser Investigado: Acción y No Polémicas Piden en Mérida' (16 July 1964). Unidentified newspaper clipping in the Biblioteca del Museo Nacional de Antropología e Historia, ed1233.

26　Garduño, *El poder*, pp. 326-7.

27　O'Neil and Miller, 'Artistic Discovery'.

28　Clemency Coggins, 'Illicit Traffic of Pre-Columbian Antiquities', *Art Journal*, XXIX/1 (1969), p. 94; Ian Graham, *The Road to Ruins* (Albuquerque, NM, 2010), pp. 301, 340; Rafael Morales Fernández, 'Recuento de Operación Rescate de Monumentos Precolombinos de Guatemala', *Utz'ib*, III/5 (2003), pp. 1-14.

29　Graham, *Road to Ruins*, p. 293.

30　Graham, *Road to Ruins*, p. 315.

31　Matthew H. Robb, Daniel E. Aquino Lara and Juan Carlos Meléndez, 'La Estela 8 de Naranjo, Petén: Medio Siglo en el Exilio', in *XXIX Simposio de Investigaciones Arqueológicas en Guatemala*, ed. B. Arroyo, L. Méndez Salinas and G. Ajú Álvarez (Guatemala City, 2016), pp. 629-38.

32 Galerie Jeanne Bucher, *Sculpture maya*. [*Galerie*] *Jeanne Bucher*, [*décembre 1966-février 1967. Les Maya, postface par José Luis Franco*] (Paris, 1966).

33 Megan E. O'Neil, 'Carved Stone Panel from the Lacanha Region', in *Ancient Maya Art at Dumbarton Oaks*, ed. Pillsbury et al., pp. 58-63; Megan E. O'Neil, *Engaging Ancient Maya Sculpture at Piedras Negras, Guatemala* (Norman, ok, 2012), pp. 189-211; Pillsbury, 'Pan-American', p. 23; 'Relief with Enthroned Ruler', Metropolitan Museum of Art website, accessed 25 June 2020, www.metmuseum.org.

34 Dana and Ginger Lamb, *Quest for the Lost City* (New York, 1951); Andrew Scherer, Charles Golden, Stephen Houston and James Doyle, 'A Universe in a Maya Lintel I: The Lamb's Journey and the "Lost City"', *Maya Decipherment* blog (25 August 2017), www.mayadecipherment.com.

35 César Lizardi Ramos, 'Aparece un Monumento que Robaron a México', *Excelsior* (27 July 1965), p. 31.

36 'Obligación Moral: Que se Devuelva a México Grandiosa Reliquia Maya', *Novedades* (19 September 1965), sec. 'México en la Cultura' (Mexico in Culture), p. 4.

37 Jorge Luján Muñoz, *Dos estelas mayas sustraídas de Guatemala*: *Su presencia en Nueva York* (Guatemala City, 1966); O'Neil, *Engaging Ancient Maya Sculpture*, pp. 204-5.

38 Bárbara Arroyo, 'Anotaciones Adicionales a la Labor de Rafael Morales y Operación Rescate', *Utz' ib*, III/5 (2003), pp. 26-30; Morales Fernández, 'Recuento', p. 7.

39 Elizabeth P. Benson and Michael D. Coe, *Handbook of the Robert Woods Bliss Collection of Pre-Columbian Art* (Washington, DC, 1963).

40 Michael D. Coe and Justin Kerr, *The Art of the Maya Scribe* (London, 1997), p. 175.

41 David Freidel, 'Mystery of the Maya Façade', *Archaeology*, LIII/5 (2000), pp. 24-5; Graham, *Road to Ruins*, pp. 388-9.

42 For example, see Coggins, 'Illicit Traffic'.

43 Graham, *Road to Ruins*, pp. 436-8; James A. R. Nafziger, 'Controlling the Northward Flow of Mexican Antiquities', *Lawyer of the Americas*, VII/1 (1975), pp. 72-3.

44 Richard E. W. Adams, *Río Azul*: *An Ancient Maya City* (Norman, OK, 1999), pp. 3-7.

45 See, for example, Dorie Reents-Budet, *Painting the Maya*

Universe: Royal Ceramics of the Classic Period (Durham, NC, 1994), and Dorie Reents-Budet and Ronald L. Bishop, 'Classic Maya Painted Ceramics: Artisans, Workshops, and Distribution', in *Ancient Maya Art at Dumbarton Oaks*, ed. Pillsbury et al.

46　Janet C. Berlo, 'Art Historical Approaches to the Study of Teotihuacán-related Ceramics from Escuintla, Guatemala', in *New Frontiers in the Archaeology of the Pacific Coast of Southern Mesoamerica*, ed. F. Bove and L. Heller, Anthropological Research Papers (Tempe, AZ, 1989), pp. 147-65.

47　Juan Antonio Valdés, 'Management and Conservation of Guatemala's Cultural Heritage: A Challenge to Keep History Alive', in *Art and Cultural Heritage: Law, Policy, and Practice*, ed. B. T. Hoffman (Cambridge and New York, 2006), p. 96.

48　Jennifer T. Taschek and Joseph W. Ball, 'Lord Smoke-Squirrel's Cacao Cup: The Archaeological Context and Socio-historical Significance of the Buenavista "Jauncy Vase"', in *Maya Vase Book*, ed. Kerr (New York, 1992), vol. III, pp. 490-97.

49　Joanne Pillsbury, Timothy Potts and Kim Richter, eds, *Golden Kingdoms: Luxury Arts in the Ancient Americas* (Los Angeles, CA, 2017); Matthew H. Robb, ed., *Teotihuacan: City of Water*,

City of Fire, exh. cat. , de Young Museum, San Francisco, Los Angeles County Museum of Art, and Phoenix Art Museum (San Francisco, CA, 2017).

50 Sandra Rozental, 'On the Nature of Patrimonio: "Cultural Property" in Mexican Contexts', in *The Routledge Companion to Cultural Property*, ed. J. Anderson and H. Geismar (London, 2017), pp. 237-57, accessed 14 January 2020, doi: 10.4324/9781315641034.

第7章 流行文化、建筑与视觉艺术中的古玛雅

1 James Oles, 'Reviving the Pre-Hispanic Past, from Mexico to California', in *Found in Translation: Design in California and Mexico, 1915-1985*, ed. W. Kaplan, exh. cat. , Los Angeles County Museum of Art (Los Angeles, CA, 2017), p. 128.

2 James Oles, 'Reviving the Pre-Hispanic Past, from Mexico to California', in *Found in Translation: Design in California and Mexico, 1915-1985*, ed. W. Kaplan, exh. cat. , Los Angeles County Museum of Art (Los Angeles, CA, 2017), p. 128.

3 James Oles, 'Reviving the Pre-Hispanic Past, from Mexico to California', in *Found in Translation: Design in California and Mexico, 1915-1985*, ed. W. Kaplan, exh. cat. , Los Angeles County Museum of

Art (Los Angeles, CA, 2017), pp. 130-33.

4 Curtis Hinsley, 'The World as Marketplace: Commodification of the Exotic at the World's Columbian Exposition, Chicago, 1893', in *Exhibiting Cultures: The Poetics and Politics of Museum Display*, ed. I. Karp and S. D. Lavine (Washington, DC, 1991), p. 347.

5 Marjorie I. Ingle, *The Mayan Revival Style: Art Deco Mayan Fantasy* (Salt Lake City, UT, 1984), p. 5.

6 Ernest Théodore Hamy and Musée de l'Homme, *Galerie Américaine du Musée d'Ethnographie du Trocadéro. Choix de pièces archéologiques et ethnographiques décrites et publiées par le Dr E. -T. Hamy* (Paris, 1897), p. i.

7 *The Columbian Exposition Album; Containing Views of the Grounds, Main and State Building, Statuary, Architectural Details, Interiors, Midway Plaisance Scenes, and Other Interesting Objects Which Had Place at the World's Columbian Exposition, Chicago, 1893* (Chicago, IL, and New York, 1893), p. 7a.

8 Hinsley, 'World as Marketplace', pp. 349, 363.

9 Nicte-Há Gutiérrez Ruiz and Claudio Alberto Novelo Zapata, 'La Arquitectura Neomaya en Yucatan: En Búsqueda de la Identidad Nacional', *Arte y Sociedad: Revista de Investigación*, 5 (2013), p. 2;

Juan Antonio Siller, 'La Presencia Prehispánica en la Arquitectura Neo-Maya de la Península de Yucatan', *Cuadernos de Arquitectura Mesoamericana*, IX (1987), p. 52; Enrique Urzaiz Lares, *Arquitectura en tránsito: Patrimonio arquitectónico de la primera mitad del siglo xx en la ciudad de Mérida, Yucatan* (Mérida, 1997), pp. 47-8.

10 Siller, 'La Presencia', p. 52.

11 Jesse Lerner, *The Maya of Modernism: Art, Architecture, and Film* (Albuquerque, NM, 2011), pp. 96-8; Antonio Rodríguez Alcalá and Julio Misael Magaña-Góngora, 'Permanencias, Modificaciones, Conversión y Desaparición del Templo de Jesús María-Gran Logia la Oriental Peninsular, Siglos XVII-XX: Estudio para la Reconstrucción Virtual del Patrimonio Edificado de Yucatan, México', *Intervención*, IX/17 (2018), pp. 65-79.

12 J. Manuel Amábilis, *El pabellón de México en la Exposición iberoamericana de Sevilla* (Mexico City, 1929), pp. 13-14.

13 J. Manuel Amábilis, *El pabellón de México en la Exposición iberoamericana de Sevilla* (Mexico City, 1929), p. 37.

14 J. Manuel Amábilis, *El pabellón de México en la Exposición iberoamericana de Sevilla* (Mexico City, 1929), pp. 22, 27; Luis E-. Carranza, *Architecture as Revolution: Episodes in the History of Modern*

Mexico (Austin, TX, 2010), p. 89.

15　Carranza, *Architecture as Revolution*, pp. 113-14; Siller, 'La Presencia', p. 55.

16　Carranza, *Architecture as Revolution*, p. 115.

17　Amábilis, *El pabellón*, pp. 24, 112; Lerner, *Maya of Modernism*, p. 98.

18　María Eugenia Castellanos Gutiérrez, 'Estudio sobre las artes del Palacio Nacional de la Cultura y folleto informativo' (Guatemala City, 2016), pp. 53, 55, www. biblioteca. usac. edu. gt.

19　Oles, 'Reviving', pp. 159-60.

20　Lerner, *Maya of Modernism*, pp. 89-90.

21　Oles, 'Reviving', p. 158.

22　Ingle, *Mayan Revival Style*, p. 7.

23　Robert Alexander González, *Designing Pan-America: U. S. Architectural Visions for the Western Hemisphere* (Austin, TX, 2011), pp. 80-81, 86.

24　William Templeton Johnson, 'San Diego: The Panama-California Exposition and the Changing Peoples of the Great Southwest', *The Survey* (July 1915), p. 303.

25　Peter D. Harrison, 'Carlos Vierra: His Role and Influence on the Maya Image', in *The Maya Image in the Western World: A Catalog to an Exhibition at the University of New Mexico*, ed. P. S. Briggs, exh. cat, University of New Mexico Art Museum and Maxwell Museum of Anthropology (Albuquerque, NM, 1986), pp. 21-4.

26　Johnson, 'San Diego', p. 4; Oles, 'Reviving'.

27　Edgar L. Hewett, 'The California Building at the Panama California Exposition, California Quadrangle', San Diego Museum of Man archives, posted in Panama-California Exposition Digital Archive, pp. 1-2, accessed 11 January 2019, www.pancalarchive.org.

28　Edgar L. Hewett, *Ancient America at the Panama-California Exposition* (Point Loma, CA, 1915), pp. 1, 6.

29　Hewett, 'California Building', p. 2.

30　Kathryn Smith, 'A Brief History of the Southwest Museum. Southwest Museum Rehabilitation Study: Phase I Planning' (Los Angeles, CA, 2011), pp. 37, 40, http://clkrep.lacity.org.

31　Barbara Braun, *Pre-Columbian Art and the Post-Columbian World: Ancient American Sources of Modern Art* (New York, 1993), p. 138; Ingle, *Mayan Revival Style*, p. 14; Gabriel P. Weisberg, 'Frank Lloyd Wright and Pre-Columbian Art: The Background for his Architecture', *Art Quarterly*, XXX (Spring 1967), p. 48.

32 Braun, *Pre-Columbian Art*, pp. 144, 149; Marjorie I. Ingle, 'The Mayan Revival Style in the United States of America', *Cuadernos de Arquitectura Mesoamericana*, IX (1987), p. 76.

33 Braun, *Pre-Columbian Art*, p. 151; Ingle, *Mayan Revival Style*, p. 15.

34 Anthony Alofsin, *Frank Lloyd Wright, the Lost Years, 1910-1922: A Study of Influence* (Chicago, IL, 1998), p. 222.

35 Quoted in Ingle, *Mayan Revival Style*, pp. 14-15.

36 Quoted in Braun, *Pre-Columbian Art*, p. 138.

37 Weisberg, 'Frank Lloyd Wright', p. 47; Frank Lloyd Wright, *The Future of Architecture* (New York, 1953), p. 45.

38 Quoted (1957) in Braun, *Pre-Columbian Art*, p. 138.

39 Quoted (1957) in Braun, *Pre-Columbian Art*, pp. 163, 166.

40 David Gebhard and Anthony Peres, *Robert Stacy-Judd: Maya Architecture and the Creation of a New Style* (Santa Barbara, CA, 1993), p. 31; Lerner, *Maya of Modernism*, p. 149.

41 Ingle, *Mayan Revival Style*, pp. 57-8; Robert B. Stacy-Judd, 'Maya Architecture', *Pacific Coast Architect* (1936), p. 27; Robert B. Stacy-Judd, 'Maya Architecture: Architect-Explorer Replies to Critic', *Architect and Engineer*, cxxiv (February 1936), pp. 19-20; George

Oakley Totten, *Maya Architecture* (Washington, DC, 1926).

42　Edgar Lloyd Hampton, 'Creating a New World Architecture', *Southern California Business* (April 1928), p. 38.

43　Gebhard and Peres, *Robert Stacy-Judd*, p. 42; Edgar Lloyd Hampton, 'Rebirth of Prehistoric American Art', *Current History*, XXV/5 (1927), p. 633.

44　Ingle, 'Mayan Revival Style', p. 73.

45　Lerner, *Maya of Modernism*, pp. 149-50.

46　Stacy-Judd, 'Maya Architecture'; Robert B. Stacy-Judd, *Atlantis-Mother of Empires* (Los Angeles, CA, 1939), pp. 2, 8, 19, 34, 74-6, 306-11.

47　Stacy-Judd, *Atlantis*, pp. 88-90.

48　Hampton, 'Creating', p. 45.

49　Ingle, *Mayan Revival Style*, pp. 41, 43.

50　'Aztec Night's Entertainment', *Los Angeles Sunday Times* (20 July 1924), sec. 3, p. 25; Arthur Millier, 'Lovins Murals in Hollywood', *Los Angeles Sunday Times* (7 September 1924), p. 63; Arthur Millier, 'Aztec Designs by Francisco Cornejo', *Los Angeles Sunday Times* (8 August 1926), p. 21.

51　Francisco Cornejo, 'Description of Architecture and Decorations of the Mayan Theatre', *Pacific Coast Architect*, XXXIII/4 (1928), pp. 13-31.

52 Oles, 'Reviving', pp. 158-59.

53 Edwin Schallert, 'Gershwin Musical Show Will Open New Mayan Theatre', *Los Angeles Times* (14 August 1927).

54 Donald E. Marquis, 'Archaeological Aspects of the Mayan Theatre of Los Angeles, California', *Art and Archaeology*, XXIX/3 (1930), p. 101.

55 Nina Höchtl, 'El Teatro Maya Como Travestismo Cultural: Una Lectura Performativa y Descolonizadora de su Arquitectura', *Extravío: Revista Electrónica de Literatura Comparada*, VIII (2015), pp. 103-30.

56 Ingle, *Mayan Revival Style*, p. 57; Lerner, *Maya of Modernism*, p. 87.

57 Ingle, *Mayan Revival Style*, pp. 67-9.

58 Richard W. Amero, 'San Diego Invites the World to Balboa Park a Second Time', *Journal of San Diego History*, XXXI/4 (1985), pp. 261, 269.

59 Richard W. Amero, 'San Diego Invites the World to Balboa Park a Second Time', *Journal of San Diego History*, p. 264; Oles,

'Reviving', p. 147.

60 Amero, 'San Diego', p. 265.

61 Jennifer Fickley-Baker, 'New Details Unveiled on Gran Destino Tower at Disney's Coronado Springs Resort, Set to Open July 2019', Disney Parks blog (21 November 2018), https://disneyparks.disney.go.com.

62 Xcaret by Mexico official website, accessed 25 June 2020, www.xcaret.com.

63 James Churchward, *The Lost Continent of Mu* (New York, 1931).

64 James Churchward, *The Lost Continent of Mu* (New York, 1931), p.48, emphasis in original text.

65 Erich von Däniken, *Chariots of the Gods* [1968], trans. M. Heron (New York, 1969).

66 José Argüelles, *The Mayan Factor: Path beyond Technology* (Santa Fe, NM, 1987), p.50.

67 José Argüelles, *The Mayan Factor: Path beyond Technology* (Santa Fe, NM, 1987), pp.19, 36, 50.

68 John W. Hoopes, 'New Age Sympathies and Scholarly Complicities: The History and Promotion of 2012 Mythology', *Archaeoas-*

tronomy: *The Journal of Astronomy in Culture*, XXIV (2011), pp. 180-201.

69　Argüelles, *Mayan Factor*, p. 34; David Stuart, *The Order of Days: The Maya World and the Truth about 2012* (New York, 2012), p. 305.

70　Argüelles, *Mayan Factor*, p. 169.

71　Quetzil E. Castañeda, *In the Museum of Maya Culture: Touring Chichen Itza*, 2nd printing (Minneapolis, MN, 1997), p. 186; Hoopes, 'New Age Sympathies'.

72　Hunbatz Men, 'The Cosmic New Age Has Commenced', *Manataka American Indian Council* (2012), www.manataka.org.

73　Stuart, *Order of Days*, pp. 227-8.

74　Joshua Berman, *Moon Maya 2012: A Guide to Celebrations in Mexico, Guatemala, Belize and Honduras* (Berkeley, CA, 2011), pp. 8, 12-13.

75　Castañeda, *In the Museum*, pp. 175-200.

76　Rodolfo Gonzales and Alberto Urista, 'El Plan Espiritual de Aztlan', *El Grito del Norte* (6 July 1969), p. 5.

77　Jesse Lerner, 'The Mesoamerica of the Chicano Movement', in *Found in Translation*, ed. Kaplan, p. 168.

78 Judithe Hernández, personal communication, 2018.

79 Ester Hernández, '(Re) Forming America's Libertad', in *Born of Resistance: Cara a Cara Encounters with Chicana/o Visual Culture*, ed. S. L. Baugh and V. A. Sorell (Tucson, AZ, 2015), pp. 37–40.

80 Larry J. Zimmerman, 'Archaeology', in *A Companion to the Anthropology of American Indians*, ed. T. Biolsi (Malden, MA, 2004), p. 532.

81 'Naufus Ramírez-Figueroa', Guggenheim Museum Collection Online, accessed 5 April 2019, www.guggenheim.org.

82 Alice Matthews, 'On Display: Cultural Cannibalism', *SCMA Insider* blog (28 January 2015), www.smith.edu.

83 Clarissa Tossin, personal communication, 2017.

第8章 当代玛雅土著族群的艺术、教育与社会活动

1 Victor Montejo, *Voices from Exile: Violence and Survival in Modern Maya History* (Norman, OK, 1999), p. 215.

2 Judith M. Maxwell and Ajpub' Pablo García Ixmatá, 'Power in Places: Investigating the Sacred Landscape of Iximche', Guatemala', with contributions from Ann M. Scott, FAMSI Grant Report (2008),

p. 7.

3　Judith M. Maxwell and Ajpub' Pablo García Ixmatá, 'Power in Places: Investigating the Sacred Landscape of Iximche', Guatemala', with contributions from Ann M. Scott, FAMSI Grant Report (2008), pp. 2-3, 48-9; Ann Marie Scott, 'Communicating with the Sacred Earthscape: An Ethnoarchaeological Investigation of Kaqchikel Maya Ceremonies in Highland Guatemala', PhD diss, University of Texas at Austin, 2009, pp. 155-6.

4　Victor Montejo, *Maya Intellectual Renaissance: Identity, Representation, and Leadership* (Austin, TX, 2005), p. 4.

5　Grace Glueck, 'Untouched Mayan Tomb Is Discovered', *New York Times* (23 May 1984); Beatriz Manz, 'Mayas Celebrated and Mayas Persecuted', *New York Times* (1 June 1984), Letters to the Editor section.

6　Luis Enrique Sam Colop, 'Foreign Scholars and Mayans: What Are the Issues?', *Guatemala Scholars Network News*, transcribed by Nora C. England, coordinated by Marilyn Moors (Washington, DC, 1990), pp. 1-3; Kay B. Warren, *Indigenous Movements and their Critics: Pan-Maya Activism in Guatemala* (Princeton, NJ, 1998), p. 82.

7　Avexnim Cojti Ren, 'Maya Archaeology and the Political and

Cultural Identity of Contemporary Maya in Guatemala', *Archaeologies*, II/1 (2006), p. 14.

8 Demetrio Cojtí Cuxil, 'The Politics of Maya Revindication', in *Maya Cultural Activism in Guatemala*, ed. E. F. Fischer and R. M. Brown (Austin, TX, 1996), pp. 19–50.

9 这份协议是 Acuerdo Ministerial 525–2002, of 15 November 2002. 它后来被 Acuerdo Ministerial 981–2011, of 23 September 2011 所替代 (Oswaldo Gómez, personal communication, 2020).

10 Montejo, *Voices from Exile*, p. 3.

11 Beatriz Manz, *Paradise in Ashes: A Guatemalan Journey of Courage, Terror, and Hope* (Berkeley, CA, 2004), pp. 3–4, 108, 224–5.

12 Kay B. Warren, 'Interpreting La Violencia in Guatemala: Shapes of Mayan Silence and Resistance', in *The Violence Within: Cultural and Political Opposition in Divided Nations*, ed. K. B. Warren (Boulder, CO, 1993), p. 27.

13 Edward F. Fischer, *Cultural Logics and Global Economies: Maya Identity in Thought and Practice* (Austin, TX, 2001), pp. 87–9, ProQuest Ebook Central, http://ebookcentral.proquest.com.

14 Montejo, *Maya Intellectual Renaissance*, p. 184.

15   June C. Nash, *Mayan Visions: The Quest for Autonomy in an Age of Globalization* (New York, 2001), pp. 24-5, 122-3.

16   Carlos Tello Díaz, *La rebelión de las Cañadas* (Mexico City, 1995), p. 176.

17   Quoted in Nash, *Mayan Visions*, p. 134.

18   Pablo González Casanova, 'The Zapatista "Caracoles": Networks of Resistance and Autonomy', *Socialism and Democracy: The Reawakening of Revolution in Latin America*, XIX/3 (1 November 2005), pp. 79-92, doi: 10. 1080/08854300500257963.

19   Montejo, *Voices from Exile*, p. 188; Montejo, *Maya Intellectual Renaissance*, pp. 6, 66-7.

20   Montejo, *Maya Intellectual Renaissance*, pp. 185-90.

21   Rigoberta Menchú, *I, Rigoberta Menchú: An Indian Woman in Guatemala*, ed. E. Burgos-Debray, trans. Ann Wright (London, 1984).

22   David Stoll, *Rigoberta Menchú and the Story of All Poor Guatemalans*, expanded edn (New York and Abingdon, 2018).

23   Arturo Arias, 'Authoring Ethnicized Subjects: Rigoberta Menchú and the Performative Production of the Subaltern Self ', *PLMA*, CXVI/1 (2001), pp. 75-88.

24   Montejo, *Maya Intellectual Renaissance*, pp. 87-8.

25　Nicole Caso, *Practicing Memory in Central American Literature* (New York, 2010), pp. 187-8.

26　Cojtí Cuxil, 'Politics', p. 37.

27　Walter Paz Joj, 'Los mayas de hoy: Reavivando el sistema de escritura antigua', unpublished conference paper, *Maya at the Playa*, 3 October 2020, held online.

28　David Carey, Jr, 'The Historical Maya and Maya Histories: Recent Trends and New Approaches to Reconstructing Indigenous Pasts in Guatemala', *History Compass*, IX/9 (2011), p. 703.

29　David Carey, Jr, and Walter E. Little, 'Reclaiming the Nation through Public Murals: Maya Resistance and the Reinterpretation of History', *Radical History Review*, CVI (Winter 2010), pp. 5-26, doi: 10.1215/01636545-2009-018.

30　David Carey, Jr, and Walter E. Little, 'Reclaiming the Nation through Public Murals: Maya Resistance and the Reinterpretation of History', *Radical History Review*, CVI (Winter 2010), pp. 5-26, doi: 10.1215/01636545-2009-018.

31　Kryssi Staikidis, 'Maya Paintings as Teachers of Justice: Art Making the Impossible Possible', *Journal of Social Theory in Art Education*, XXVII (2007), p. 124.

32 Jeff Karl Kowalski, ed., *Crafting Maya Identity: Contemporary Wood Sculptures from the Puuc Region of Yucatan, Mexico* (DeKalb, IL, 2009); Mary Katherine Scott, 'Examining the Messages of Contemporary "Tourist Art" in Yucatán, Mexico: Comparing Chichén Itzá and the Puuc Region', in *Tourism and Visual Culture*, vol. II: *Methods and Cases*, ed. P. Burns, J. Lester and L. Bibbings (Wallingford, 2010), pp. 1-12.

33 Cojti Ren, 'Maya Archaeology', pp. 10-11.

34 Montejo, *Maya Intellectual Renaissance*, p. 91.

35 Rusty Barrett, 'Indigenous Hip Hop as Anti-Colonial Discourse in Guatemala', in *Music as Multimodal Discourse: Semiotics, Power and Protest*, ed. L. C. S. Way and S. McKerrell (London, 2018), pp. 187-9.

36 David Agren, 'Mayan mcs Transform a Lost Culture into Pop Culture', *Macleans* (30 September 2014), www.macleans.ca; José Ic, 'Pat Boy Apunta al Auditorio Nacional', *El Chilam Balam* (26 March 2013), www.elchilambalam.com.

37 Martha Pskowski, 'Meet Balam Ajpu, a Mayan Hip-hop Trio that Proves Indigenous Art Transcends Folklore', *Remezcla* (5 May 2016), www.remezcla.com.

38　Barrett, 'Indigenous Hip Hop', pp. 186, 189-90.

39　Barrett, 'Indigenous Hip Hop', pp. 190-92.

40　Manz, *Paradise in Ashes*, pp. 235-6.

41　Montejo, *Maya Intellectual Renaissance*, p. 120.

拓展阅读

Bernal, Ignacio, *A History of Mexican Archaeology: The Vanished Civilizations of Middle America* (London and New York, 1980)

Boone, Elizabeth Hill, ed., *Collecting the Pre-Columbian Past* (Washington, DC, 1993)

Brunhouse, Robert L., *In Search of the Maya: The First Archaeologists* (Albuquerque, NM, 1974)

Bueno, Christina, *The Pursuit of Ruins: Archaeology, History, and the Making of Modern Mexico* (Albuquerque, nm, 2016)

Chinchilla Mazariegos, Oswaldo, 'Just and Patriotic: Creating a National Museum in Guatemala (1831–1930) ', *Museum History Journal*, IX/1 (2016), pp. 60–76

Chuchiak, John F., iv, 'Writing as Resistance: Maya Graphic Pluralism and Indigenous Elite Strategies for Survival in Colonial Yucatan, 1550–1750', *Ethnohistory*, LVII/1 (2010), pp. 87–116

Clendinnen, Inga, *Ambivalent Conquests: Maya and Spaniard in Yucatan, 1517–1570* (Cambridge, 1987)

Coe, Michael D., *Breaking the Maya Code* (London, 1992) —, and Stephen D. Houston, *The Maya*, 9th edn (London, 2015)

Cojtí Cuxil, Demetrio, 'The Politics of Maya Revindication', in *Maya Cultural Activism in Guatemala*, ed. E. F. Fischer and R. M. Brown (Austin, TX, 2001), pp. 19–50

Estrada-Belli, Francisco, *The First Maya Civilization: Ritual and Power Before the Classic Period* (Abingdon and New York, 2011)

Evans, R. Tripp, *Romancing the Maya: Mexican Antiquity in the American Imagination*, 1820–1915 (Austin, TX, 2004)

Fash, William L., *Scribes, Warriors and Kings: The City of Copán and the Ancient Maya*, revd edn (London, 2001)

Golden, Charles W., and Greg Borgstede, eds, *Continuities and Changes in Maya Archaeology: Perspectives at the Millennium* (New York, 2004)

Harrison, Peter D., *The Lords of Tikal: Rulers of an Ancient Maya City* (New York, 2000)

Houston, Stephen D., and Takeshi Inomata, *The Classic Maya* (Cambridge and New York, 2010)

Houston, Stephen D., Oswaldo Chinchilla Mazariegos and David Stuart, eds, *The Decipherment of Ancient Maya Writing* (Norman, OK,

2001)

Ingle, Marjorie I. , *The Mayan Revival Style: Art Deco Mayan Fantasy* (Salt Lake City, UT, 1984)

Jones, Grant D. , *The Conquest of the Last Maya Kingdom* (Stanford, ca, 1998)

Kaplan, Wendy, ed. , *Found in Translation: Design in California and Mexico, 1915-1985*, exh cat. , lacma, Los Angeles (Los Angeles, ca, 2017)

Lerner, Jesse, *The Maya of Modernism: Art, Architecture, and Film* (Albuquerque, nm, 2011)

Martin, Simon, *Ancient Maya Politics: A Political Anthropology of the Classic Period, 150-900 CE* (Cambridge, 2020)

—, and Nikolai Grube, *Chronicle of the Maya Kings and Queens: Deciphering the Dynasties of the Ancient Maya*, 2nd edn (London, 2008)

Miller, Mary Ellen, and Megan E. O'Neil, *Maya Art and Architecture*, 2nd revd edn (London, 2014)

Montejo, Victor, *Maya Intellectual Renaissance: Identity, Representation, and Leadership* (Austin, TX, 2005)

Palka, Joel W. , *Unconquered Lacandon Maya: Ethnohistory and Archaeology of Indigenous Culture Change* (Gainesville, FL, 2005)

Pillsbury, Joanne, ed., *Past Presented: Archaeological Illustration and the Ancient Americas* (Washington, DC, 2012)

Reed, Nelson A., *The Caste War of Yucatán*, revd edn (Stanford, CA, 2002)

Restall, Matthew, *Maya Conquistador* (Boston, MA, 1998)

—, *The Maya World: Yucatec Culture and Society* (Stanford, CA, 1997)

Sharer, Robert J., and Loa P. Traxler, *The Ancient Maya*, 6th edn (Stanford, CA, 2005)

Solari, Amara, *Maya Ideologies of the Sacred: The Transfiguration of Space in Colonial Yucatan* (Austin, TX, 2013)

Stuart, David, *The Order of Days: The Maya World and the Truth about 2012* (New York, 2012)

Tenorio Trillo, Mauricio, *Mexico at the World's Fairs: Crafting a Modern Nation* (Berkeley, Los Angeles, and London, 1996)

Valdés, Juan Antonio, 'Management and Conservation of Guatemala's Cultural Heritage: A Challenge to Keep History Alive', in *Art and Cultural Heritage: Law, Policy, and Practice*, ed. B. T. Hoffman (Cambridge and New York, 2006), pp. 94–9

Webster, David, *The Fall of the Ancient Maya: Solving the Mystery of the Maya Collapse* (New York, 2002)

致　谢

写作本书极具挑战性又非常令人愉快，因为它的内容跨越了辽远的时空，能够勾起我的很多思绪，让我想到曾经的许多人和事。自从我在耶鲁大学就读本科时初次接触古玛雅历史研究，这些人、这些事便时时浸润着我的生活和学习。

我在耶鲁的两位启蒙老师迈克尔·科和玛丽·艾伦·米勒[1]不仅将他们丰富的历史知识传授于我，还让我懂得了"历史"作为一种文本的建构过程，认识到这个过程当中充斥的丑闻和纷争如何将那些所谓的"知识"建构为一个众声喧哗的场域。师从琳达·舍勒攻读研究生期间，或者也可以说，直到她英年早逝以前，我都受惠于这位导师渊博的学识。琳达曾在美国得克萨斯州奥斯汀、墨西哥和危地马拉召集过多场以古玛雅文献为题，令人热血沸腾的学术研讨会，同时还致力于以当代玛雅族群为师，与他们分享自己掌握的那些知识。

1997 年，琳达突然罹患重病，人们自发赶往奥斯汀跟她告别，

---

[1] Mary Ellen Miller，美国艺术史学家和中美洲历史学家。

这其中也包括那些来自危地马拉，身为语言学家、铭刻学家、人类学家、旅行导游和宗教祭司的各界玛雅人士，他们在琳达的后院里摆满万寿菊，希望这能帮助她尽快找到通往祖先乐土的道路。那之后的夏天，我来到危地马拉，所到之处都是朋友们热情的拥抱，大家一起继续沿着琳达开辟的道路，更加深入地了解古玛雅文明，对我们而言，这位老师如今已经作了古人。在这里，我希望向洛尔梅·加西亚·马特扎（Lolmay García Matzar）和安东尼奥·库西利（Antonio Cuxil）两位在危地马拉和其他地方召开的国际会议上时常不期而遇的好友表示特别的谢意。那年夏天，来到危地马拉的我继续游走四方，还在墨西哥的恰帕斯和尤卡坦两地从事语言研究，越来越多的土著玛雅师长和朋友与我分享他们在语言学、丛林自然资源、古代遗址、音乐和饮食方面的知识，这实在令我没齿难忘。

获得这些基础性的知识后，我产生了探寻若干年以来构建它们的那个场域的渴望。于是，我开始抓住每个机会钻研历史叙事学[1]，还积极参与那些有益于我自身发展的学术活动，这本书里的很多内容便源于此。这其中尤其值得一提的经历包括在盖蒂研究

---

[1] historiography，即知识考古学所说的"历史的文本化"，历史作为不同时代和社会语境，也可以说是不同知识场域中的人撰写的一种"文本"，必然有它自身的一套自圆其说的内在逻辑，无论这套逻辑在场域以外的人眼中如何荒谬。

所与克莱尔·莱昂斯[1]、卡佳·泽尔加特[2]两位学者合作整理奥古斯塔斯·勒普朗根夫妇留下的文献和照片；在土耳其的伊斯坦布尔和安卡拉参与詹姆斯·奥列西和奥乌·杜穆索鲁[3]组织的专项研究，探寻土耳其传统宗教信仰与古玛雅文明间的关系；以及在洛杉矶郡立艺术博物馆趁着温蒂·卡普兰[4]和斯泰西·斯坦伯格[5]这两位充满奇思妙想的策展人筹划"在翻译中发现：加州和墨西哥的风格设计：1915—1985"（Found in Translation：Design in California and Mexico, 1915—1985）主题展览的契机，与玛丽·米勒[6]合作研究洛杉矶的那些艺术品经销商和收藏家。为了举办此次展览，斯特丹达尔画廊[7]的阿普丽尔和罗恩·达曼夫妇（April and Ron Dammann）向公众开放了自己的老宅和档案收藏，随后又将它们捐赠给盖蒂研究所，为我们研究"前西班牙时代"文物的经销和收藏史提供了更多机会。为了将来能够采取更明智的政策措施，我们实在有必要认真梳理这段历史，即便它可能让人感觉不快。

还有很多人为本书的问世提供了有益的帮助，我要特别感谢奥

---

[1] Claire Lyons，盖蒂研究所文物处成员，主要研究古希腊和古罗马艺术。
[2] Katja Zelljadt，盖蒂研究所文物处成员。
[3] Övül Durmusoglu，土耳其博加齐奇大学教授。
[4] Wendy Kaplan，洛杉矶郡立艺术博物馆策展人。
[5] Stacy Steinberger，洛杉矶郡立艺术博物馆策展人。
[6] Mary Miller，美国历史学家。
[7] Stendahl Galleries，位于美国洛杉矶。

斯瓦尔多·钦奇利亚·马萨戈斯、洛梅·加西亚·马扎、奥斯瓦尔多·戈梅斯[1]、杰西·勒纳[2]、西蒙·马丁、玛丽·米勒、乔安妮·皮尔斯伯瑞和马修·罗伯[3]每每不厌其烦地和我分享他们掌握的信息。还要感谢贾斯廷·克尔不光允许我使用他拍摄的照片，还给我讲了他自己生活中的很多趣事。感谢我的家人和朋友，还有凯文·凯恩（Kevin Cain）一直以来提供的支持。

写作本书期间，我有幸使用了美国自然历史博物馆、敦巴顿橡树园图书馆和藏品部、盖蒂研究所、耶鲁大学，以及埃默里大学的藏书和档案文献。在此，作者要感谢每位提供帮助的教授和馆长，还有那些出类拔萃的学生和同事。感谢弗吉尼亚·米勒[4]和一位不知名的审校人员，他们为本书提供了极富洞见的批评和建议。还要感谢本书的出版方 Reaktion books 参与本书出版流程的诸位编辑们，例如组稿编辑本·海斯（Ben Hayes），让本书从无到有的责任编辑迈克尔·莱曼（Michael Leaman），以及亚历克斯·乔巴努（Alex Ciobanu）和艾米·索尔特（Amy Salter）两位编辑。话说回来，如果本书存在什么谬误和疏漏的话，那都是作者自己的问题，

---

［1］　Oswaldo Gómez，危地马拉历史学家，蒂卡尔遗址考古发掘项目负责人。
［2］　Jesse Lerner，洛杉矶电影制片人和作家，代表作 *The Maya of Modernism: Art, Architecture, and Film*。
［3］　Matthew Robb，加州大学博物馆策展人。
［4］　Virginia Miller，伊利诺伊大学艺术史教授。

与他们毫无关系。

我要感谢那些为本书提供图片的艺术家和摄影家,例如巴拉姆·阿杰普乐队、詹姆斯·布雷迪[1]、恩里克·查戈亚、诺拉·英格兰[2]、希瑟·赫斯特、特蕾西·詹金斯、约瑟夫·约翰斯顿[3]、戴维·莱布伦[4]、亚历杭德罗·利纳雷斯·加西亚[5]、沃尔特·帕斯·乔伊[6]、豪尔赫·佩雷斯·德拉[7]、纳乌夫斯·拉米雷斯·菲格罗亚[8]、凯萝和迭戈·罗梅罗、安·斯科特[9]、珍妮特·施瓦茨[10]、劳尔·席尔瓦[11]、大卫·斯图尔特、克拉丽莎·托辛和巴勃罗·巴尔加斯·卢戈,还要感谢那些帮助我获得出版许可的各界人士,例如麦克罗尔·卡努托[12]、劳拉·菲洛伊[13]、凯特·希利、亚历山德罗·佩扎蒂[14]和洛亚·特拉克斯

---

[1] James Brady,加州大学考古学教授。
[2] Nora England,得克萨斯州大学语言学教授,主要研究玛雅语。
[3] Joseph Johnston,美国玛雅艺术馆馆长。
[4] David Lebrun,洛杉矶电影制作人。
[5] Alejandro Linares García,墨西哥国立自治大学教授。
[6] Walter Paz Joj,危地马拉的玛雅土著画家。
[7] Jorge Pérez de Lara,墨西哥旅行家和摄影家。
[8] Naufus Ramírez Figueroa,危地马拉艺术家。
[9] Ann M. Scott,美国考古学家。
[10] Janet Schwartz,美国杜克大学教授。
[11] Raul Silva,帕伦克遗址的专业导游。
[12] Marcello Canuto,美国杜兰大学教授。
[13] Laura Filloy,美国古代艺术博物馆助理馆长。
[14] Alessandro Pezzati,宾夕法尼亚大学高级研究员。

勒[1]。感谢塞尔吉奥·德尔加多·莫亚[2]为我提供的翻译支持，感谢菲尔德博物馆[3]、洛杉矶郡立艺术博物馆、美国国会图书馆、墨西哥国家人类学和历史学研究所、我们的博物馆[4]、墨西哥国家艺术博物馆、纽伯瑞图书馆[5]、哈佛大学皮博迪博物馆、宾夕法尼亚大学考古学和人类学博物馆、加州大学圣芭芭拉分校和芝加哥伊利诺伊大学等机构。

我原本打算与迈克尔·科教授分享这本书完成的喜悦，然而他却非常遗憾地先一步撒手人寰。教授辞世几个月以前，我非常荣幸地参加了他的第 90 个生日庆典，谨以此书献给我的老师迈克尔·科（1929—2019）。

[1] Loa Traxler，新墨西哥大学教授。
[2] Sergio Delgado Moya，埃默里大学教授。
[3] Field Museum，位于牛津大学。
[4] Museum of Us，原圣迭戈人类博物馆，位于加州。
[5] Newberry Library，位于芝加哥。

图片提供鸣谢

本书作者和出版方向下列为我们提供或准许我们复制图片资源的个人和机构表示感谢：

© Arte Maya Tz'utuhil 2020：pp. 236-7；© 2022 Artists Rights Society（ARS），New York/somaap，Mexico City，photo courtesy Getty Research Institute，Los Angeles（960094）：p. 194；courtesy Balam Ajpu，balamajpuoficial @ gmail.com：p. 240；© Sebastian Ballard 2021：p. 21；photo James E. Brady：p. 151；© Bristol Museums, Galleries & Archives/Bridgeman Images：p. 131；© Enrique Chagoya，photo courtesy Shark's Ink：p. 217（bottom）；photo Sandra Cohen-Rose and Colin Rose（CC BY 2.0）：p. 199；photo Stephen Dos Remedios for insight，courtesy Kevin Cain：p. 76；Dumbarton Oaks Rare Book Collection，Trustees for Harvard University，Washington，DC：p. 109；photo courtesy Early Copán Acropolis Program and Instituto Hondureño de Antropología e Historia（IHAH）：p. 58；photo Nora C. England：p. 231；ferrantraite/iStock.com：p. 31；courtesy Field

Museum, Chicago: p. 188 (csb4156); courtesy Getty Research Institute, Los Angeles: pp. 121 (96.R.137), 192 (2018.R.13); courtesy Giles G. Healey Estate: p. 179; ©1976 Ester Hernández/photo courtesy National Museum of Mexican Art, Chicago: p. 215 (1993.97; NMMA Permanent Collection); photo © Heather Hurst, courtesy Petén Archaeological Conservation Associates (paca): p. 53; recon-structions by insight, courtesy Kevin Cain: pp. 77, 164; photo Tracey B. Jenkins: p. 213; Justin Kerr Maya Vase Archive, Dumbarton Oaks, Trustees for Harvard University, Washington, DC/photos Justin Kerr: pp. 30 (K7111C), 33 (K4400E), 34 (K4761), 35 (K4848B), 38 (K2887), 41 (K4876), 45 (K7595Q), 57 (K2909A, B), 60 (K8161), 61 (k6785still), 70 (k7350), 153 (K5742); Chon Kit Leong/Alamy Stock Photo: p. 176; courtesy Jesse Lerner: p. 191; Library of Congress, Prints and Photographs Division, Washington, DC: p. 205 (Carol M. Highsmith Archive); Library of Congress, Rare Book and Special Collections Division, Washington, DC: p. 105 (Jay I. Kislak Collection); photo Alejandro Linares García: p. 195; Los Angeles County Museum of Art, photos © Museum Associates/lacma: pp. 42 (M.2010.115.12; purchased with funds provided by Camilla Chandler Frost/photo Yosi Pozeilov), 204 (M.2017.81.1-.39; Decorative Arts and Design Council Acquisition Fund/© California Clay Products Co.); photo © José Mata: p. 235; © Michael C. Carlos Museum, Emory University, Atlanta, GA: p. 234 (2009. 42. 130; Bright Collection of Guatemalan Textiles); Museo Nacional de Antropología, Instituto Nacional de Antropología e Historia (INAH), Mexico City: pp. 40, 97, 127, 128; courtesy The Newberry Library, Chicago: pp. 113, 116; illustrations by Megan E. O'Neil and Kevin Cain, after drawings by Linda Schele: p. 26; courtesy Walter Paz Joj: p. 232; Peabody Museum of Archaeology and Ethnology, Harvard University, Cambridge, MA, © President and Fellows of Harvard College: pp. 27 (2004. 15. 6. 19. 8), 55 (58-34-20/59035; gift of the Carnegie Institute of Washington, 1958), 149 (50-63-20/18484; gift of the Carnegie Institution of Washington, 1950); courtesy Penn Museum, Philadelphia, PA: pp. 37 (1 - 16 - 382; photo Night Fire Films), 54 (CX63-4-180), 136 (202578); photos Jorge Pérez de Lara: pp. 39, 44, 52, 64, 74-5, 93; © Naufus Ramírez-Figueroa, photo Byron Mármol: p. 217 (top); © Real Academia de la Historia, Madrid: pp. 83, 92, 104; Robert Stacy-Judd papers, Architecture and Design Collection, Art, Design & Architecture Museum, University of California, Santa Barbara: p. 202; © Diego Romero, photo courtesy Sotheby' s, Inc. © 2022: p. 218; photo Linda Schele (Ernst Förstemann facsimile), courtesy of Ancient Americas at LACMA (ancientamericas. org): p. 47; photo © Janet Schwartz: p. 239; photo Ann M. Scott, PhD, RPA: p. 225; photo Raul Silva: p. 72; Special Collections and University Archives, University of Illinois at Chicago: p. 207 (COP_17_0009_00292_006; Century of Progress World's Fair digital image collection); photo David Stuart, courtesy of the La Corona Archaeological Project: p. 157; courtesy Clarissa Tossin and the City of Los Angeles Department of Cultural Affairs: p. 219; courtesy Tozzer Library, Harvard University, Cambridge, ma: p. 82; photo courtesy Pablo Vargas Lugo: p. 221.

重要译名对照

阿瓜达·菲尼克斯	Aguada Fénix
埃德加·李·休伊特	Edgar Lee Hewett
埃尔米拉多尔	El Mirador
奥古斯塔斯·勒普朗根	Augustus Le Plongeon
巴加尔二世	K'inich Janaab Pakal
巴拉姆·阿杰普乐队	Balam Ajpu
彼德拉斯内格拉斯	Piedras Negras
波费里奥·迪亚斯总统	Porfirio Díaz
伯利兹	Belize
博南帕克	Bonampak
查克莫天使	chacmool
大卫·阿尔法罗·西凯罗斯	David Alfaro Siqueiros
大卫·斯图尔特	David Stuart
第七王	K'inich Yat Ahk II
蒂霍	Ti'ho

蒂卡尔	Tikal
迭戈·德·兰达	Diego de Landa
迭戈·里维拉	Diego Rivera
敦巴顿橡树园	Dumbarton Oaks
盾豹三世	Shield Jaguar III
厄尔·斯特丹达尔	Earl Stendahl
弗兰克·劳埃德·赖特	Frank Lloyd Wright
弗朗西斯科·埃尔南德斯·德·科尔多瓦	Francisco Hernández de Córdoba
弗朗西斯科·科内霍	Francisco Cornejo
弗朗西斯科·西梅内斯	Francísco Ximénez
弗雷德里克·卡瑟伍德	Frederick Catherwood
盖蒂基金会	Getty Foundation
何塞·安东尼奥·卡尔德龙	José Antonio Calderón
洪都拉斯	Honduras
洪都拉斯人类学和历史学研究所	Honduran Institute of Anthropology and History
胡安·加林多	Juan Galindo
霍穆尔	Holmul

基里瓜城邦	Quirigua
基切玛雅	K'iche'
基切省	El Quiche
吉安娜岛	Jaina Island
吉列尔莫·杜帕伊奇	Guillermo Dupaix
济班切	Dzibanche
加斯帕·安东尼奥·池	Gaspar Antonio Chi
金塔纳·罗奥州	Quintana Roo
卡克·蒂利乌·产·约帕特	K'ahk' Tiliw Chan Yopaat
卡拉科尔	Caracol
卡拉克穆尔	Calakmul
卡米纳胡尤	Kaminaljuyu
喀克其奎玛雅人	Kaqchikel
坎佩切州	Campeche
科尔特斯	Hernán Cortés
科潘	Copan
克劳德-约瑟夫-德西雷·夏内	Claude-Joseph-Désiré Charnay
库马尔卡赫	Q'umarkaj
莱昂-欧仁·梅赫丹	Léon Méhédin

裂天侏儒	Sihyaj Chan K'awiil
罗伯特·斯泰西-贾德	Robert Stacy-Judd
马琳切	Malinche
玛雅潘	Mayapan
玛雅象形文字铭文资料库	Corpus of Maya Hieroglyphic Inscriptions
迈克尔·科	Michael D. Coe
曼纽尔·加米奥	Manuel Gamio
曼努埃尔·阿马里斯·多明格斯	Manuel Amábilis Domínguez
梅里达	Mérida
墨西哥城	Mexico City
墨西哥国家博物馆	Mexican National Museum
墨西哥国家人类学和历史学研究所	Mexico's National Institute of Anthropology and History
墨西哥国立自治大学	The Royal and Pontifical University of Mexico
纳图尼奇	Naj Tunich
帕伦克	Palenque
佩藤省	Peten

奇马尔特南戈省	Chimaltenango
奇琴伊察	Chichen Itza
恰帕斯州	Chiapas
乔尔·斯基德莫尔	Joel Skidmore
让-弗雷德里克·瓦尔德克	Jean-Frédéric Maximilien de Waldeck
塞巴尔	Ceibal
蛇王朝	Kaanul dynasty
圣巴特洛	San Bartolo
十八兔	Waxaklajuun Ubaah K'awiil
塔巴斯科州	Tabasco
塔季扬娜·普洛斯库里亚科夫	Tatiana Proskouriakoff
塔亚萨尔	Tayasal
特奥蒂瓦坎城邦	Teotihuacan
特诺奇蒂特兰	Tenochtitlan
图拉	Tula
托尼纳	Tonina
瓦夏克吞	Uaxactun
危地马拉	Guatemala

危地马拉城	Guatemala City
危地马拉人类学和历史学研究所	Guatemala's Institute of Anthropology and History
维克多·蒙特果	Victor Montejo
乌斯马尔	Uxmal
西尔韦纳斯·格里斯沃尔德·莫利	Sylvanus Griswold Morley
西蒙·马丁	Simon Martin
夏尔-埃蒂安·布拉瑟尔·德·布尔布尔格	Charles-Étienne Brasseur de Bourbourg
休伯特·豪·班克罗夫特	Hubert Howe Bancroft
雅豪·产·穆万	Yajaw Chan Muwaan
雅什·努恩·阿因一世	Yax Nuun Ahiin I
雅什库克莫	K'inich Yax K'uk'Mo'
亚斯奇兰	Yaxchilan
亚特兰蒂斯	Atlantis
烟豹王	K'ahk'Uti'Witz'K'awiil
烟蛙	Sihyaj K'ahk'
伊克辛切	Iximche
尤卡坦半岛	Yucatan Peninsula

尤里·克诺罗索夫　　　　　　Yuri Knorozov

约翰·劳埃德·斯蒂芬斯　　　John Lloyd Stephens

猪俣健　　　　　　　　　　　Takeshi Inomata